O Significado do Ídiche

Coleção Estudos
Dirigida por J. Guinsburg

Equipe de realização – Tradução: J. Guinsburg; Revisão do Original: Shizuka Ku-
chiki; Produção: Ricardo W. Neves e Sylvia Chamis.

*A publicação deste livro contou
com o estímulo cultural e com o apoio da
Associação Universitária de Cultura Judaica
sob a presidência do Sr. Leon Feffer.*

À memória de minha mãe
Dvora Hruschovski ("di lererin Freidkes")
que dirigiu uma escola ídiche em Vilna
1896-1985

Benjamin Harshav

O SIGNIFICADO DO ÍDICHE

EDITORA PERSPECTIVA

Título do original
The meaning of Yiddish
Copyright © 1990 by The Regents of the University of California

Direitos reservados em língua portuguesa à
EDITORA PERSPECTIVA S.A.
Av. Brigadeiro Luís Antônio, 3025
01401-000 – São Paulo – SP – Brasil
Telefones: 885-8388/885-6878
1994

Sumário

NOTA DO TRADUTOR XIII
PREFÁCIO XV

AGRADECIMENTOS XXI
NOTA A CERCA DA TRANSCRIÇÃO XXIII

PARTE I – A LÍNGUA ÍDICHE 1

1. LÍNGUA E HISTÓRIA........................... 3

   Uma Velha e Nova Língua 3
   A História do Ídiche e a História Judaica 5
   Uma Língua de uma Sociedade Polilingüística 9
   Polilingüismo Interno e a Tradição do Estudo
   Judaico 9
   Polilingüismo Externo 26

2. A NATUREZA DO ÍDICHE 29

   Uma Língua de Fusão 29
   Os Componentes do Ídiche 43
   O Hebraico Aschkenazi e o Hebraico Fundido no
   Ídiche 55
   A Abertura do Ídiche 65

X O SIGNIFICADO DO ÍDICHE

3. ALGUNS ASPECTOS SOCIOLÓGICOS 79

Que Idade Tem o Ídiche? 79
Dialetos Ídiches 84
O Alfabeto Ídiche 86
Algumas Palavras sobre o Destino do Ídiche 89

4. A SEMIÓTICA DA COMUNICAÇÃO ÍDICHE 95

Língua e Psicologia Social 97
Componentes Temáticos 98
Componentes Estruturais 105
Tevie, o Leiteiro, de Scholem Aleikhem 110
O Verso-Fala Político de Halpern 114
Perguntas 119

PARTE II – A LITERATURA NA HISTÓRIA:
IDEOLOGIA E POÉTICA 125

5. A REVOLUÇÃO JUDAICA MODERNA 127

Prelúdio: A Ilustração Judaica 127
Vitória e Derrota da Ilustração 130
Respostas de Dentro: Literatura, Ideologia, Migração,
Assimilação 132
Crítica Interna da Existência Judaica 136
A Tendência Centrífuga: Não Aqui, Não como Agora,
Não como Somos 139
O Contexto Externo 142
O Impulso Positivo 144
Uma Vista d'Olhos: A Revolução Judaica e o Período
do Modernismo 146

6. A PERSPECTIVA HISTÓRICA DA MODERNA
LITERATURA ÍDICHE 149

A Abertura Otimista 149
A Natureza Peculiar da História Literária Judaica 153
A Relação do Poeta com a História Literária 158
Literatura Ídiche e Hebraica – Uma História
Entrelaçada 160

7. A POESIA ÍDICHE NA AMÉRICA 173

Literatura Americana em Ídiche 173
Cenário Social 175

SUMÁRIO   XI

As Principais Tendências 182

8. INTROSPECTIVISMO: UMA POÉTICA
MODERNISTA 189

9. O FIM DE UMA LÍNGUA....................... 203

ÍNDICE ONOMÁSTICO 211

Nota do Tradutor

O ídiche vem atraindo crescente atenção de pesquisadores, não só por suas peculiaridades lingüísticas como pela riqueza da cultura que os seus falantes chegaram a constituir dentro e fora da Europa. Nos Estados Unidos, em Israel, nos grandes centros europeus e mais recentemente em São Paulo, disciplinas e pesquisas procuram desenvolver os estudos idichistas, sobretudo em nível universitário, dando origem a um número crescente de publicações especializadas, coletâneas de sua produção literária e popular.

Dentre os trabalhos que ultimamente vieram à luz sobre o tema, destaca-se, pela qualidade da informação e pela modernidade da abordagem, *O Significado do Ídiche*, de Benjamin Harshav, um dos criadores da escola israelense de análise estrutural e semiótica, cuja contribuição teórica e crítica para a literatura hebraica é conhecida internacionalmente. Com a mesma proficiência e sob um prisma análogo, tem ele abordado o ídiche e sua produção cultural, aos quais está inclusive profundamente ligado por laços de origem, pois provém de Vilna, a cidade que foi a Jerusalém do idichismo no mundo da Europa Oriental.

Entretanto, o que recomenda especialmente esta obra é, além de um ângulo metodológico inovador e rigoroso, por sob a descontração ensaística do texto, a agudeza de percepção sociolingüística e a riqueza do aporte semiótico-cultural. O universo asquenazita e dos locutores do ídiche se revela ao leitor na pulsação viva de traços de suas mentalidades e modo de ser. Nesse sentido, em que pese a erudição e o valor histórico-crítico de muitos outros estudos, trata-se de uma visão das mais profundas e originais desta fala tão acantonada na sua especificidade judio-diaspórica e, no entanto, uma *velt-schprakch*, uma "língua-mundo", mundial. Foram tais aspectos que me atraíram para o livro e me levaram a querer traduzi-lo e editá-lo.

A tarefa apresentou naturalmente muitos problemas de transcrição e transposição, que procurei solucionar segundo os ditames da língua portuguesa e conforme critérios que fui adotando, para as versões do ídiche, ao longo de minha atividade neste campo. Todas as citações de poesia, na medida em que vieram acompanhadas de transliterações inglesas do ídiche, foram vertidas a partir destas citações originais, e não das formas traduzidas, sendo de minha responsabilidade as soluções em português.

Devo agradecer ao CNPq pelo apoio que me deu para levar a cabo a tradução, bem como a pesquisa que esta demandava, e à Associação Universitária de Cultura Judaica, pelo amparo à edição.

J. Guinsburg
março de 1994

Prefácio

> *Viajar de trem não precisa ser necessariamente algo enfadonho se você tem sorte de cair em boa companhia. Você pode encontrar-se com comerciantes, gente que sabe o que é negócio, e então o tempo voa, eu com pessoas que andaram por aí e viram muitas coisas, homens inteligentes que conhecem o mundo e os seus cordéis. Dá gosto viajar com tipos assim. Sempre há o que aprender deles. E às vezes Deus lhe manda um passageiro simples, comum, um desses sujeitos vivos que gosta de falar. E ele fala. E ele fala. A sua língua não pára um instante. E ele só fala dele mesmo, é o seu único e exclusivo assunto.*
>
> SCHOLEM ALEIKHEM,
> "O Homem de Buenos Aires"[1]

Viajar com o ídiche não é viajar apenas com o ídiche. Se você olha o panorama dessa língua, ela vira cultura, história, literatura, num piscar de olhos. Você fala com ela em ídiche e ela lhe responde com citações em hebraico, alemão, russo. Você atravessa universos de geografia e demografia, de história judaica e transformações modernas, e, para onde quer que você se vire, você percebe que está cruzando espaços humanos universais:

---

1. Scholem Aleikhem, em *Tevye the Dairyman and the Railroad Stories*, trad. de Hillel Halkin, Nova York, Schoken, 1978, p. 166.

XVI O SIGNIFICADO DO ÍDICHE

o cadinho das interações culturais e de linguagem, de sabedoria popular e modernização, de mentalidades nacionais e de semiótica do discurso. A história do ídiche tornou-se uma parábola do *plonter* humano, um enredado de palavras, crenças, atitudes, tradições experiências e diálogos no fluxo da cultura.

O ídiche, que não é mais a língua viva de uma sociedade viável e inteligente, ainda paira sobre o horizonte de ontem e invoca várias ansiedades: temor de identificação, distância depreciativa ou nostalgia. A questão, entretanto, não deve ser vista como a de continuidade ou de identidade. A maioria das grandes realizações da cultura ocorreu em idiomas de épocas diferentes da nossa: a língua da tragédia grega e a da poesia hebraica na Espanha medieval não estão vivas hoje em dia; o mundo de Shakespeare não é, por certo, o do nosso mundo contemporâneo. Capítulos encerrados da história, elas oferecem não obstante obras-primas da cultura, importantes para nós como universos ficcionais que alargam os nossos horizontes de imaginação e o nosso senso do passado. A cultura ídiche foi um dos píncaros da criatividade judaica nos últimos dois mil anos. Ela pode não ter continuidade no futuro, porém é interessante e gratificante por si própria.

Este livro é um relato de viagem: às vezes bosquejado, às vezes seletivo e às vezes cobrindo terreno familiar. É um ensaio, uma tentativa de repensar e apresentar ao leitor interessado alguns dos aspectos básicos da cultura ídiche, as condições históricas e sociais que se combinaram para moldar a natureza peculiar de sua língua, literatura e vida. A minha pergunta central é: *O que era o ídiche?* Que espécie de mundo era ele? Como devem ser lidas as interseções de significado que seus textos parecem proporcionar? Como foi que conduziu os seus falantes para dentro e para fora da história judaica, movendo-se entre a tradição e a assimilação, entre o mundo judaico interno e as culturas da Europa e da América cristãs?

Este livro não se destina ao especialista e pode repisar questões conhecidas pelo lingüista ídiche ou pelo historiador judeu. Examinei o campo em seu largo contexto com vista a leitores que não têm conhecimentos prévios mas sentem apenas curiosidade. Meu objetivo não foi o de investigar novos detalhes ou descrever alguns poucos fatos a mais, porém o de repensar e analisar os problemas em sua plena complexidade histórica e cultural, desconsiderando as fronteiras entre disciplinas tão di-

PREFÁCIO XVII

versas como lingüística, folclore, semiótica, crítica literária e história. A obra desenvolve uma série de construtos, que cabe encarar como hipóteses – a serem admitidas ou refutadas por outras com contra-exemplos à mão. O meu objetivo é entender as coisas como elas eram, sem apologia ou normativismo. Não discuto especificamente com outros estudiosos ou com divulgadores sentimentais; o especialista perceberá as polêmicas ocultas. Busco a centralidade do discurso no comportamento humano e na cultura judaica em particular.

No último milênio a língua ídiche constituiu o principal veículo original de comunicação interna criado pelos judeus asquenazitas na Europa. Intermediava entre as suas vidas cotidianas e a herança religiosa e educacional hebraica, de um lado, e os idiomas e crenças do circundante mundo cristão, de outro. Era o cimento de um cercado extraterritorial que manteve a separada rede social e religiosa dos judeus no âmbito de seu mundo possível. Em fins do século XIX, os asquenazitas representavam cerca de noventa por cento da população judaica do mundo. Em seu poderoso movimento centrífugo a partir das empobrecidas e "medievais" comunidades do *schtetl* da Europa Oriental, em direção das grandes cidades, do Ocidente, do Novo Mundo ou de Israel, da Ciência e Cultura Moderna, da integração em sociedades tecnológicas e da assimilação, o ídiche cumpriu um papel vital. Foi o veículo de sua própria cultura florescente, embora de curta vida, tanto quanto o substrato escondido de muitas transformações na consciência, nas ideologias e nas línguas dos judeus e seus descendentes.

A bem dizer, não em todos os períodos e não em todos os lugares de sua dispersão, os judeus europeus falaram ídiche. Através dos séculos, escreveram em hebraico e exprimiram-se em italiano, francês, alemão, holandês, tcheco, polonês, *goyisch* (designa especialmente o ucraniano), russo, inglês e outros idiomas. Talvez nunca saibamos exatamente que proporções essas línguas ocupavam em cada comunidade ou na mente de cada locutor em um dado período. Seja como for, o ídiche foi a principal invenção lingüística do judaísmo europeu e suas extensões em outros continentes (América do Sul e do Norte, África do Sul e Austrália). No universo de seu folclore, o ídiche preservou a quintessência das memórias e das percepções de um povo consciente de sua história, de seu *status* extra-histórico, "escolhido", e de seu sofrimento na Diáspora; um povo que lembra a sua

XVIII   O SIGNIFICADO DO ÍDICHE

herança hebraica e é sensível aos humores e aos movimentos de seus vizinhos dominantes.

A civilização do ídiche representou uma fusão de atitudes de classe baixa com a altivez e as aspirações de uma decaída aristocracia da mente. Chegou à maioridade como força cultural nos últimos quinhentos anos e gerou uma fascinante literatura nos recentes cento e cinqüenta anos. A estrutura básica da língua ídiche apresenta traços similares a de outras "línguas judaicas" engendradas no meio lingüístico da Diáspora – do arábico através do persa até o hispânico. De fato, o novo terreno de encontro das diversas Diásporas no Estado de Israel contemporâneo suscitou um interesse paralelo pelo ladino e por outras adaptações lingüísticas judaicas. Mas a riqueza da cultura e literatura ídiches, sua síntese multilingüística e sua independência em face de outros idiomas não têm igual entre eles.

A espetacular ascensão e queda da cultura ídiche moderna está no coração da história da secularização e da modernização dos judeus nos dois últimos séculos. A literatura ídiche aceitou os desafios da cultura e literatura européias. Em seu auge, produziu obras inovadoras que aproveitaram as inimitáveis feições da língua, folclore, universo ficcional e tipologia característica e confrontaram-nas com o redemoinho do mundo moderno e os reptos da arte modernista. A literatura ídiche floresceu como parte do que se pode chamar de "Revolução Judaica Moderna", a mais profunda mudança na história judaica nos últimos dois mil anos. Essa revolução foi levada a cabo pelas respostas internas, personalizadas, de cada indivíduo, às tendências, acontecimentos e possibilidades da história moderna e resultou em transformações radicais na existência geográfica, profissional, lingüística e cultural de todo um povo. Em retrospecto, a cultura ídiche moderna pode ser vista como um produto desse período de transformação e, como tal, parece que estava destinada a declinar com a consumação do processo, quando os judeus já se houvessem integrado às línguas e culturas de suas novas pátrias, inclusive ao hebraico redivivo do Estado de Israel. Na realidade, porém, a história desferiu-lhe um golpe mortal quando os nazistas aniquilaram os centros do judaísmo europeu, e o poder soviético sufocou o último alento da cultura ídiche na Rússia.

Como a própria vida judaica, a língua ídiche nunca foi um veículo automático tomado como um meio garantido. Para muitos de seus falantes modernos ou filhos destes, passou a ser a portadora da memória do passado recente e, nessa qualidade,

PREFÁCIO XIX

viu-se vigorosamente rejeitada ou nostalgicamente acarinhada, ou as duas coisas ao mesmo tempo. De quando em vez, provocou respostas profundas e até violentas: ódio irracional e apego emocional. Hoje tornou-se, no todo, acadêmica, também no sentido literal: converteu-se no venerável objeto de estudos universitários. Como língua viva, embora em pequenos círculos ainda se aferre à alta literatura, o ídiche recuou em grande parte ao modo de existência pré-moderno, basicamente oral, entre seus usuários sobreviventes e em algumas comunidades religiosas ortodoxas.

Entender a história judaica na Europa, o caráter dos judeus e o mundo dos fundadores das modernas comunidades judaicas nos Estados Unidos, Israel, ex-União Soviética, França, Inglaterra, Argentina e em outras partes, implica entender o ídiche. Ele é também um tesouro desvelado para o estudo da linguagem e da cultura em geral: interação cultural, semiótica da história cultural e línguas em contato. E, acima de tudo, é interessante por si mesmo, por suas próprias ironias e idiossincrasias.

Este ensaio não pretende ser abrangente. Preferi promover a discussão de alguns tópicos selecionados, que mostram a riqueza problemática do campo de trabalho, às virtudes de um apanhado geral. Os resultados colhidos pela investigação lingüística e literária ídiche são a minha base de conhecimentos, ainda que raramente eu os mencione de forma direta. No apogeu do estruturalismo, os estudos no campo do ídiche também passaram do esporte popular da procura de etimologias individuais pseudo-eruditas para a descoberta das "regras do jogo". Mas os seus principais estudiosos sempre souberam que não se deve separar a análise estrutural da linguagem das forças sociais e do contexto histórico que a permeiam, que a língua não pode ser compreendida sem o exame de seus reflexos na literatura e na cultura e que o ídiche é ininteligível fora de seu enredamento com o hebraico e vice-versa.

Há ainda muito nesse campo para ser pesquisado e esclarecido, corrigido e debatido. Mas, como se diz em hebraico, *lo aleinu hamelakha ligmor*, "não caberá a nós concluir a tarefa".

A parte I deste livro discute os principais aspectos da língua ídiche, sua natureza peculiar e a semiótica da comunicação "judaica". Cobre um vasto contexto histórico da história judaica e analisa a natureza do "discurso judeu", fluindo desde a biblioteca tradicional hebraica para desembocar no ídiche e, a partir daí, para Kafka, Bellow e outros. Os capítulos dedicados ao caráter do ídiche começam, é lógico, nos elementos lingüísticos

XX O SIGNIFICADO DO ÍDICHE

inferiores e depois encaminham-se para os aspectos mais semânticos do discurso e da cultura. Tentei apresentar mesmo as questões mais técnicas em termos acessíveis ao leigo interessado, explicando e ilustrando os princípios básicos mais do que cobrindo a gramática inteira. Todos os exemplos aparecem traduzidos e explicados e não se exige nenhum conhecimento de qualquer das línguas componentes.

A parte II, "Literatura na História", discute a literatura ídiche no âmbito mais amplo do movimento de transformação dos judeus nos últimos duzentos anos e a cultura secular judaica criada durante o processo – que se pode denominar a "Revolução Judaica Moderna". Termino com um breve apanhado da poesia ídiche nos Estados Unidos, focalizando uma das tendências modernistas, o introspectivismo, que emergiu em Nova York em 1919. E, por fim, um relance d'olhos sobre alguns motivos da poesia de Glatschteyn nos conduz ao lamento pelo Holocausto da língua ídiche que se tornou um tema central da própria poesia ídiche[2].

O presente volume surgiu como uma decorrência de meu trabalho sobre *American Yiddish Poetry*[3]. O leitor deparar-se-á com uma larga seleção de textos poéticos ídiches (no original e em tradução inglesa [portuguesa]) e alguns exemplos típicos de teorização literária efetuada por poetas ídiches, com o fito de amparar generalizações feitas aqui. Vários capítulos deste livro foram utilizados em parte na introdução da referida antologia, mas aparecem aqui expandidos.

Todas as traduções de textos aqui citados (salvo se mencionados especificamente como oriundos de outra fonte) devem-se a Barbara Harshav e a mim. O seu intuito primordial é o de oferecer uma versão tão literal quanto possível, a fim de aproximar o leitor dos modos de pensar e imaginar contidos no original, mais do que o de proporcionar um substituto na linguagem do próprio mundo moderno do tradutor*.

---

2. Vários estudos sobre as formas de versificação ídiche encontram-se reunidos em meu livro, *Turning Points: Studies in Versification*, Porter Institute for Poetics and Semiotics, Universidade de Tel Aviv, 1990.

3. Benjamin e Barbara Harshav, *American Yiddish Poetry: A Bilingual Anthology*, Berkeley, Los Angeles, Oxford, The University of California Press, 1986. Doravante citado como *AYP*.

* Os textos poéticos em inglês foram substituídos, pelo tradutor deste livro, por versões em português. (N. do T.)

Agradecimentos

Este livro foi escrito no Instituto para Estudos Avançados de Berlim em 1984-1985. Aos dois inesquecíveis anos que passei naquela nobre instituição e a seu pessoal sou devedor da grande oportunidade para me entregar à reflexão criativa à margem da história e dos deveres do dia-a-dia. Por um breve espaço de tempo na década de 1920, Berlim constituiu um dos centros mais importantes da literatura ídiche no mundo. Esse fantasma ainda era palpável para mim, se é que o era para alguém mais. Em Berlim senti-me qual Erich Auerbach na Segunda Guerra Mundial em Ancara, escrevendo uma obra (*Mimesis*)* sobre a essência do que se lhe afigurava a cultura européia em desaparecimento. Como Auerbach, sem o benefício de uma biblioteca acadêmica apropriada no domínio, eu estava procurando entender alguns aspectos essenciais do que parecia ser uma cultura quase extinta e a fazê-lo por meio de uma análise concentrada de exemplos significativos.

No que tange aos capítulos sobre a língua, recorri a muitas idéias e ilustrações provenientes da obra magistral que sintetizou o labor da lingüística ídiche moderna: o trabalho, cerradamente argumentado e profusamente documentado, a que Max Wein-

---

* Tradução brasileira, Editora Perspectiva, Coleção Estudos, nº 2, São Paulo, 1974. (N. do T.)

XXII O SIGNIFICADO DO ÍDICHE

reich (1894-1969) devotou a vida, *History of the Yiddish Language*[1]. De certo modo, o que escrevi aqui sobre a língua tenta divulgar algumas das noções centrais desse estudo pormenorizado e difícil, embora meu quadro conceitual seja diferente. À marcante erudição e pesquisa acadêmica e à inesquecível amizade de Max Weinreich e de seu filho, meu amigo de infância, Uriel Weinreich (1925-1966), professor de lingüística da Columbia University, devo minha atração pela séria investigação e reflexão acerca do incomparável universo do ídiche.

A perspicuidade e as idéias de Itamar Even Zohar e o modo de Khone Schmeruk conceber a história literária ídiche nutriram a minha compreensão da matéria em termos pelos quais provavelmente não posso me dar conta.

Sou grato a Marvin Herzog, Chana Kronfeld e David Roskies, que leram o manuscrito e fizeram observações valiosas. Ruth Gay representou a "leitora inteligente" ideal, cujo ouvido sensível e mente alerta me guiaram no preparo da versão final do original. Sou devedor de agradecimentos pessoais à minha leitora e revisora inveterada, Barbara Harshav, e à abertura de espírito e ao estímulo de meu amigo e editor, Stanley Holwitz.

Este livro é dedicado à memória de minha mãe, professora de matemática e das primeiras feministas, diretora de uma escola secular e experimental ídiche (Sofie Markovne Gurevitch Schul) em Vilna de antes da guerra, que via na cultura ídiche elitista a dignidade de seu povo e o orgulho de sua revolução pessoal. Ela foi o pilar ídiche de minha infância bilíngüe em um planeta desaparecido. Morreu em paz em Haifa, aos noventa anos, falando hebraico, falando hebraico.

---

1. Max Weinreich, *History of the Yiddish Language*, Chicago, The University of Chicago Press, 1980. Anteriormente publicado no original ídiche, *G(u)eschikhte fun der Iidischer Schprakh*, Nova York, YIVO, 1973, vols. 1-4.

Nota acerca da Transcrição

A transcrição do ídiche para o alfabeto latino neste livro segue em geral o sistema padrão concebido pelo YIVO, com algumas simplificações, para torná-lo o mais claro possível ao leitor contemporâneo não-lingüista. O ídiche, como o inglês e outras línguas, leva em conta várias atualizações para cada vogal em diferentes dialetos. O que se segue não é um guia fonético para a língua, mas uma indicação esquematizada do ídiche literário padrão. O princípio geral é uma correspondência direta entre as letras latinas e os sons do ídiche padrão (isto é, mais parecido ao francês e alemão do que ao inglês). As pronúncias mais importantes para se ter em mente são:

s – como o *s* de *sad* em inglês, ou o *s* de *sapato* em português*

z – como o *z* de *zebra* em inglês, ou o *z* de *zebra* em português

sch – como o *sh* de *shoe* em inglês, ou o *ch* de *chuva* em português

tsch – como o *ch* de *chair* em inglês, ou *tch* de *tchau* em português

ts – como o *zz* em *pizza*

---

* As correspondências em português são do tradutor. (N. do T)

XXIV   O SIGNIFICADO DO ÍDICHE

kh – como o *ch* em *Chanukah* ou *chutspah* ou em português a consoante *h* aspirada

y – como o *y* de *yes* em inglês, ou o *i* de *iemanjá* em português

a – como o *a* de *father* em inglês, ou o *a* de *pai* em português

e – como o *e* de *get* em inglês, ou o *e* de *veto* em português

o – como o *o* de *dog* em inglês, ou o *o* de *foca* em português

u – como o *oo* de *book* em inglês, ou o *u* de *bule* em português

i – como o *i* de *fill* em inglês, ou o *i* de *fio* em português

ey – como o *ay* de *day* em inglês, ou o *ei* de *seixo* em português

ay – como o *uy* de *guy* em inglês, ou o *ai* de *maio* em português

oy – como o *oy* de *boy* em inglês, ou o *oi* de *bóia* em português.

É importante observar que algumas sílabas ídiches são desprovidas de vogais. Ao final de uma palavra (e antes de um sufixo), um grupo de duas ou três consoantes que terminam em *l* ou *n* constitui uma sílaba. Assim, *mei-dl* em ídiche tem duas sílabas (como *ped-dle*, em inglês), enquanto a sua contraparte inglesa, *girl*, é monossilábica. O mesmo é verdadeiro para *ma-khn* ("fazer"), *la-khn* ("rir"), *a schti-kl* ("um pedaço"), *g(u)e-KE-stl-te* ("enxadrezado"), ou *tu-ml-di-ke* ("tumultuoso").

Na maioria das palavras ídiches, o acento cai na primeira sílaba; sempre que não for este o caso, escrevo com maiúsculas a sílaba tônica: *meschene* ("de cobre", tônica na primeira sílaba), porém *meSCHUg(u)e* ("louco", acento na segunda sílaba). A poesia ídiche não usa maiúsculas no início dos versos; sigo o mesmo princípio nas transcrições inglesas* dos versos ídiches, de modo a não confundi-los com as maiúsculas utilizadas para assinalar a tônica.

Todavia, no próprio texto inglês, saí das regras quando já havia uma forma aceita de grafar termos ídiches familiares. Por exemplo, a costumeira transcrição *ch* para o som gutural de *Chanukah*, *chutspah* ou *challah* veio para o inglês da grafia dos nomes judaicos em alemão ou polonês e é, na verdade, desencaminhadora para o leitor de língua inglesa. Não obstante, acatei o uso e escrevi *chutspah*, *challah* e *Sholem Aleichem* no texto

---

* A tradução portuguesa também. (N. do T)

NOTA ACERCA DA TRANSCRIÇÃO   XXV

inglês. Acolhi também vários compromissos comumente empregados entre as grafias hebraica e ídiche de conceitos religiosos judaicos e o duplo *d* no vocábulo *Yiddish*. Mas em transcrições de citações ídiches a transliteração foi mantida de modo consistente: *khutspe, khale*.

Além do mais, as palavras ídiches são aqui transcritas conforme a sua pronúncia "padrão" ou "literária", tal como codificada pelo Yivo, muito embora os dialetos da maioria de seus falantes ídiches se desviem dessa norma unificada. Procedeu-se da mesma forma com os elementos hebraicos integrados no ídiche, que na realidade são verbalizados e lidos no âmbito de todo um espectro de contrações e variantes dialetais, mas cuja representação aqui obedeceu ao ídiche "padrão". Ainda assim, sempre que faço citação ou dou explicação de locuções hebraicas independentes (ou para fins de comparação com sua forma ídiche), optei pelo critério, não habitual, de representar também o hebraico segundo uma norma padronizada, isto é, a pronúncia israelense moderna. Tal opção visou a atalhar o óbice das numerosas leituras cambiantes de vocábulos hebreus em seu curso na história e na geografia, amiúde ignoradas por nós, bem como tornar a referência imediatamente inteligível ao leitor contemporâneo que tenha alguma familiaridade com o hebraico israelense. A fim de evitar confusão entre as diferentes proferições hebraicas, não marquei o lugar onde incide a tônica nas palavras hebraicas propriamente ditas.

Parte I
A LÍNGUA ÍDICHE

Parte I
A LINGUAJDICHE

1. Língua e História

UMA VELHA E NOVA LÍNGUA

Por volta do início do século XX, tanto a literatura quanto a língua ídiche – então falada pela maioria dos judeus no mundo inteiro – constituíam bem firmados veículos de comunicação e cultura, intermediando para os seus leitores não só as obras-primas da literatura internacional, como as ideologias modernas e os eventos sociais e políticos. O ídiche era visto por seus adeptos como "a língua do povo" em uma atmosfera populista, como o portador da vitalidade e dos valores genuínos do "povo". Representava para eles a postura altaneira contra a autonegação e a assimilação "carreirista", de um lado, e a camisa-de-força "fossilizada" do comportamento religioso ortodoxo, de outro.

Quando o jovem rapaz ou a mocinha, que posteriormente vieram a ser escritores ídiche-americanos, arribaram às costas da América, decididos a encetar uma nova vida nesse novo país, livre porém difícil, e puseram-se a escrever poesia e a criar novos modos poéticos, seu empenho foi o de realizar arte naquela mesma língua e no quadro daquela mesma literatura que haviam cultivado antes. Grande parte tinha deixado pai e mãe "na outra margem do oceano". Traziam em sua bagagem uma "internalizada" admiração por um mundo ideal de livros – uma secularizada extensão da autoridade tradicional dos "pais" – e calorosos

O SIGNIFICADO DO ÍDICHE

sentimentos para com o familiar e flexível *mame-loschn*, o *yidisch*. A expressão *mame-loschn* ("língua da mamãe") é um típico composto ídiche de raízes eslavas e hebraicas, conotando o calor da família judaica, tal como simbolizada pela mãe e sua linguagem, a abraçar e neutralizar a reverente e erudita Língua Sagrada do pai. (A alcunha popular do ídiche é diametralmente oposta ao termo sociológico empregado no ídiche moderno, o frio e germanizante *muter-schprach* ("língua mãe").

Paradoxalmente, a língua ídiche era muito velha e muito jovem ao mesmo tempo, rica em expressões emotivas e pobre em denotações de *realia*, objetos específicos na natureza e na vida cotidiana. Como Max Weinreich assinalou, o ídiche dispunha de uns poucos nomes para designar flores, mas três para a palavra "pergunta": *frag(u)e* (do alemão), *kasche* (do aramaico) e *schayle* (do hebraico). O mesmo se pode dizer da literatura ídiche: contava talvez setecentos anos e ainda assim parecia carente de beleza, em comparação com as literaturas européias, e de sublimidade em face do hebraico bíblico. Nos últimos cem anos, os escritores de língua ídiche sentiram a frustração – bem como a alegria – de ter de criar e enriquecer, quer o seu idioma, quer as suas letras, como se estivessem apenas começando a cultivá-los. É verdade que, ao contrário do hebraico, até há pouco uma língua somente dos textos, o ídiche trazia as cadências e as conotações emotivas de um idioma falado. Mas foi mister – de parte de escritores, professores, ensaístas, jornalistas e ativistas políticos – investir enorme esforço para enriquecer-lhe o vocabulário e expandi-lo a fim de que pudesse cobrir novos setores da política, do conhecimento, da natureza, das cidades industriais, da poesia e da experiência humana. A literatura ídiche viu-se obrigada a descobrir e elaborar por si só os gêneros nos quais estava sendo escrita; os romancistas tiveram de inventar novos modos de narrar adequados à sua sociedade peculiar; os poetas precisaram amoldar as palavras em ídiche às frases e estrofes flexíveis dos versos de tipo europeu. E, ao mesmo tempo, assombrava-os a constante dupla ameaça de que a cultura ídiche poderia ser banalizado e o idioma desaparecer por inteiro. De fato, o início e o fim dessa língua de sua expressão cruzavam pressagiosamente o horizonte de cada escritor ídiche, no curso de sua vida.

A literatura ídiche moderna brotou, como um *deus ex machina*, do tronco da literatura européia contemporânea, mais do que de um processo de evolução a partir de sua própria herança.

LÍNGUA E HISTÓRIA 5

Foi somente com o vigor dessa cultura recém-desenvolvida e de sua explosão criativa no século XX que os estudiosos passaram a redescobrir e a reconstruir uma tradição lingüística e uma história literária do ídiche.

A HISTÓRIA DO ÍDICHE E A HISTÓRIA JUDAICA

Nos termos da reconstrução de Max Weinreich, o ídiche, tal como um certo número de outras línguas européias, emergiu por volta do ano 1000. Weinreich situa o berço desse idioma nas cidades do médio Reno, século IX ou X, no reino carolíngio. Restam apenas alguns poucos vestígios dos primeiros tempos do *yidisch* (como seria chamado bem mais tarde), por se tratar de uma língua predominantemente oral e, no transcurso das expulsões e migrações judaicas, escassos documentos nessa fala não-sagrada foram objeto de preservação. Todavia, é possível recompor algumas de suas feições primitivas com base nos sons das palavras e dos nomes próprios e nas análises de textos ulteriores.

Os judeus apareceram na Europa desde o começo da era cristã; chegaram a Colônia com as legiões romanas no primeiro século. Uma nova e significativa migração, para o Reno, por volta do século X, originou-se no norte da Itália e na França. Os imigrantes falavam o que era chamado em hebraico *La'az* (o *Loez* de Weinreich, "a língua de um povo estrangeiro"). Na realidade, essas eram duas variantes do latim falado, anterior ao mais antigo "francês" e ao mais antigo "italiano", com uma infusão de elementos hebraicos. Com tal embasamento, absorveram partes do vocabulário e da sintaxe dos dialetos correntes entre seus vizinhos alemães, selecionados em seus próprios filtros lingüísticos e semânticos. Com o tempo, o novo amálgama tornou-se uma linguagem judaica nativa, usada separadamente pelas comunidades israelitas e escrita em um alfabeto à parte, o hebraico. Um passo ulterior rumo à independência ocorreu quando falantes do ídiche moveram-se para fora do âmbito alemão: para a Itália, os Países Baixos, as terras eslavas e as Américas, onde sua língua se destacou das línguas de seus vizinhos.

Aschkenaz, a designação hebraica da Alemanha, tornou-se o nome da maioria dos judeus europeus e, mais tarde, de seus descendentes em Israel, nos Estados Unidos e em outras partes do mundo. Distingue-se de *Sefarad*, a denominação hebraica da Espanha, que acabou indicando as comunidades judaicas que se

6 O SIGNIFICADO DO ÍDICHE

dispersaram em volta do Mediterrâneo (Grécia. Turquia, Itália, África do Norte) após a expulsão da península Ibérica. O rótulo, *aschkenazi*, não quer dizer necessariamente que todos os judeus asquenazitas vieram da Alemanha, mas que adotaram o feixe da cultura *aschkenazi*, que incluía o rito religioso especifico denominado *aschkenazi* e o idioma de base alemã, o ídiche. Assim, é plausível que as coletividades judaicas de fala eslava, na Europa Oriental (que lá viviam desde tempos antigos) viessem a ser dominadas no século XVI pela cultura asquenazita e hajam adotado o ídiche como língua. Em várias épocas, ele se fez ouvir na Alemanha, Boêmia e Morávia, Polônia, Lituânia e Ucrânia, bem como em Amsterdã, Veneza, Estrasburgo, Riga, Jerusalém, Safed, Melbourne, Moscou, Nova York e Los Angeles.

O fim do primeiro milênio e os primeiros séculos do segundo milênio da era cristã constituíram um período de grande azáfama na formação do judaísmo asquenazita. Nessa época o seu livro de orações e a sua liturgia – trazidos da Itália para o Reno – estavam sendo consolidados em suas formas básicas. E o mesmo ocorria com todos os aspectos da vida comunitária: desde um código pormenorizado do culto e do procedimento diário, e da educação esteada no cânone clássico do judaísmo, até a lei da monogamia, aí formulada no século X. Os comentários precisos e detalhados de Raschi (1040-1105) acerca dos textos religiosos básicos, a Bíblia e o Talmud, foram compostos na França no século XI e converteram-se na pedra angular da cultura *aschkenazi*; posteriormente vieram a ser semicanonizados nas páginas dos livros bíblicos e talmúdicos e continuaram sendo, até hoje, os instrumentos-chave da educação judaica. Famosas *yeschivas* (academias) floresceram na França e na Alemanha, formando gerações de eruditos talmudistas e poetas religiosos e deslocando o centro do estudo judaico da Babilônia para a Europa Central. Aqui, o conceito do morrer por *Kidusch ha-Schem*, por aquilo em que se tem fé, foi forjado durante as matanças desencadeadas pelos cruzados contra as comunidades judaicas, e aqui o primeiro movimento "hassídico" aflorou nos séculos XII e XIII. O ídiche embebeu a atmosfera e o estilo desse intenso trabalho e vida coletivos. Como disse Max Weinreich, "a história do ídiche e a história de Aschkenaz são idênticos em mais do que um sentido apenas cronológico" (p. 41).

Desde o século XIV e com certeza por volta do século XVI, o centro da vida judaica deslocara-se para a Polônia, então um dos maiores países da Europa, que compreendia o Grão-Ducado

LÍNGUA E HISTÓRIA

da Lituânia (inclusive a atual Bielo-Rússia, isto é, Rússia Branca), a Grande Polônia, Galícia, Ucrânia, e estendia-se por vezes do Báltico ao mar Negro, das cercanias de Berlim até a uma curta distância de Moscou. Ao mesmo tempo, entre os séculos XIII e XV, os judeus foram expulsos dos principais países da Europa Ocidental – Inglaterra, França, grande parte da Alemanha, Espanha e Portugal. (Coletividades judaicas de menor porte sobreviveram, entretanto, na Holanda, Alsácia, em algumas regiões alemãs e na Itália; e um centro de maior envergadura desenvolveu-se fora do mundo cristão, no Império Otomano, em redor do Mediterrâneo oriental.)

Por volta do século XVI, segundo algumas estimativas, cerca de dois terços dos judeus existentes no mundo viviam no vasto reino da Polônia e Grão-Ducado da Lituânia. Eles desempenharam importante papel no desenvolvimento das cidades e no povoamento das novas áreas do leste (nomeadamente a atual "Ucrânia"), mediando entre a aristocracia polonesa dominante, de um lado, e o campesinato de várias nacionalidades nessa imensa "cesta de pão da Europa", de outro. Moravam, administravam estâncias agrícolas e comerciavam entre populações que falavam idiomas (ou dialetos) minoritários e comunicavam-se em polonês com os terratenentes. Na Polônia dos séculos XVI e XVII, um autônomo "Estado dentro do Estado" judaico, configurado pela Assembléia dos Quatro Países, uma espécie de Parlamento judaico responsável pela imposição de leis entre os judeus, centralizava a coleta de taxas e a coordenação de todos os negócios internos das coletividades judaicas. Em seu âmbito, desenvolveu-se uma ramificada rede de educação e estudos judaicos. Nessa área, o movimento hassídico aflorou no século XVIII e foi aí também que a maioria dos movimentos políticos – do socialismo ao sionismo – e a nova literatura hebraica e ídiche desabrocharam desde o fim do século XIX em diante. De fato, era aqui a pátria das massas de falantes do ídiche antes do Holocausto.

Perto do fim do século XVIII, contudo, o grande reino da Polônia e Lituânia foi desmembrado pelos vizinhos, Rússia, Áustria e Prússia (mais tarde Alemanha). A população judaica viu-se fatiada juntamente com o país e incorporada aos referidos Estados, a maior parte ao império russo. Aí, os judeus foram confinados aos antigos territórios da Polônia, o "Cercado de Residência", um enorme gueto geográfico nas províncias ocidentais do império czarista, incluindo o que é hoje a Ucrânia, Bielo-

O SIGNIFICADO DO ÍDICHE

Rússia e Lituânia, bem como a Polônia propriamente dita, a Grande Polônia. Assim, quando se fala de judeus "russos", cabe lembrar que a maioria dos judeus sob domínio czarista antes de 1917 não se encontrava a bem dizer na Rússia, porém nas antigas áreas polonesas. Entretanto, os judeus da Galícia, que também fora parte integrante da Polônia, viram-se separados de seus correligionários e vivendo no Império Austro-Húngaro, cuja língua oficial era o alemão. (Daí por que os judeus "poloneses", que emigraram para a América antes da Primeira Guerra Mundial, foram indiscriminadamente considerados ou "russos" ou "austríacos".) E muitos dos assim chamados judeus alemães, sobretudo os de Berlim no século XX, provinham na realidade de Poznan, Cracóvia, Silésia e de várias regiões outrora polonesas. A partir do século XVIII surgiram densos agrupamentos populacionais judaicos na Hungria e na Romênia, em grande parte como afluxo de excedentes demográficos de antigos domínios poloneses.

Nem na Rússia nem no Império Austro-Húngaro, onde se concentravam grandes massas de judeus, viviam eles, na maioria, entre os falantes da língua oficial do país. Ao contrário, moravam em meio a diferentes minorias nacionais: poloneses, ucranianos, bielo-russos, lituanos, letões, alemães, tchecos e húngaros. Esse fato contribuiu ainda mais para preservar o ídiche – e a autonomia cultural judaica em geral – nas pequenas cidades e nos bairros citadinos em que se apinhava a população de judeus. Com o tempo, muitos dentre os abastados e os intelectuais dominaram e adotaram a língua do Estado e da "cultura", o alemão e o russo, respectivamente, e, sempre que lhes fosse permitido, mudavam-se para as capitais como Viena, Moscou, São Petersburgo, Berlim (e, mais longe, ainda, para Londres, Johannesburgo, Montreal, Nova York, Chicago e San Francisco). No século XIX, e especialmente no XX, um processo similar ocorreu nas pequenas nações emergentes, onde os judeus se tornaram presenças proeminentes nos idiomas e na nova vida cultural da Polônia, Hungria, Lituânia e Romênia.

A população judaica na Europa do leste cresceu imensamente, tanto em número quanto em pobreza, no decurso dos séculos XVIII e XIX. Milhões emigraram para além-mar. Em 1700 havia ao todo cerca de um milhão de judeus asquenazitas no mundo, ao passo que às vésperas da Segunda Guerra Mundial (1939) seu total somava mais de quinze milhões (em comparação

LÍNGUA E HISTÓRIA 9

com algo mais do que um milhão de judeus sefarditas e orientais existentes então no mundo).

UMA LÍNGUA DE UMA SOCIEDADE POLILINGÜÍSTICA

Qual é a natureza do ídiche?
Poder-se-ia descrevê-la sob três cabeçalhos: bilingüismo, fusão e semiótica. Essencialmente isto significa que:

1. O ídiche foi falado por pessoas em contexto bilíngüe (ou multilíngüe).
2. Esta língua é uma fusão de elementos provenientes de várias línguas-fonte, que ainda são usadas como componentes vivos de um campo de linguagem aberto.
3. O ídiche foi o portador de um segundo nível de "linguagem" social, uma semiótica peculiar da comunicação judaica.

Dedicaremos a cada um desses aspectos capítulos separados.

No mundo de hoje, o bilingüismo é um fenômeno bem conhecido. Os hispânicos nos Estados Unidos aprendem o inglês assim como o espanhol; as minorias soviéticas aprendiam a sua própria língua e o russo dominante; os negros africanos falam seus idiomas tribais e usam o inglês ou o francês em instituições oficiais e para um grupo comunicar-se com outro. Na Europa, mesmo antes do advento do Estado-nação, esta não era a norma[1]. Aí, entretanto, os judeus eram um povo bilíngüe na realidade, polilíngüe – por excelência. Seu polilingüismo era de duas espécies, interno e externo.

POLILINGÜISMO INTERNO E A TRADIÇÃO DO ESTUDO JUDAICO

A separação em que viviam os judeus na Europa baseava-se quer em leis preceituadas pelos poderes cristãos, quer em uma organização social e cultural interna, dominada por um vigamento conceitual religioso. A oposição "cristão" *versus* "judeu", central para a concepção de ambas as religiões, cimentava essa se-

---

1. Na verdade havia discrepância entre os dialetos locais e a "língua do rei", porém a maioria das pessoas não dominava um e outro, ao mesmo tempo, e não havia nada tão diferente como o contraste entre o ídiche baseado no alemão, os seus componentes hebraicos, semíticos, e as línguas eslavas faladas em derredor.

10 O SIGNIFICADO DO ÍDICHE

paração. Os judeus possuíam as suas próprias instituições comunitárias, escolas, tribunais de justiça e hospitais e irmandades funerárias, organizações profissionais e de beneficência social, escribas e casas editoras, sinagogas e cemitérios. Essa organização institucionalizada à parte, de um grupo social, perfeitamente aceitável em uma sociedade pluralista, feudal, separava os judeus e seu mundo mental de seus vizinhos cristãos de maneira tão profunda quanto as leis de discriminação, os guetos, o ódio e as perseguições. Isso medrava sobre uma intensa intrusão na vida pessoal de seus participantes: o culto do dia e as orações requeridas; o aprendizado obrigatório e os valorizados estudos e leituras pessoais; o cozimento e o preparo da comida; a vida sexual e a interação; o vestuário e a linguagem; a conversa na sinagoga e em casa; a habitual interpretação dos acontecimentos diários e do encontro com estranhos – tudo estava permeado pelas normas, pela língua e pelas ideologias judaicas.

Era uma estrutura social implementada em Aschkenaz com três línguas internas, todas escritas no mesmo alfabeto hebraico: o ídiche, o hebraico e o aramaico. O hebraico era, naturalmente, a língua da Bíblia e a língua de Eretz Israel, a Terra Sagrada. O aramaico era o "ídiche" de um milênio anterior, a *língua mediadora* que servia às comunidades e instituições judaicas – inclusive para estudos e explicações – no Oriente Médio, especialmente na Palestina e na Babilônia até a conquista árabe. Com o seu passamento como idioma falado, também ele se tornou uma língua judaica do texto. Diferentemente do grego (utilizado na Septuaginta, a tradução clássica da Bíblia), o aramaico não era partilhado com outras culturas dominantes e por isso converteu-se na língua das domesticadas e canonizadas traduções judaicas do Velho Testamento (*Targum*); era também a língua-moldura do Talmud e a do Zohar, o livro clássico da Cabala. Mas, ao contrário do que aconteceu com o ídiche mais tarde, o aramaico (em vários dialetos e estratos históricos) veio a ser subseqüentemente preservado e canonizado como parte da "Língua Sagrada" e como um veículo principal do que se poderia denominar a "Biblioteca Judaica". De idioma da vida e discussão diárias e do diálogo erudito, converteu-se no de um texto congelado, para ser estudado e interpretado.

.O varão judeu deve rezar ao menos três vezes por dia; a reza exige que o fiel leia ele mesmo, individualmente, textos hebraicos. Os judeus religiosos não têm sacerdotes mediadores e, assim sendo, cada pessoa é responsável pela tarefa de comuni-

LÍNGUA E HISTÓRIA

car-se diretamente com o seu Deus e de aprender os Seus ensinamentos. Além disso, aos sábados e nos dias festivos, há nas sinagogas bênçãos a serem proferidas em muitas ocasiões e ao longo das sessões de preces e leituras da Bíblia. Todos esses textos estão escritos na "Língua Sagrada" (*Loschn-Koydesch*), um termo geral que compreende muitas camadas históricas do hebraico e do aramaico. A Língua Sagrada – especialmente em sua forma de base hebraica, repleta de expressões aramaicas – era a língua escrita da teologia, filosofia, poesia e das associações comunitárias judaicas. No transcurso das épocas, continuou a servir como a língua principal dos documentos oficiais, dos anais da coletividade, das cartas, dos livros, da correspondência internacional, dos poemas litúrgicos e históricos e até das inscrições rimadas na parte posterior da pedra tumular, como a do filósofo neokantiano Hermann Cohen, no cemitério de Weissensee, na ex-Berlim Oriental.

A consciência do judaísmo foi moldada, basicamente, por duas concepções: uma, histórica, e outra, trans-histórica. O texto sagrado – que também serviu de autoridade suprema para todos os escritos ulteriores, desde a lei religiosa até a poesia secular hebréia – era o "Livro dos Livros", a Bíblia (o Velho Testamento) e seu cerne, a Torá (o Pentateuco), transmitido a Seu povo por Deus, no monte Sinai. A Bíblia oferecia uma percepção histórica do povo judeu, localizada no passado. Começava com a criação do universo e acabava no Livro das Crônicas, arrolando a cadeia das gerações. A narrativa histórica constituiu a moldura e o padrão básico de todos os outros gêneros engastados nessa antologia polivalente, incluindo lei, histórias, poesia, profecia e sabedoria. A natureza do povo judeu, sua relação com Deus, as mensagens dos profetas, as normas religiosas e até os Dez Mandamentos eram todos revelados em contextos históricos, narrativos.

Porém, com a Segunda Destruição (a queda do Segundo Templo de Jerusalém em poder das legiões romanas em 70 d.C.) e o desaparecimento do Estado judeu independente, a Bíblia foi encerrada e canonizada. Agora, na percepção judaica, a *história judaica havia terminado*. O universo todo da consciência foi repensado e reformulado na Mischná, no Midrasch, no Talmud e numa literatura religiosa na qual se cristalizou o judaísmo tal como o conhecemos hoje. Daí por diante, a Bíblia passou a ser lida como um *repositório de lei e linguagem*, como um texto com ordem narrativa suspensa, de acordo com o preceito: *Ein muk-*

12   O SIGNIFICADO DO ÍDICHE

dam u-meuhar ba-torá ("Não há 'antes' ou 'depois' na Torá"); isto é, todos os seus versículos e capítulos são equivalentes e simultâneos. O cristianismo, tendo a mesma atitude, viu os relatos do Velho Testamento como prefigurações de acontecimentos da vida de Jesus. O judaísmo enxergou no texto bíblico um tesouro de leis manifestas e ocultas e uma evidência contextual da semântica de palavras complexas.

Assim, a literatura religiosa pós-bíblica – com o Talmud como o seu âmago (encerrado na Babilônia por volta de 500 d.C.), o *Schulkhan Arukh* como o código do comportamento diário (escrito em Safed, Palestina, no século XVI), os livros de orações e a poesia litúrgica, bem como uma vasta, sempre aberta e inconclusa biblioteca de outros textos e comentários – transpôs o mito histórico da Bíblia para uma percepção trans-histórica de um "Povo Eterno" (*Am Olam*), ligado por uma complexa rede de códigos intemporais e interdependentes de leis, crenças, lenda e comportamento. Mas *olam* significa quer "eternidade" quer "o universo". Daí *Am Olam*, "O Povo Eterno", também significa "o Povo do Mundo", ou seja, um povo que vive em todo e qualquer tempo e em todo e qualquer espaço – na realidade, fora de qualquer tempo e espaço específicos, de qualquer história e geografia concretas.

O livro de orações, estratificado de conformidade com os dias, meses e semanas do ano, vinculava cada judeu e sua família diretamente quer à narrativa histórica, convertida em mito simbólico (especialmente na Hagadá da Páscoa), quer ao código trans-histórico do judaísmo como guia comportamental e experiência viva.

Para dominar essa literatura, para preservar as leis, as crenças e os mitos predominantes na vida judaica em seus grandes momentos e em todas as suas minúcias, o estudo era imperativo. Os judeus foram o único povo da Europa medieval a praticar a educação obrigatória, pelo menos para os filhos de sexo masculino. A prece não era suficiente: cada indivíduo devia, supostamente, entender os ensinamentos da fé e estudar as fontes, os comentários e os argumentos, mantendo assim a Torá viva através do estudo. A preservação da Torá – no sentido seja do *texto*, seja do *estudo* – era tão importante quanto a preservação da grei. Desde muito cedo, os meninos judeus do leste europeu, nos séculos recentes (o foco de nossa discussão) passavam dias incontáveis estudando, se possível até que se casassem: e se os pais da noiva eram ricos ou se a mulher era uma *eysches khayl*

LÍNGUA E HISTÓRIA

(uma "mulher de luta", de "valor") e trabalhava ou dirigia a loja e conseguia sustentar a família, então os homens estudavam a vida inteira.

Sem dúvida, nem todo indivíduo era um erudito, havendo também muita ignorância entre os judeus, mas praticamente cada varão sabia ler ao menos duas línguas, o hebraico e o ídiche. Fato mais importante ainda era que os eruditos constituíam o grupo mais prestigioso da sociedade e o estudo se fazia necessário para a continuação da existência judaica. Posto que a religião judaica não dispunha de uma autoridade administrativa central, a regulamentação do modo de vida de seus praticantes emanava dessa fonte de conhecimento, guiada por aqueles que a entendiam (daí o papel dirigente do rabi na comunidade judaica, mesmo quando sua posição dependia das fontes do poder econômico). O estudo também fornecia a justificação para a inusitada situação dos judeus entre seus vizinhos. O provérbio ídiche diz: *toyre iz di beste skhoyre* ("O estudo é a melhor das mercadorias"), traduzindo assim os dois ideais mitológicos da existência judaica na Diáspora – estudo e mercância – na linguagem um do outro. Um homem rico selecionava um "gênio" (*iluy*), pobre, que estudava em uma *yeschiva*, amiúde em outra cidade (onde era inteiramente sustentado pela comunidade local), para marido de sua filha (assim a "riqueza" era casada com a "sapiência"). Mesmo os homens atarefados em ganhar a vida ou incultos, como Tevie, o Leiteiro, de Scholem Aleikhem, dedicavam um certo espaço de tempo ao estudo diário, cada qual de acordo com o seu nível de instrução.

Cabe assinalar que muitas mulheres também sabiam ler, como indicam os textos e os documentos em ídiche escritos especialmente para elas. Numerosas moças, inclusive as mais pobres, eram alfabetizadas em ídiche, estando habilitadas a escrever cartas e ler livros religiosos e de entretenimento destinados às mulheres (o pai do poeta ídiche H. Leivik era um pobre professor de ídiche "para jovens criadas"). Moças de famílias abastadas ou esclarecidas eram educadas em hebraico ou também em outras línguas. Tratava-se, porém, de algo voluntário, visto que as jovens não tinham a obrigação de estudar ou de rezar e só podiam ser instruídas quando se contratava um preceptor particular: o sistema escolar estava reservado estritamente aos rapazes (até que foram abertos, no século XX, os modernos educandários para meninas, tanto laicos quanto religiosos). Daí por que as mulheres judias, no mundo moderno, tiveram liberdade

O SIGNIFICADO DO ÍDICHE

de estudar os idiomas do país e sua cultura, distinguindo-se neles com freqüência. O sistema institucionalizado de escolarização, contudo, destinava-se exclusivamente aos meninos, sendo trilíngüe, no mínimo.

Os textos ensinados na escola primária, o *kheyder* (também transcrito como *cheder* ou *heder*) eram predominantemente hebraicos: a Torá, os comentários, as porções semanais da Bíblia. Toda criança ia ao *kheyder*, desde muito cedo, a partir dos três, quatro ou, às vezes, cinco anos de idade. Aprendia aí a ler hebraico e absorvia imagens, relatos, lugares e personagens do passado heróico de seu povo (depois elaborado em transmissão oral), que serviam de mito básico da sociedade judaica.

A escola secundária, *yeschiva*, enfatizava os estudos independentes e, em aditamento ao hebraico, ensinava textos em aramaico (uma língua cognata, porém muito diferente do hebraico e ininteligível para falantes do hebreu). A *yeschiva* preparava os seus estudantes para "nadarem" no "mar do Talmud[2]. O Talmud tornou-se o mais importante livro do judaismo da Diáspora. É um texto bilíngüe, em múltiplos volumes, escrito em um complexo, porém controlado mosaico de arameu e hebreu, compreendendo *corpus* de "Lei" e "Lenda", e apresentado em forma de argumentos orais. Além dos escritos clássicos e canonizados, os eruditos estudavam comentários e livros elaborados através dos tempos, até a época deles próprios. Todas essas obras não eram apenas "livros religiosos": no âmbito de uma moldura religiosa oniabarcante, incluíam elementos de história, lendas, hagiografia, relatos, profecia, misticismo, poesia, guias de comportamento, sabedoria de vida e lição de moral, bem como lei e teologia.

Os livros e manuscritos hebraicos eram sagrados. Em ídiche, a palavra hebraica *seyfer* era usada para nomear livros religiosos na Língua Sagrada, enquanto *bukh*, derivado do alemão, ou *bikhl*, ligeiramente depreciativo, denotavam em ídiche as obras secu-

---

2. Tipicamente, derivando dessa metáfora e conotando o escopo infinito do estudo, a palavra hebraica *yam* ("um mar") na expressão ídiche *a yam* veio significar: "grande número", "uma quantidade incontável" ou, simplesmente, "uma porção de". É usada em expressões como *a yam mit tsores* (traduzindo o europeu "mar de aflições" para o ídiche com palavras hebraicas), bem como em afazeres cotidianos: *kh'hob a yam tsu ton* ("tenho um mar de coisas para fazer", isto é, estou inundado de trabalho"). A sentença originalmente hebraica é também transformada em provérbio rimado ídiche: *Der yam on a breg – Di Toire on an ek* ("Um mar sem beira, o saber sem fim"), que o título do quadro de Chagall ecoa: *O Tempo é um Rio sem Margens*.

LÍNGUA E HISTÓRIA

lares ou em língua estrangeira. Um dano infligido a uma cópia da Torá constituía pecado a ser expiado pela comunidade toda. Volumes rasgados e fragmentos com letras hebraicas – *scheimes* (do plural hebraico "nomes", incluindo potencialmente o nome de Deus – deviam ser resguardados e receber sepultamento. Assim, por exemplo, na grande G(u)eniza de Cairo, um repositório de manuscritos hebraicos descoberto no início do século XX em uma pequena sinagoga do Egito, milhares de textos e fragmentos de quase dez séculos foram preservados, inclusive documentos legais e comerciais, assim como numerosos manuscritos de poesia hebraica e o importante Manuscrito de Cambridge do verso ídiche.

O judaísmo foi portanto localizado em uma biblioteca em incessante expansão, contendo um mundo auto-reflexivo de regras, crenças e anedotas, separado de qualquer contexto histórico, geográfico ou pessoal, de caráter realístico. Era necessário estudá-lo constantemente, interpretá-lo e aplicá-lo a circunstâncias efetivas. Era ele que provia a *raison d'être* da existência judaica como tal, absorvendo seus seguidores na magia de um intenso e "escapista" universo de discurso. O mundo conceitual dos judeus era moldado em larga medida pelas imagens, termos e frases dessa literatura escrita em hebraico e aramaico e amiúde recontada, simplificada e folclorizada em ídiche.

A educação em si mesma, entretanto – estamos dirigindo o nosso foco para os séculos mais recentes da vida judaica na Europa Oriental e Central – era conduzida em ídiche. Isso se fazia de duas maneiras distintas e complementares:

1. O texto hebraico da Bíblia era ensinado desde a mais tenra meninice mediante uma tradução ídiche literal, palavra por palavra: cada termo hebraico do original era diretamente acompanhado por seu equivalente ídiche (a maior parte procedente do componente alemão, a fim de deixar claro que se tratava de uma tradução). Por exemplo, o primeiro versículo da Bíblia, "No começo Deus criou", era lido assim (as palavras hebraicas estão entre aspas e as ídiches em itálico):"beREYschis" – *in onfang*, "boro" – *hot baSCHAfn*,"EloHIM" – *got*, e assim por diante.

2. O estudo talmúdico (em aramaico e hebraico), bem como os escritos ulteriores e contemporâneos e as questões tópicas, eram reentendidos, refraseados, explicados, justapostos, reptados e argüidos em diálogos, leituras e sermões em ídiche. O ídiche fornecia o quadro sintático de cada sentença e o enquadramento dialógico para o discurso como um todo; servia de componedor conversacional em que todos esses tesouros – um imenso léxico imaginário – se achavam engastados.

O livro central da tradição de estudo, com seus múltiplos volumes, o Talmud, chamado também de "ensinamento oral"

16 O SIGNIFICADO DO ÍDICHE

(*tora sche-be-al-pe*), tinha ele próprio o feitio de uma sinopse em que estava editado o registro de cinco séculos de debates, análises, interrogações e respostas, argumentos e contra-argumentos acerca das leis do judaísmo e seus textos básicos. A estrutura explícita era a de um comentário, sentença-por-sentença, sobre o códice dos preceitos legais, compilado no século II a.C., a Mischná, mas a estrutura profunda era uma interpretação do Livro de Deus como um sistema teológico e legal. Parecia que somente o Senhor e Seus profetas bíblicos podiam endereçar-se em forma de monólogo ao povo. Às gerações humanas subseqüentes era dado apenas interpretar e discutir significados e intenções do texto sagrado. Na maioria dos casos, só lhes cabia um lugar num diálogo.

A própria Bíblia favorecia a forma monológica da narrativa e da poesia. O discurso escritural típico é um monólogo narrativo desenvolvido por um locutor anônimo (ou Deus) descrevendo coisas na terceira pessoa ou no passado (em que podem estar incrustados diálogos curtos e apresentações de caráter cênico). O relato às vezes recua para o fundo a fim de ceder lugar a poemas, leis e, por fim, aos livros dos profetas – todos eles gêneros de monólogos por direito próprio. É verdade que tais monólogos podem ser vistos como uma série de textos encordoados em uma tensão dialógica entre Deus e o Seu povo: todo evento, todo caso de amor aparentemente trivial, adquiria sua profundidade à luz dessa tensão histórico-moral-existencial. Mais ainda, muitos dos monólogos relevantes proferidos por vozes individuais – as palavras de Deus ou a "Palavra" dos profetas ao povo – são pronunciadas em situação dialógica, enquanto o outro lado responde, na maioria das vezes, mais com atos do que com palavras. Não obstante, a forma constitutiva do próprio discurso é o monólogo.

Com a canonização da Bíblia, o modo prevalente do discurso judeu modificou-se. O diálogo tornou-se a forma dominante: diálogo efetivo entre seres humanos e diálogo intemporal entre posições alternativas. Em termos históricos, a literatura teológico-legal proporcionou uma estrutura dialógica tripla: 1) Os Sábios travavam diálogos e discussões sobre as regras detalhadas do judaísmo e sobre os significados dos textos bíblicos invocados. Eram diálogos reais, localizados em um certo tempo e em certas situações específicos. 2) O Talmud, então, apresentava um segundo nível de diálogo, textualmente fixado, um diálogo sobre posições alternativas com respeito a uma dada questão, compi-

LÍNGUA E HISTÓRIA

lado e selecionado em uma armação intemporal, para o qual citava vozes dos diálogos históricos de primeiro nível entre sábios de várias gerações no passado. 3) No processamento da lei e do estudo judaicos no tempo e no espaço, *este diálogo de segundo grau – canonizado como texto* (o Talmud) – era engastado em uma terceira, reaberta, moldura de diálogo, em que bibliotecas inteiras encontravam o seu lugar. Nesse terceiro patamar, os eruditos posteriores podiam desafiar ou rediscutir ou reaplicar os argumentos do Talmud e da literatura *halakhica* (legal) ulterior, como se tudo fosse uma só produção sincrônica.

O que era canonizado no judaísmo era o *texto* bíblico, não necessariamente os seus *significados* específicos. Os significados eram reinterpretadcs e semicanonizados em textos ulteriores que exerciam controle uns sobre os outros. Vale notar que no judaísmo os preceitos e as normas básicas de comportamento apresentaram, através da história, um caráter muito mais conservador do que os problemas de ideologia, teologia e mundivisão (as inovações da Cabala e do hassidismo servem para ilustrar o fato).

A estrutura do diálogo em três patamares empregava duas formas dialógicas entrelaçadas e interdependentes que é possível chamar de "horizontal" e "vertical". Um diálogo horizontal é essencialmente sincrônico, justapondo duas ou mais posições em uma questão, citando a partir de textos, afirmações ou diálogos de diferentes períodos como se estivessem co-presentes, ou seja, desconsiderando sua distância ou ordem no tempo. Um diálogo vertical é diacrônico, analisando a linguagem de um texto bíblico comprobatório ou outro qualquer canonizado, ou contando uma história exemplar e lendo os significados da fonte desde a perspectiva do contexto corrente ou vice-versa. O diálogo horizontal é fundamentalmente argumentativo; o vertical, interpretativo. Na Biblioteca Hebraica nenhuma das duas formas existe uma sem a outra: cada texto constitui uma interseção entre uma perspectiva vertical e outra horizontal. Mas há diferenças genéricas distintas.

O texto talmúdico subordina o diálogo vertical ao horizontal, a citação ao argumento, uma vez que o tópico à mão é o princípio organizador do texto. A composição dos capítulos talmúdicos não tem espinha dorsal narrativa, não tem direção. As narrativas que aparecem no Talmud são curtas e anedóticas. Incrustadas no argumento, servem para ilustrar um ponto particular de significação, para contar um caso emblemático ou ilu-

18 O SIGNIFICADO DO ÍDICHE

minar o caráter de um dos locutores citados no texto, mais do que para relatar um enredo ou adiantar o texto no tempo. O Talmud está organizado em forma temática. Mas cada capítulo não apresenta seu argumento em desdobramento lógico ou hierárquico, sendo concebido como uma série de análises de sentenças da Mischná. Mas a própria Mischná está construída como uma longa fieira de declarações generalizadas, uma taxonomia de regras, amiúde representando muitas posições diferentes sobre uma dada norma. Assim, a estrutura do texto talmúdico é antes *aditiva* do que *direcional*. Não tem a direção de um enredo, de uma cadeia de acontecimentos no tempo, nem a direção de um argumento lógico hierárquico como o praticado na filosofia ou na ciência européias. Em compensação, porém, a menor unidade do texto – não atrelada a nenhuma cadeia, narrativa ou lógica – está relacionada ao universo do discurso como um todo. Daí a importância reificada da menor unidade, o peso de interpretação de cada ponto e palavra apresentados como um nó nesse duplo entrançado diálogo horizontal e vertical.

Diversa é a natureza dos textos orais ou escritos daquilo que se pode denominar de um modo geral tradição da *prédica* (*derascha*), incluindo coleções publicadas, bem como sermões e explicações anedóticas de um *mag(u)id* (pregador errante), um *rebe* hassídico (chefe dinástico de uma seita), um rabino de uma comunidade ou um rapaz em idade de *bar-mitsva*. Tais textos decolam de uma passagem bíblica específica (com freqüência, o capítulo da semana) e ostensivamente subordinam o diálogo horizontal ao vertical. Um sermão pretende explicar a passagem bíblica, mas na verdade investe o texto escritural de significados e mensagens tópicas no ambiente imediato do locutor e de sua audiência. Um livro hassídico como *Noam Elimelekh* (uma coletânea de prédicas do rabi Elimelekh de Lizensk, do século XIX) possui uma ideologia coerente e global, passível de ser reconstruída a partir de seu texto, mas a forma de apresentação encontra-se, não em algum argumento sistemático ou analítico, porém nas atualizações individuais de passagens bíblicas. Outro exemplo vem de um programa religioso radiofônico recentemente transmitido em Nova York: o interpretador condenava a atitude clemente do rei Davi para com o filho e a considerava a causa da rebelião deste, que resultou em milhares de mortos e feridos; mas imediatamente a seguir atrelou a explicação a um protesto contra o fechamento de uma cafeteria *koscher* na Uni-

LÍNGUA E HISTÓRIA

versidade de Brandeis, como se fosse a respeito disso que a Bíblia estivesse falando.

Um capítulo bíblico não se organiza em geral topicamente, mas como um relato sucinto. Na nova leitura, sua estrutura real, narrativa, é suspensa em função de propósitos interpretativos e edificantes, isto é, cada sentença, cena ou expressão é lida mais por seu "significado" ou "moral" abstraídos do que como um acontecimento e uma cadeia de acontecimentos. Daí por que se pode utilizar separadamente cada sentença ou expressão para o propósito visado. Além disso, significações extrapoladas de semelhantes textos pôr-se-ão todas a dançar ali em oposição aos feixes temáticos, mais disciplinados, do Talmud. O modo de pensar é associativo, seja porque a cadeia temática do texto original é alógica, seja porque as exigências, com o fito de atualizá-lo, puxam-no para qualquer direção tópica e se põe a vagar em uma tangente.

Nessas duas espécies de discurso hebraico, o legal-talmúdico e o de tipo sermonário, a unidade textual é salvaguardada por um universo total de discurso ao qual se subordinam todos os significados e interpretações. E, pelo mesmo penhor, embora cada erudito e pregador seja respeitado por sua contribuição individual, todos estão sujeitos a um universo global, coletivo, de regras e mitologia, em que "todos os israelitas são responsáveis um pelo outro". Sem as disciplinas da narrativa e lógica, o texto torna-se uma cadeia associativa de explicações e anedotas brilhantes. Quando tais padrões de discurso foram absorvidos pela língua da conversação, o ídiche, que não tinha sequer a responsabilidade pelos dogmas religiosos e textos escritos, emergiu um modo de comportamento loquaz, em que a associação reinava soberana, a analogia dispunha do primado e qualquer coisa podia ser símbolo de qualquer outra coisa.

Elementos propriamente narrativos, baseados em anedotas talmúdicas ou hassídicas libertas de seu contexto didático mais amplo, foram absorvidos pela tradição oral ídiche, juntamente com relatos de fontes folclóricas européias. Mas esse modo consistia, naturalmente, em textos curtos, convenientes para a transmissão oral e, com freqüência, empregados como alegorias ou parábolas incrustadas em uma moldura mais larga de discurso. A narrativa dificilmente conseguia tornar-se a força constitutiva, composicional de um texto mais extenso.

O único gênero que se aproxima do pólo do puro diálogo vertical é o comentário direto a respeito da Bíblia. Mas também

O SIGNIFICADO DO ÍDICHE

aqui é possível discernir uma perspectiva horizontal. Raschi explica a Bíblia com um olho no que diz o Talmud. E no comentário de Abraão ibn Ezra acerca do quinto capítulo do Eclesiastes deparamos com um excurso sobre a controvérsia em relação aos méritos comparativos das normas espanholas e palestinas em matéria da rima hebraica a ser usada para escrever poesia hebraica na Itália.

Assim, o discurso prevalente do pensamento judaico diferia radicalmente das formas monológicas dos cursos prelecionados que moldaram muitos textos da filosofia alemã ou da escritura discursiva, típica da tradição do "ensaio" inglês. De fato, a maioria dos textos hebraicos escritos em Aschkenaz no último milênio, dentro da tradição religiosa, eram textos de caráter dialógico: sermões ou comentários sobre comentários de textos anteriores. Havia também, por certo, alguns livros sistemáticos na biblioteca judaica; por exemplo, os escritos monológicos de Maimônides a atuar segundo uma tradição aristotélica, racional, da filosofia e ciência árabes. Mas a biblioteca religiosa incluía-os no megadiálogo: podia-se objetar ao racionalista Maimônides ou excluí-lo inteiramente da lista de leitura. Às margens dessa cultura havia a monológica, individualista e secular poesia hebraica desenvolvida na Espanha e na Itália, mas ela não entrava na educação religiosa ou no discurso falado.

A bidirigida rede do discurso religioso judaico constituía também um instrumento fascinante para cativar cérebros agudo e envolver seus estudantes como parceiros de um diálogo com um interlocutor invisível residente em uma biblioteca imensa, aberta em seu término. O método não se destinava a ditar, porém a engajar o estudante como partícipe ativo em um processo de entendimento. Havia duas condições: as respostas prescritas não podiam ao fim ser solapadas e não era permitido perder o interesse nos próprios tópicos (como ocorria com os pupilos guiados pelo espírito de "pertença" no Iluminismo europeu). O método continua vivo e em boa forma até hoje, como se pode verificar pelo seguinte caso: um comentarista da emissora novaiorquina de rádio WEVD (outrora uma estação socialista, cujo nome fora dado em homenagem a Eugene V. Debbs, e agora transmitindo programas religiosos ortodoxos) explicava em ídiche o ponto principal da fala proferida naquele sábado pelo rabi Schneuerson, o *rebe* hassídico do movimento Habad, dito também o Lubavitcher; citando uma incisiva objeção que o *rebe* levantara diante de uma passagem talmúdica (a uma dis-

LÍNGUA E HISTÓRIA

tância de mil e quinhentos anos), o comentarista perguntou aos ouvintes: *"Meynt ir az der Talmud vet zikh misBALbl vern?* ("Vocês acham que o Talmud vai ficar transtornado [com a objeção do *rebe*]"? Não, o Talmud se recompôs "ele próprio" e encontrou uma resposta, provendo assim a substância para o sermão do dia.

O ficcionista hebreu, M. Z. Feierberg, em sua narrativa *Aonde?*, descreveu o vivo embate que ocorria na mente de um estudante brilhante quando ele se defrontava com essa enorme biblioteca:

> Ele estudou por três horas a fio, o problema era extremamente árduo e complexo, os "atendentes" [do Talmud, ou seja, seus intérpretes] travavam a guerra da Torá com coragem e determinação – um é um "Monte Sinai" na proficiência, o outro é uma cadeia de "Montanhas Alteadas" na acuidade – e como lhe é agradável e cara essa guerra! Seu pesar dissipou-se e seu coração pôs-se a bater tremendamente, deliciava-se nas profundezas da Torá. Agora, conseguira levantar por si mesmo a objeção proposta pelo *Pnei iehoschua* [xvii c.] e responder a ela com a interpolação do *Maharscha* [XVI c.]. Sua alma inundou-se de júbilo e prazer: outra vitória e mais outra vitória, outro bastião cai por terra!...

O protagonista estuda sozinho, por meio do diálogo interiorizado. Faz incursões verticais na biblioteca a fim de descobrir posições sustentadas por diferentes comentadores e as dispõe em um "campo de batalha" horizontal, em cujo âmbito um erudito do século XVI pode responder a um objeção apresentada por um autor do século XVIII.

Diálogo dentro do diálogo dentro do diálogo era o nome do jogo. Grande parte do processo de estudo trilhava um caminho similar, engastando os diálogos escritos em hebraico e aramaico em um novo diálogo-moldura, oral e interpretativo, o ídiche. Em especial, desde a ascendência do método do *Pilpul* (originário da Alemanha no século XVI), um bom estudante não era apenas aquele que conhecia as respostas, porém aquele que fosse capaz de questionar uma posição aceita, achar uma dificuldade ou um ponto fraco, contestar um argumento escrito, levar escritos posteriores a oporem-se ao texto e oferecer contra-argumentos (a serem invalidados no fim). Os estudos na *yeschiva* processavam-se aos pares: depois do *schiyur* ("lição") do professor, dois estudantes mergulhavam no texto e clarificavam seus argumentos mediante um diálogo entre ambos. Além disso, havia ainda o método da *sikhas khulin* ("conversação casual"), quando o professor convidava um aluno para um passeio e dis-

22 O SIGNIFICADO DO ÍDICHE

cutia com ele ou o submetia a um exame a respeito do tópico em estudo.

Para tal propósito, era desejável uma linguagem flexível de conversação em uma situação direta de locução. O aramaico desempenhara esse papel nos tempos talmúdicos, mas tornara-se um texto estrangeiro e sagrado a ser, por seu turno, explicado. O ídiche assumiu a função de *moldura-discurso final, de quarto nível*. "O ídiche também se alcandorou lingüisticamente porque era a língua de estudo: converteu-se no meio de expressão de um complicado universo de discurso jurídico-moral-filosófico muito antes que o alemão, o polonês e outros idiomas fossem usados para fins semelhantes" (M. Weinreich, p. 255).

Naturalmente, a despeito de sua manifesta roupagem alemã, o ídiche absorveu grande porção da fraseologia, do vocabulário, do mundo conceitual, dos modos coloquiais e das entonações dos textos hebreus e aramaicos. Também os influenciou, de seu lado. Mais ainda, um estilo especial, a linguagem dos escribas e dos anúncios públicos, utilizava um mosaico de fragmentos ídiches e hebraicos em um mesmo texto e até na mesma sentença, recobrindo cada uma dessas línguas com os modos da outra[3]. Até hoje, o ídiche pode ser enchido até a borda com hebraico. As cinco horas de prédicas televisionadas (*Far-BRENg(u)en*) do grão rebe de Lubavitch, transmitidas via satélite do Brooklyn para a Inglaterra e a Austrália, são nominalmente em ídiche, mas não menos de oitenta a noventa por cento do texto podem consistir em menções e frases dos escritos sagrados – idichizados em sua gramática e pronunciados no dialeto asquenazita lituano do Lubavitcher. O ídiche propriamente dito serve aqui de veículo sintático, incluindo conjunções e expressões básicas de comunicação (tais como, "o que significa isso?", "e então eles verão a luz", "como vocês sabem" e muitas outras de igual jaez). Apesar da predominância do léxico hebreu-aramaico, o meio continua sendo ídiche: não há palavras hebraicas independentes ou livre combinação de palavras, mas unicamente citações e frases feitas. Mas isso é ídiche em seu mais extremo limite hebraico, orientado para um auditório eruditamente polilingüístico, portanto escancarado à incorporação de conjuntos inteiros de textos

---

3. Ver Uriel Weinreich,"O Estilo Ídiche-Hebraico dos Escribas" [em hebraico], *Leschonenu*, 22, 1958, pp. 54-66.

LÍNGUA E HISTÓRIA

hebraicos e aramaicos. Não é como o latim, usado apenas para propósitos acadêmicos: a mesma língua ídiche, com a mesma estrutura gramatical e o mesmo vocabulário básico, servia os objetivos terrenos das mesmas pessoas em suas vidas de família; havia um fluxo direto de expressões, padrões de discurso e gestos entre os dois domínios da vida, o estudo e o lar.

Em suma, o ídiche era a língua da educação, do debate, da pregação, das reuniões comunitárias, das consultas legais e do processos perante os tribunais, do comércio, do contar histórias, da vida em família e de todas as outras formas de comunicação oral. O ídiche também se tornou a língua franca, a rede internacional de transmissão sem fio a ligar os judeus de lugares distantes, quando se encontravam, nas vicissitudes do comércio, das migrações e dos reassentamentos. Não é por acaso que o termo para "negociação", *mase-u-MAtn* ("dá cá e toma lá", literalmente: "carregue e dê", do hebraico talmúdico), aplica-se tanto ao comércio quanto ao diálogo que analisa um problema. Nas perseguições assim como nas andanças de um país para outro – para o estudo, os negócios, o exercício do artesanato ou a imigração ou ainda a pregação moral e, em épocas mais recentes, para a propaganda política e cultural – os judeus, a quem não era permitido possuir quaisquer bens de raiz, podiam carregar com eles dois "bens móveis", dois sistemas de signos, dinheiro e língua.

Assim, uma relação funcional manteve o ídiche e a Língua Sagrada entrelaçados em um polissistema (segundo o termo cunhado por I. Even-Zohar). O ídiche serviu primordialmente como veículo oral de comunicação com o hebraico e o aramaico, suprindo, multiplicando a biblioteca de textos. Ao mesmo tempo, e de maneira análoga, uma vez que o ídiche continha componentes germânicos e eslavos, também, podia funcionar como ponte de entrada e saída do mundo externo cristão e de canal de absorção de conceitos e imagens provenientes do meio não-judeu. Por certo, não se tratava de um sistema rigoroso, religioso e legal, tendo sido absorvido pelas formas vívidas e fluidas do folclore e das crenças populares. A unidade estrutural da língua ídiche serviu como conexão, uma barulhenta praça de mercado onde língua e cultura "internas" e "externas" se encontravam e interagiam. Era o chão coerente para uma existência esquizofrênica.

É preciso lembrar que o hebraico não era uma língua de fato "morta", na plena acepção da palavra: foi um idioma con-

24 O SIGNIFICADO DO ÍDICHE

tinuamente estudado e escrito no curso do tempo. Mas permaneceu como língua não falada até a sua moderna revivificação na Palestina do século XIX. Não havia questão de primazia: o hebraico era a língua em que a Torá fora dada. A maioria das preces emprega a Língua Sagrada; os textos hebreus da Bíblia e da Mischná são ensinados e explicados reiteradamente a fim de que o judeu apreenda o significado da existência e da história judaicas, bem como o comportamento cotidiano. De fato, a expressão mais freqüente quer em ídiche, quer em hebraico, é: "como está escrito" (ou o seu equivalente, "como está dito", pois o Talmud é tido como mero registro da fala), servindo para sustentar qualquer observação ou argumento com uma citação oriunda de um livro autorizado. Ela aparece na Hagadá, lida no Páscoa, em missivas particulares, em prefácios a livros. É proeminente na forma interrogativa ídiche: *"Vu schteyt es g(u)eSCHRIbn?"* ("Onde é que isto está escrito?", ou seja, "Quem disse que isto tem de ser assim?", "Quem me impede de fazer o contrário?"). Um aldeão judeu semi-ignorante, Tevie, o Leiteiro, usa-a constantemente, ao invocar diferentes textos clássicos hebraicos (ou, na forma distorcida em que os cita, em pseudo-hebraico) como fonte de sua autoridade.

Como salientou Max Weinreich, os mesmos rabis cujas discussões orais eram travadas em ídiche, trocavam sua correspondência sobre o mesmo assunto em hebraico. A instituição das Perguntas-e-Respostas, que mediava entre o mundo do estudo e as ocorrências diárias, era bilíngüe e socialmente estratificada: uma mulher simples propunha uma "Pergunta" ao rabi (se aquela sua galinha era *koscher*, por exemplo) e recebia a "Resposta" em ídiche, mas as "Perguntas-e-Respostas" (*Responsa*) eram basicamente na Língua Sagrada. O *rebe* hassídico, rabi Nakhman de Bratslav "Bratislava", contava suas histórias simbólicas em ídiche, porém o seu escriba, Natan, sabia "escrevê-las" em hebraico.

A educação religiosa e a erudição eram predominantemente para homens; escolas e casas de estudo estavam reservadas com exclusividade aos rapazes; professores e pregadores eram do sexo masculino; os meninos acompanhavam o pai à sinagoga e absorviam expressões em hebraico e aramaico. Assim, a Língua Sagrada ficou associada ao mundo masculino. Seus idiotismos fluíam para dentro do ídiche através desse canal. Os livros em ídiche eram ostensivamente impressos para as mulheres, conquanto os homens também os lessem. O ídiche era a língua da

LÍNGUA E HISTÓRIA

casa, dos eventos da família e da intimidade[4]. Era a "língua da mamãe", com todas as possíveis conotações, negativas e positivas, que essa divisão implicava. Subdivisões de uma língua em idioletos sociais e profissionais são um fenômeno comum; mas aqui dois idioletos diferentemente equilibrados – o mundo do estudo e o mundo da casa e do comércio – encontravam-se em uma só família. (Com efeito, nas sociedades medievais cristãs, boa parte do estudo do latim concentrava-se em uma classe à parte, muitas vezes em mosteiros.) E em tempos modernos, o mundo ocidental da ideologia e da cultura irrompeu nesse mesmo universo, desta vez marcando a geração mais nova em relação à mais velha.

No processamento de textos que deram vida a essa sociedade inteiramente "irreal" havia uma estrutura hierárquica: os textos básicos da Bíblia eram lidos em hebraico, acompanhados por traduções aramaicas e comentários hebraicos, ampliados pelo Midrasch e pelas lendas (escritas ou orais) e traduzidos e explicados no idioma mediador, o ídiche. Este constituía assim o estádio atualizado, final, de uma série escrita com término aberto.

Ainda que a maioria das áreas do mundo religioso estivesse corporificada nos textos hebraicos e aramaicos, para ocasiões menos ponderáveis em termos culturais, como Purim, os casamentos ou a vida familial, peças e poemas em ídiche eram aceitáveis (como sugerem os estudos históricos de Khone Schmeruk[5]). O ídiche também estendia a série aberta da rede religioso-cultural hebraica às formas da cozinha, do jogo, e do comportamento judaicos, que foram tão importantes para a preservação da identidade específica quanto os graus superiores da série. O provérbio, "Ele está pensando nos *kneydlakhs* e não na Hagadá", refere-se à bem-estruturada cerimônia em família, do Seder de *Pessakh*, que consiste em duas partes: comida e leitura do texto; o texto (Hagadá) aparece em hebraico, a comida está

---

4. A "femininidade" da literatura ídiche tradicional foi estudada no opúsculo de S. Niger, de 1919," A Literatura Ídiche e a Mulher como Sua Leitora". As páginas de rosto registravam humildemente o fato. Muitas vezes, porém, a dedicatária no próprio livro era ampliada e rezava: "para mulheres e homens" ou "para mulheres e homens que são como mulheres, isto é, não educados". Tais fórmulas são parecidas a dedicatórias para "crianças de oito a dezoito anos". Não há dúvida de que muitos textos ídiches eram não só redigidos como também lidos e apreciados por homens, embora na qualidade de gênero periférico ou laico.

5. Khone Schmeruk, *Literatura Ídiche: Aspectos de Sua História* [em hebraico]. Tel Aviv, The Porter Institute for Poetics and Semiotics, 1978.

O SIGNIFICADO DO ÍDICHE

representada pelo termo ídiche (derivado do alemão) que indica os apreciados *kneydlakhs*. Um rabino do século XVIII, Hatam Sofer, advertia: um judeu distingue-se por sua língua [= ídiche], por seu traje e por sua barba [*bi-lschono, bi-lvuscho u-bi-zkano*], isto é, se a pessoa abandona essa roupa, se corta a barba ou se deixa de falar ídiche, como alguns *maskilim* (ilustrados) faziam-no demonstrativamente, ela perde a identidade judaica.

O ídiche era, além do mais, um repositório do folclorizado e homogeneizado "mundo" do mito, do *lore*, das atitudes e das cosmovisões judaicas, baseado em um amálgama feito de conceitos retirados dos textos hebraicos, com as crenças, relatos e imagens provenientes de tradições cristãs e até pagãs (folclorizadas). O gato europeu, por exemplo, continuava vivendo no folclore ídiche e, por seu intermédio, na poesia hebraica de Bialik.

Mas o ídiche não remanesceu um mero veículo oral do discurso. Por séculos, desenvolveu por si só uma literatura escrita, empregando gêneros europeus ou dando seqüência a gêneros hebraicos ou dedicando-se a temas quer religiosos, quer seculares. Ademais, dentro do próprio domínio oral, uma rica literatura de folclore foi criada e transmitida pelo ídiche, em gêneros tão formalizados como relatos, anedotas, canções e provérbios, enigmas e peças, todos gerando textos orais autônomos, separados do fluxo causal da conversação. Todos eles eram textos *novos*, independentes das interpretações da biblioteca clássica.

O equilíbrio interior único convertia o ídiche não simplesmente em língua independente da vida cotidiana, mas em parte de um complexo e polingüístico sistema de comunicações. Intersectando-se com ele, encontramos o polilingüismo externo, que não era menos aberto e dinâmico do que a sua contrapartida interna.

POLILINGÜISMO EXTERNO

As comunidades judaicas medievais eram pequenas; na Alemanha, consistiam freqüentemente em uma viela estreita junto às muralhas da cidade, a *Judengasse* (mais tarde transformada na literatura ídiche em orgulhosa imagem de nosso mundo interno, *Di yidische gas*, "a rua judaica", como A. Sutskever, ao emergir do Holocausto, chamou o seu livro). Até na Europa Oriental, quando muitos judeus habitavam predominantemente pequenas cidades, ou nos "guetos", quarteirões em cidades maiores, os judeus constituíam uma minoria em cada país. Mui-

LÍNGUA E HISTÓRIA

tos laços de negócios, finanças, relações de vizinhança, problemas legais e administrativos, as feiras semanais nas cidadezinhas judaicas freqüentadas por camponeses cristãos, bem como as empregadas e serviçais em suas casas – tudo isso ligava-os ao mundo cristão. Poucos judeus medievais sabiam ler o alfabeto latino. O conhecimento de outras línguas era oral e variava amplamente em escopo. Mas no mínimo tinham acesso à língua falada da população circundante e amiúde a vários idiomas de diferentes grupos. Os judeus estavam expostos ao francês e alemão na Alsácia; ao tcheco e alemão na Boêmia e Morávia; ao ucraniano (*goyisch*, a língua da população camponesa) e ao polonês (a língua dos senhores de terras), ou ao russo (a língua do Estado) na Ucrânia; ao russo (a língua oficial), ao polonês (a língua circundante) e ao alemão (a língua da cultura e das feiras de Leipzig) na Polônia do século XIX, governada pelos russos. Sua função econômica no mundo externo era, no todo, a de formar uma ponte entre o centro e a periferia, entre as línguas dominantes e as minorias, entre os aristocratas e os camponeses, entre o Leste e o Oeste. Sua cultura vivia e prosperava nos interstícios de nações, idiomas, religiões e impérios.

Judeus cultos eram realmente polilíngües. Elie Bokher (em hebraico, Eliahu Bakhur, conhecido pelos cristãos como Elias Levita, 1469-1549), nascido na Alemanha e atuando na Itália, ensinava hebraico e Cabala aos humanistas cristãos e a um cardeal católico em Roma; redigiu uma gramática hebraica, vários tratados e poesia (em hebraico sefardita e asquenazita), compôs um dicionário latim-alemão-hebraico-ídiche e escreveu romances épicos, influenciado por fontes italianas, em ídiche de base alemã e em estrofes perfeitas de *ottava rima*[6]. Em séculos posteriores, as filhas de famílias burguesas isentas dos estudos hebraicos, aprendiam francês, bem como os idiomas do país e da cultura, alemão, russo e polonês, sendo este um procedimento típico do referido estrato.

Naturalmente, nem todos, no seio da comunidade, dominavam com igual desembaraço todas essas línguas. Havia diferen-

---

6. Ver Benjamin Hrushovski,"The Creation of Accentual Iambs in European Poetry and their First Employment in a Yiddish Romance in Italy (1508-09)", em Lucy S. Dawidowics *et al.* (eds.), *For Max Weinreich on his Seventieth Birthday: Studies in Jewish Languages, Literature and Society*, Haia, Mouton, 1964, pp. 108-146; reimpresso em Benjamin Harshav, *Turning Points*, Porter Institute, Tel Aviv University, 1990.

28 O SIGNIFICADO DO ÍDICHE

ças acentuadas, quanto ao conhecimento da Língua Sagrada, entre homens e mulheres, letrados e pessoas comuns, habitantes de cidades judaicas e judeus que viviam isoladamente dispersos pelo campo, no interior (*Yschuvniks*). Os variantes graus de contato com a sociedade externa também acarretavam consideráveis diferenças no conhecimento das mencionadas línguas. Não obstante, na comunidade como um todo, existia um senso dos sons, das entonações, do vocabulário e da gramática de muitos idiomas. Uma vez que a maioria dessas línguas (ou suas famílias lingüísticas) tinha um pé no terreno próprio do ídiche, era relativamente fácil entrar em qualquer delas, a partir do ídiche, e depois trazer de volta ao ídiche novos elementos de fora. Como conseqüência, na semântica, na sintaxe e no folclore, o ídiche é sobretudo uma língua européia. Para leitores que partilham de um universo similar de discurso europeu seria supérfluo demonstrar aqui esse aspecto.

Assim, o ídiche, uma língua fusional como o inglês, sentia-se muito mais cônscio de suas línguas componentes, posto que vivia entre elas – em meio a textos hebraicos e vizinhos germânicos e eslavos – e manteve fronteiras relativamente abertas e oscilantes. Nos tempos modernos, quando indivíduos identificados como judeus passaram a ser capazes, não só de comunicar-se em outros idiomas, mas também de adotá-los como os seus próprios e ingressaram nas instituições sociais, culturais e econômicas moldadas por elas, a balança inclinou-se e, eventualmente, as línguas judaicas separadas desvaneceram-se do uso ativo na Diáspora. O hebraico tornou-se a língua oficial de um país, Israel. As tentativas de obter o mesmo *status* para o ídiche – em Birobidjan, Criméia e alhures – falharam, e o ídiche, "a língua mundial", perdeu a sua base.

2. A Natureza do Ídiche

UMA LÍNGUA DE FUSÃO

O léxico e a gramática do inglês derivam de não poucos troncos lingüísticos, primordialmente de dialetos germânicos ("anglo-saxão"), dinamarquês, francês e latim (com uns borrifos de outros idiomas, inclusive o ídiche). O equilíbrio entre esses componentes tem se modificado através da história do inglês e é diferente em diferentes gêneros de escritura. Mas é uma língua relativamente estável e, embora Wallace Stevens haja sustentado que todas as palavras francesas são parte da língua inglesa, é possível distinguir entre um vocábulo francês que se incorporou ao inglês e outro que é apenas citado ou emprestado *ad hoc*. Para um locutor nativo, a língua inglesa se apresenta como um sistema único e a etimologia das palavras não o preocupam a não ser que se chame a sua atenção para o fato ou que se defronte com uma situação bilíngüe (por exemplo, durante uma visita a Paris).

Nesse sentido, a natureza do ídiche é similar à do inglês. Os principais componentes do ídiche derivam do alemão, da "Língua Sagrada" (hebraico e aramaico) e de vários idiomas eslavos, podendo ainda ser reconhecidos como tais. Em suas raízes há também uma pequena porção da língua romance (*La'az*) e, absorveu, em épocas modernas, uma considerável camada dos as-

30 O SIGNIFICADO DO ÍDICHE

sim chamados "internacionalismos", bem como palavras do inglês e do hebraico moderno.

Embora fosse um fato observado há séculos, a teoria plenamente desenvolvida do ídiche como uma *língua de fusão* é contribuição de Max Weinreich à lingüística do ídiche. Ela foi promovida em um período quando a cultura ídiche ainda apresentava um cunho apologético em face das poderosas culturas majoritárias que convidavam à assimilação. O ídiche precisava defender-se contra a dupla acusação de ser um "jargão", uma forma distorcida e indigente do alemão, e uma mixórdia, sem princípios, de palavras surrupiadas de vários idiomas. De fato, *jarGON* era o nome que lhe davam em russo e mesmo em ídiche até meados do século XX, inclusive de maneira afetuosa, por seus próprios mestres-escritores, como Peretz, Scholem Aleikhem e Dubnov. Tratava-se também de um período de imensos esforços normativos, envidados por escolas, escritores, professores, lingüistas e instituições acadêmicas como o Instituto Científico Ídiche, YIVO, fundado em Vilna, em 1925, e encabeçado por Max Weinreich. Enredado na "Guerra das Línguas" (entre o ídiche e o hebraico), de um lado, e enfrentando o problema da assimilação em massa, de outro, os idichistas enveredaram por uma via normativa, sob o impacto das jovens culturas nacionais de Estado (e, em última análise, da academia francesa mais do que da indulgente tradição anglo-americana). Parecia importante elevar e padronizar o idioma, modernizar e unificar a sua pronúncia (contra as forças centrífugas dos numerosos dialetos ídiches) e purificá-lo de suas expressões "estrangeiras" ("germanismos", "eslavismos", "hebraísmos", "americanismos" e outras ervas indesejáveis), afirmando assim as suas particularidades e refundindo os seus tesouros.

Max Weinreich fundamentou de modo convincente as estruturas e processos de fusão que faziam do ídiche uma língua unificada. Importa sublinhar, entretanto, que na vida efetiva desse idioma a tendência oposta também labora: o ídiche sempre foi uma *língua aberta*, movendo-se para dentro e para fora de suas línguas componentes e absorvendo maior ou menor número de elementos de seu léxico, conforme o grupo de falantes, o gênero de discurso e as circunstâncias. Pois o ídiche era, quase por definição, uma língua usada por locutores multilíngües. Estes sempre tinham consciência dos idiomas componedores de sua fala: vivendo entre tais meios lingüísticos, eram capazes de reconhecer-lhes a estampa. E precisamente por estar o problema

A NATUREZA DO ÍDICHE

mesmo da fusão no centro da consciência da língua ídiche e por não se fundirem de fato os seus componentes, é que a abertura e a ultrapassagem das fronteiras de outra língua constituíam uma opção viável. Representa um dos hábitos mais típicos na conversação ídiche – por gente comum ou culta – emprestar expressões tomadas além da fronteira do idioma, deslocar-se por um momento do terreno propriamente ídiche para peças de discurso em outras línguas e depois voltar.

Com essa dupla mão em mente, podemos agora abordar a teoria da fusão: elementos das línguas-tronco combinados em ídiche e fundidos um com o outro em vários aspectos do vocabulário e da gramática. Segundo Weinreich, o fato acontece já no próprio início da língua. "Devido a uma constelação especial – podemos afirmar sem medo de errar – certas partes da matéria-prima começaram a derreter" (p. 29).

Na realidade, cabe aditar, houve um segundo "momento" dessa espécie, o do encontro do ídiche com o mundo eslavo. Não há dúvida de que as estruturas básicas do ídiche já se achavam então bem estabelecidas, mas o equilíbrio interno veio a ser modificado e o "sabor" da língua foi transmutado. Um novo sócio de monta ingressara na fusão. O ídiche absorveu palavras e expressões do tcheco, polonês, ucraniano e russo[1]. É mesmo possível que judeus de fala eslava, vivendo em países eslavos durante séculos, hajam proporcionado o substrato de sua recém-adotada língua judaico-alemã vinda com as ondas de imigrantes asquenazitas provenientes do Oeste.

Esse encontro com o mundo eslavo gerou um profundo reembaralhamento do ídiche e de sua cultura, e em tal extensão que, sob vários aspectos, essa cultura se tornou uma cultura eslava com um idioma de base alemã a viver em uma biblioteca hebraica. O hassidismo estava imerso no mundo eslavo. A língua e a literatura ídiches, tais como as conhecemos, são inimagináveis sem ele. A poesia ídiche moderna (e, por essa razão, a hebraica) era uma poesia européia de orientação russa com um

---

1. Os judeus falavam tcheco na Boêmia e na Morávia no início do segundo milênio, assim como falavam a língua romance na França. De fato, alguns dos traços mais antigos do tcheco foram encontrados em textos judaicos, do mesmo modo que os do francês e do espanhol antigos. O tcheco era chamado "canaanita" (de "escravos canaanitas", isto é, eslavo). Cf. Roman Jakobson e Morris Halle, "The Term Canaan in Medieval Hebrew", em Roman Jakobson, *Selected Writings*, Haia, Mouton, 1985, vol. VI, pp. 858-886.

O SIGNIFICADO DO ÍDICHE

fundo cultural judaico. O segundo momento separou dramaticamente o assim chamado ídiche oriental, que se desenvolveu nos países eslavos e invadiu a Romênia, Hungria, Estados Unidos e outros países do além-mar, do ídiche ocidental, quase despido de elementos eslavos, que vicejou na Europa Ocidental e Central da Idade Média e sobreviveu em alguns enclaves da Alsácia, Países Baixos, Suíça e Alemanha meridional, até o século XX.

Mais ainda, esse movimento para o leste deu ao ídiche a sua plena independência como língua. Em território de fala alemã, o ídiche podia ser encarado de duas maneiras: de dentro, como uma língua judaica à parte, escrita em seu próprio alfabeto e praticada por uma sociedade isolada, de correligionários; de fora, meramente como mais um idioleto alemão. O ídiche portanto absorveu repetidamente elementos tedescos, e, em alguns gêneros, nomeadamente na épica medieval de tipo europeu escrita em caracteres hebraicos, aproximou-se da condição de alemão ligeiramente modificado. Ademais, em várias épocas, grupos de falantes e indivíduos saíam do ídiche para entrar no domínio propriamente teuto (o ídiche como tal subsistiu na Alemanha onde foram escritos e publicados livros em ídiche até o fim do século XVIII, e sobreviveu como língua falada no seio da família em algumas regiões até o século XX).

Foi nesses territórios de fala não-alemã que a independência ganha pelo ídiche como veículo social extraterritorial, transmitido de geração em geração e totalmente diverso das línguas de seus vizinhos, constituiu o teste final de sua viabilidade e o converteu na língua especial que veio a ser. Por algum tempo, o ídiche floresceu no norte da Itália (ver a rica figura de Elie Bokher, mencionada anteriormente), mas era a língua de imigrantes alemães sem transmissão a gerações ulteriores. O mesmo destino coube ao ídiche mais tarde nos Estados Unidos, no Canadá, na Argentina, na Austrália e em outros países de imigração. Parece que somente a posição sociológica e histórica particular dos judeus na Europa Oriental, especialmente na Polônia e na Área de Residência Permitida na Rússia, a massa crítica resultante de seu número e da rede autônoma de suas instituições sociais e culturais garantiu a vida independente do idioma – e da cultura nele desenvolvida – por mais de uma geração.

E houve um significativo terceiro "momento": o encontro do ídiche com o inglês da América, de 1880 em diante. Essa terceira fusão teve vida relativamente curta e sofreu violenta oposição de parte dos intelectuais imigrantes e dos puristas na

A NATUREZA DO ÍDICHE

Europa. De fato, ela pôs em perigo a unidade mundial da língua ídiche, uma vez que a "Europa" não poderia aceitá-la e ameaçava o idioma com uma rachadura similar à existente entre o ídiche ocidental e oriental. No século XX, uma cultura, uma literatura e um sistema de escolas fortemente ideologizados vicejaram na Europa Oriental e determinaram as normas de uma língua ídiche-padrão, ao passo que a América era vista, a partir do centro cultural europeu, como uma "diáspora" primitiva e vulgar. Assim, a americanização do ídiche ficou nas mãos das massas iliteratas e da circulação maciça dos jornais diários (capitaneados nessa batalha ideológica por Aba Cahan, o brilhante e voluntarioso redator-chefe do diário nova iorquino *Forverts* [*The Daily Forward*]). Por um breve lapso de tempo, a nova. fusão, cunhada ao modo firmado em ídiche durante séculos, afetou acentuadamente a linguagem dos locutores americanos do ídiche, de sua imprensa, de escritores de ficção realista como Yossef Opatoschu e de excelentes poetas como Morris Rosenfeld e Yehoasch. Ela foi, entretanto, tão maligna e constantemente purgada pelos puristas que – afora o escárnio – não se fez nenhum estudo apropriado dessa fusão, da querela entre americanismos e eslavismos no seu interior e do interessante encontro entre elementos do antigo alemão, provenientes tanto do ídiche tradicional quanto do inglês.

Um processo similar de russificação e sovietização do ídiche pôde ser observado na União Soviética após 1917. Mas quer nos Estados Unidos, quer na União Soviética, as oportunidades de assimilação foram de tal ordem no século XX que o ídiche como língua de massa desapareceu antes que fosse de novo transformado. Em nenhuma dessas duas dinâmicas sociedades houve base territorial e social para uma cultura autônoma da minoria judaica e para uma nova cadeia de transmissão a futuras gerações.

A absorção e a fusão nunca cessaram no ídiche, porém as estruturas gramaticais básicas desse processo haviam sido assentadas relativamente cedo demais para permitir a formação de um "senso" socialmente aceito acerca do que o ídiche era. Observemos agora fenômenos específicos.

À superfície, o ídiche parece amiúde alemão. Compare-se, por exemplo:

Ídiche: Ikh hob a hoiz. Main nomen iz BinIOmen.
Alemão: Ich habe ein Hause. Mein Name ist Benjamin.

34 O SIGNIFICADO DO ÍDICHE

Inglês: I have a house. My name is Benjamin.

(*Português:* Eu tenho uma casa. Meu nome é Benjamim.)

Nessas sentenças, todos os lexemas são idênticos nas três línguas (inclusive o nome hebraico "Benjamin"). As diferenças na pronúncia entre o ídiche e o alemão explicam-se pelo fato de que o ídiche derivou de um velho estrato do alemão (na maior parte, do médio alto-alemão) e especialmente dos dialetos falados no sul, que na época estavam separados dele, não tendo participado do desenvolvimento do novo alto-alemão após Lutero, nem da língua literária e intelectual moderna. Como o inglês, o ídiche desenvolveu-se como língua de uma cultura oral e sofreu uma evolução interna, sobretudo fora da Alemanha, no leste eslavo. Não obstante, o elemento tedesco no ídiche é bastante próximo do alemão moderno para ser reconhecido como tal, do mesmo modo que o inglês dispõe de muitas palavras facilmente identificáveis como "francês". Trata-se de algo suficientemente impositivo no vocabulário e na morfologia básicos para capacitar um locutor do ídiche a "alemanizar" sua fala, isto é, a abandonar todas as palavras reconhecidamente não alemãs e mudar a pronúncia (por exemplo, de "*o*" para "*a*": o ídiche *Ikh hob* é transformado no alemão *Ich habe*), de modo que sua fala soe como alemão – o que ele não pode fazer em nenhum dos outros componentes[2].

Esse é, por certo, um exemplo unilateral. Se se tomar uma sentença como *Er iz schoyn keyneHOre a bar-MItsve boy* (literalmente, "ele já é, guardado seja de um mau-olhado, um rapaz na idade de *bar-mitsva*" quer dizer, "um rapaz que cresceu a ponto de tornar-se um adulto"), tem-se *boy* do inglês, *bar-MItsve* do aramaico e *keyneHOre* (ou *keyneyNOre*) como um composto do alemão *kein* ("não") e do ídiche *eyn HOre* (do hebraico *ayin ha-ra*, "o olho mau"). *KeyneHOre* significa literalmente: "não-olho-mau", não-mau-olhado, mas, além disso, também quer dizer algo positivo: "grande, crescido", "bonito", ou outros traços positivos, tão bons que precisam ser guardados por algum amuleto lingüístico de tal natureza. O elemento alemão aparece

---

2. Tal "germanização" resulta, todavia, na mais pobre espécie de linguagem, confinada ao restrito número daquelas palavras alemãs que são conhecidas em ídiche e carecem do "sal e pimenta" semânticos das expressões não-alemãs e dos efeitos estilísticos de sua interação em ídiche; é ridícula ao ouvido alemão e tem sido utilizada como um expediente grotesco no palco e na ficção.

A NATUREZA DO ÍDICHE

aqui apenas em palavras secundárias e como moldura sintática da sentença.

A exata proporção dos componentes ídiches pode diferir consideravelmente nos vários textos. Leo Wiener, um professor de estudos eslavos de Harvard, que publicou em 1899 (em inglês) a primeira história da literatura ídiche, sustentava que o ídiche consistia em "70% de alemão, 20% de hebraico e 10% de eslavo". Isso talvez seja verdade em relação a muitos textos escritos (ou o era no tempo de Wiener). No uso cotidiano, porém, o contingente de palavras de raiz alemã é normalmente bem maior. O que as torna ídiche é o papel crucial desempenhado pelos componentes não alemães na coloração do estilo e da semântica do ídiche e na sua fusão em sistema lingüístico.

A característica mais radical da fusão reside na interanimação (para empregar o termo de I. A. Richards) de elementos de diferentes fontes de linguagem em uma palavra. Por exemplo, os sufixos hebraicos podem ser empregados com vocábulos de outra origem: *dokTOYrim* ("doutores") tem um radical europeu (*dokter*) e um sufixo plural hebraico, *-im*[3]. Analogamente, *naROnim* ("bobos") é formado com o alemão *Narr* e o sufixo hebraico-aramaico *-onim*, assim como *raBOnim* é o plural aramaico do componente hebraico *rov* ("rabi"). E *tayVOlim*, o plural de *tayvl* ("diabo"), do alemão, é tratado do mesmo modo que *meSCHOlim*, o plural de *moschl* ("parábola"), derivado do hebraico.

Inversamente, os sufixos alemães são ligados a radicais de outra fonte. Assim, o ídiche *rod* ("roda") passa para o plural mudando a vogal da raiz e adicionando o sufixo *-er: rod-reder* (como no alemão *Rad-Räder*). O mesmo padrão alemão aplica-se ao eslavo *sodseder*[4] ("pomar") e ao hebraico *ponim-penimer* ("rosto"), os quais não dispõem de tais sufixos ou mudanças de vogais em suas línguas-tronco. De igual modo, o sufixo infinitivo alemão, *-en*; como em *nemen* ("tomar"), é aplicado a: *leyenen* ("ler") com um radical romance, *schemen* ("ser famoso") com uma raiz hebraica e *nudz-*

---

3. Ocorre também uma mudança de vogal muito típica do hebraico *aschkenazi*: o segundo "o" no original europeu *doktor* converte-se em *oi* no plural como se isso fosse oriundo do hebraico. Cf. *khamor – khaMOYrim*, "asno(s)", e no ídiche lituano *khaMEYrim – dokTEYrim*.

4. *SOD*, por seu turno, vem do polonês *SAD*, com a mudança tipicamente ídiche do "*a*", para "*o*". Seu homônimo hebraico, *SOD*, que significa "segredo", recebe uma forma plural hebraica, *SOD-SOYDES*.

36 O SIGNIFICADO DO ÍDICHE

hen ("chatear") do eslavo. Nesses casos, temos o sistema gramatical unificado da nova língua, o ídiche, aplicado a palavras de várias fontes, precisamente como o inglês usa o sufixo plural -*s* para palavras de origem alemã ou francesa igualmente: *name-s* e *intention-s*. O mesmo pode ser observado nas formas alemãs do sistema de verbos do ídiche que se aplicam também a radicais do alemão, hebraico ou eslavo: *ikh bin KRANK g(u)eVOrn* ("eu fiquei doente", com um radical alemão) e *ikh bin nisPOel g(u)eVOrn* ("eu fiquei pasmado, maravilhado", com um radical hebraico e desconsiderando o fato de que a palavra hebraica já se acha na forma reflexiva), *ikh bin farNUdzhet g(u)eVOrn* (com uma raiz eslava, *nudzh*, incrustada em uma forma de verbo completada em alemão, *far– –t*).

Tão logo os princípios e os padrões da fusão foram estabelecidos, passaram a atuar como produtivas categorias gramaticais e absorveram novas palavras, conceitos e expressões da mesma maneira. Assim, o sufixo eslavo -*nik* pode ser combinado com radicais de qualquer origem, especialmente para designar um tipo de pessoa. Por exemplo, *nudnik* do eslavo (*a pest* em inglês, "um chato" em português, cf. o idichismo americano *to nudge*, "chatear"); *schlimeZALnik* (*shlemiel*, literalmente, "uma pessoa que não tem sorte", um "azarado") do alemão (*schlimm*, "mau") mais o hebraico (*mazal*, "sorte") mais o eslavo (-*nik*, um sufixo nominalizador); *olRAYTnik* do americano (um bem-sucedido arrivista social, alguém que "vai indo muito bem" na vida). Do ídiche, esse padrão entrou no hebraico israelense (*kiBUTSnik, palMAKHnik, kolBOYnik*) e no inglês americano (*beatnik, refusenik*).

Assim, a língua como um todo, independentemente da procedência, foi tratada como um campo em que os padrões *podiam* cruzar as fronteiras das línguas-fonte. Mas, não obstante, certos grupos de palavras apegaram-se a seus padrões de origem, reforçados pelo caráter aberto da língua; por exemplo, os verbos fortes permaneceram primordialmente no tronco alemão (como em inglês), ao passo que as palavras hebraicas, na maioria, mantiveram a forma original do plural (como as palavras latinas conservaram o plural latino: *datum – data, formula – formulae*).

Do mesmo modo, em nível mais alto, provérbios, idiomatismos e expressões em ídiche empregam todos os componentes da língua. A personagem popular de Scholem Aleikhem, Tevie, o Leiteiro, "cita" ditos e sabedoria do folclore ucraniano, assim como da Bíblia e do livro de orações, nos termos do ditado has-

A NATUREZA DO ÍDICHE 37

sídico, *a goyisch vertl is leHAVdl a toyre* ("Um provérbio gentio é, com toda a diferença, [como] um ensinamento da Torá").

Na sentença, *er hot g(u)eSCHEMT oyf der gantser velt* ("Ele era renomado no mundo inteiro"), o radical *schem* é o único componente hebraico (engastado numa forma alemã de particípio passado, *ge– –t*. Mas em hebraico, *schem* denota em primeiro lugar o significado "nome", enquanto em ídiche quer dizer "fama", derivado de frases hebraicas específicas como *schmo holekh lefanav* (literalmente, "Seu nome caminha à sua frente"). Essa é uma típica percepção ídiche do hebraico não como uma língua com vocabulário autônomo, porém como um repositório de textos e frases. O significado de uma palavra hebraica em ídiche é muitas vezes determinado pelo contexto de onde foi tomado mais do que por uma denotação léxica independente. Além disso, como o ídiche usa o hebraico oriundo do universo do estudo e da oração, com freqüência reflete os desenvolvimentos pós-bíblicos do hebraico.

Às vezes as línguas-fonte são representadas em diferentes níveis no texto ídiche. O provérbio *a beyze tsung iz erg(u)er fun a schtarker hant* (literalmente, "Uma língua viperina é pior que uma mão forte") é feito de componentes puramente teutos, mas tem pouco sentido em alemão. De fato, o ditado tem um subtexto em duas frases hebraicas: *laschon ha-ra* (literalmente, "língua do mal" ou "má língua", que significa: "calúnia") e *yad khazaka* (literalmente, "mão forte", com o sentido de "força" ou "forçar", "despótico", "arbitrário"); assim, o significado geral do provérbio é: "A maledicência é pior do que a violência". No idiomatismo *es schitn zikh im perl fun moyl* (literalmente, "Pérolas se despejam de sua boca", que significa: "Sua fala é preciosa, rara, cheia de sabedoria"), todas as palavras são da componente alemã, mas no fundo sobrepaira o idiomatismo talmúdco, *pe sche-hefik margaliot* (literalmente, "Uma boca que produz pérolas"). Em muitos casos, duas das línguas originais chocam-se em um enunciado. *beMOkem scheEYn isch/iz a hering oykh a fisch* ("Lá onde não há homem, arenque também é peixe") é um típico poema rimado ídiche. A primeira metade está em hebraico genuíno, a segunda em ídiche básico de tronco alemão. A parte hebraica não contém nenhum vocábulo que seja usado independentemente em ídiche, mas é uma citação do livro popular, *Pirkey Avot* (em ídiche; *Pirkey Oves*, "A Ética dos Pais"), é uma alusão a seu contexto: "Lá onde não há homem, esforce-se para ser um homem" (ou, em ídiche simplesmente, "seja a *mentsch*",

38 O SIGNIFICADO DO ÍDICHE

"homem", "pessoa"). A estrutura da máxima segue o padrão regular de estudo e citação: uma sentença hebraica é seguida por sua tradução ou elucidação em ídiche (tronco alemão). Aqui, porém, temos uma torção surpreendente. A segunda parte do rifão, embora utilize apenas palavras alemãs, relaciona-se a um provérbio russo freqüentemente citado também em ídiche: *na bezRYbie i rak ryba* (literalmente, "Na falta de peixe um caranguejo também passa por peixe"). Mas a idéia é traduzida para o universo da imagística ídiche, em que o caranguejo não é *koscher* e não é conhecido como um tipo de comida, ao passo que o arenque é uma personagem maior. Um arenque – alimento de gente pobre – não pode ser "peixe"; o locutor ídiche não se preocupa com a categoria biológica do arenque, porém com a sua função no costume culinário religioso: não se pode fazer *g(u)efilte fisch* para o sábado a partir do arenque. Em um texto ídiche, se a pessoa cita essa mesma idéia em russo propriamente dito, não se dá atenção ao significado dos vocábulos individuais e se aceita o significado total do provérbio russo. Mas traduzindo-se o idiomatismo em palavras ídiches, expõe-se as denotações inaceitáveis de termos individuais (tais como o não-*koscher* "caranguejo"), o que requer uma transposição da mesma situação em termos domesticados no mundo judaico.

A rima no exemplo do "arenque" faz gênero: indica tratar-se de um provérbio mais do que de uma simples tradução da primeira oração. A rima conjuga os dois componentes da máxima, ironizando a sua justaposição ao mesmo tempo que revive e solapa o dito tradicional. Colocada como está, após uma frase hebraica e paralela a esta, a segunda oração parece tradução ou explicação da primeira; mas na realidade opõe o enfaticamente "simples", "grosso" e cheiroso arenque ao elevado e moralístico estilo hebraico. Substituindo o original "homem", o arenque converte-se em metáfora para quem quer que seja o objeto da sentença ("filhote de salmão", peixinho), degradando-o ou ironizando-o. Na verdade, é amiúde utilizado como gesto de auto-obliteração do próprio locutor. O choque entre significados ocorre não apenas entre palavras individuais, mas atua outrossim em um segundo nível: o mundo do barril de arenque como substituto da *Ética dos Pais*.

É assim que o ídiche funciona: as palavras individuais podem ser muito simples, mas sua inter-relação – que envolve porções de textos, línguas e situações culturais divergentes mais do

A NATUREZA DO ÍDICHE

que meras denotações lexicais – fazem-no rico, irônico e pluris-significativo.

Em ídiche, língua informal de casa, as expressões dos textos religiosos são *secularizadas*: elas são usadas como *linguagem situacional* fora de seu significado original, especificamente religioso. Daí atuarem essencialmente como metáforas, ligando significações do elevado domínio religioso a situações profanas. Assim, *toire* em ídiche pode, de fato, denotar a "Torá" (no sentido original), tanto quanto qualquer ensinamento, crença ou teoria. *S'iz nischt aza groyse toyre* ("Não é uma sabedoria [uma teoria] tão difícil assim") pode ser aplicado a algo tão secular como aprender a cozinhar um certo prato e, na realidade, quer dizer: "Isso não é tão grande coisa". *Oyf tische nayntsik kaPOres* é literalmente: "Por noventa e nove *kaparot*"[5], derivando do costume de desfazer-se de uma galinha no Iom Kipur, a qual expiaria os pecados da pessoa. O idiomatismo quer dizer, no entanto, algo ou alguém que "não presta pra nada" em geral. Ao mesmo tempo, *kaPOres* por si pode denotar a função religiosa original quando usado em um contexto limitado. De maneira similar, *opschpiln a khasene* (literalmente, "tocar [música] em um casamento") é generalizado fora de seu contexto no sentido de significar: "armar um inferno", "fazer um grande escândalo a alguém", "acabar com alguém em público".

O mesmo é verdadeiro no tocante a descrições concretas que provêm de um mundo "judaico" mitologizado: em provérbios e expressões idiomáticas, elas se tornam objetos generalizados, individuais, servindo como linguagem geral. As áreas codificadas do comportamento religioso e diário convertem-se em fontes de imageria situacional, uma linguagem para entender o mundo. Aí é que reside o segredo do poder emotivo que os falantes do ídiche sentem quando empregam palavras tão simples como *hering*, *kasche*, *borschtsch* ou *meg(u)ile* fora de seu contexto natural – isto é, elas são marcadas como importação de um "mundo" diferente e carregam as conotações e os valores que possuíam naquele universo, além do efeito figurativo da própria transferência.

---

5. Nesse idiomatismo "nove[nta]" aparece duas vezes, em hebraico e numa tradução [paródica] em ídiche, como algum ensinamento sagrado se apresentaria. A mal-azada união nos números indica a perda do valor gramatical hebraico específico e faz soar a palavra hebraica como ídiche, como no início de outro idiomatismo, *Oyf Tisch un oyf BenK* ("Sobre Mesas e Bancos", isto é, "muito a fazer").

40 O SIGNIFICADO DO ÍDICHE

Outro exemplo é a colocação aparentemente das mais simples: *tseZEYT un tseSCHPREYT* ("espalhado e disperso", "semeado ao vento"). Ela pode ser usada para indicar uma família espalhada, roupas em desalinho ou livros editados em vários lugares. Mas a alusão subjacente é a uma imagem central da consciência histórica judaica, a dispersão dos judeus. O subtexto está no Livro de Ester (3:8): "Há um povo espalhado lá fora e disperso entre os povos em todas as províncias do reino". Os dois verbos hebraicos na fonte, *mefuzar u-mefurad* ("espalhados e dispersos"), são conectados por paralelismo morfológico e sonoro. Quando lidos com a pronúncia asquenazita, soam como duas palavras ídiches com uma aliteração alemã das consoantes iniciais, acentuadas, do radical: *meFUzer umeFUred*. A própria colocação hebraica original pode ser utilizada em ídiche, especialmente em estilo "elevado", mas ela também foi transposta para palavras ídiches de origem alemã: *tseZEYT un tseSCHPREYT* ("disseminado e disperso"). Este par é, de novo, paralelo em som e morfologia; porém, em vez de aliteração, usa rimas terminais, uma forma estimada no folclore ídiche. Numa contagem estatística de lexemas ídiches, a frase seria registrada apenas por seus componentes teutos, mas o seu efetivo subtexto hebraico e a sua substância semântica são especificamente judaicos.

E agora a questão se torna até mais complicada: o citado idiomatismo ídiche é muitas vezes aumentado para *tseZEYT un tseSCHPREYT oyf ale schive yamim* ("disseminado e disperso por todos os sete mares"), adicionando de modo ostensivo um tom "judaico" pelo acréscimo de uma enfática frase hebraica, *schiv'a yamim* ("sete mares"). De fato, tais palavras hebraicas não são normalmente empregadas em ídiche: "sete" em ídiche é *zibn* e o plural de *yam* ("mar") é *yamen* (a formulação propriamente ídiche seria: *oyf ale zibn yamen*). Usando uma frase em hebraico puro e não em hebraico fundido no ídiche, obtém-se a impressão de uma citação autorizada. Mas, na realidade, essa locução hebraica não consta da Bíblia e, paradoxalmente, foi cunhada a partir da expressão européia, "sete mares"[6]. O vocabulário e a semântica dos componentes alemão e hebreu em cada parte do idiomatismo mais amplo foram, pois, inverti-

---

6. Uma frase similar SCHIV'A YAMIM aparece várias vezes na Bíblia; mas é um quase homônimo com significado "sete dias" (e pronunciado em ídiche SCHIVE YOMIM), enquanto nesse provérbio implica o plural YAM = "MAR" mais do que do hebraico YOM = "Dia", que é em ídiche apenas de maneira marginal.

A NATUREZA DO ÍDICHE

dos: as palavras alemãs têm um subtexto hebraico e as palavras hebraicas, um subtexto europeu.

Muitas expressões ídiches possuem semelhante subtexto em um texto clássico ou em colocações de outras línguas-tronco. *Vos bay a nikhtern oyf der lung/iz bay a schikern oyf der tsung* (literalmente, "O que no sóbrio está no pulmão, o bêbado tem na língua"; isto é, o bêbado põe para fora aquilo que o sóbrio gostaria de ocultar) pode ter derivado de um provérbio teuto. Mas o rifão ídiche tem um subtexto talmúdico, em hebraico: *nikhnas yayin yatsa sod* ("entra vinho, sai segredo"). A sentença original hebraica pode aparecer também na fala ídiche (ainda que meramente como "citação", pois as primeiras três palavras não são usadas em ídiche de maneira independente). Ela possui outrossim um subtexto ulterior que é parte da cultura ídiche: no sistema da *g(u)eMAtria* (do grego, "geometria"), os valores numéricos combinados das letras hebraicas que compõem a palavra *SOD* ("segredo") somam 70: $S + O + D = 60 + 6 + 4 = 70$ (um número misterioso por si próprio) e o mesmo ocorre com a contagem das letras de *YaYiN* ("vinho"): $Y + Y + N = 10 + 10 + 50 = 70$. Assim, "vinho" = "segredo". Um pode ser transformado no outro e o quebra-cabeça se explica: quando você toma vinho, você trai segredos. Isso não é misticismo abstruso, porém emprego cotidiano de folclore ídiche e um corriqueiro jogo de crianças. Com base apenas na superfície do provérbio rimado de aparência alemã, que utiliza somente uma palavra hebraica domesticada (*schiker*), é impossível traduzir a profundidade cultural da expressão.

A natureza peculiar do ídiche foi vislumbrada, se bem que em espelho distorcido, pelo professor alemão, Johannes Wagenseil, que assim descreveu a língua ídiche, em 1699: "[Os judeus deram à língua alemã] um tom e um som inteiramente estrangeiros; eles mutilaram, despedaçaram, distorceram as boas palavras alemãs, inventaram novas [palavras] desconhecidas e misturaram ao alemão inúmeras palavras e frases hebraicas; o resultado é que, ouvindo-os falar alemão, tem-se de concluir que não estão falando outra coisa salvo hebraico; praticamente nenhuma palavra individual se torna inteligível" (*apud* M. Weinreich, pp. 103-104). O mesmo seria necessariamente concluído por uma pessoa que ouvisse o holandês falado e presumisse estar ouvindo o "alemão falado". Ademais, nessa descrição antiga, baseada no ídiche oriental, ainda faltava o elemento eslavo, que é

O SIGNIFICADO DO ÍDICHE

crucial; o ídiche moderno encontra-se ainda mais distante do alto alemão.

O ídiche fez largo uso do poder de fusão inerente à sua natureza lingüística. A notável riqueza idiomática sentida pelos locutores nascidos no ídiche baseia-se em grande parte nessa característica. O vocabulário ídiche é pobre em comparação ao inglês ou ao russo, mas cada palavra traz uma aura de conotações derivada de suas relações multidirecionais e codificadas não apenas no âmbito de um paradigma semântico, como em outras línguas, mas com palavras paralelas em outras línguas-fonte, com um acervo ativo de provérbios e idiomatismos e com um aglomerado situacional típico. Quando falam, os locutores do ídiche empregam, mais do que vocábulos individuais referentes, tais aglomerados de relações, idiomatismos prefabricados, citações e respostas situacionais. Como cada palavra pode pertencer a muitas fiadas contraditórias e heterogêneas, as ironias estão sempre à mão. É precisamente o pequeno vocabulário da língua que torna as palavras mais repetitivas e mais dependentes de seus contextos habituais, portanto mais ponderáveis em seu impacto (como as palavras no limitado vocabulário da Bíblia). Não é o alcance das denotações que a língua cobre, porém as direções emotivas e semânticas da empatia do ouvinte. Nesse modo de discurso, o choque aberto, irônico ou sagaz, entre palavras de diferentes línguas-tronco, em uma sentença, constitui uma fonte maior de significado, impacto e deleite.

Com freqüência, as diferenciações de significado baseiam-se na separação de sinônimos derivados de várias línguas-tronco. O inglês tem *end* e *extremity*, *find* e *discover*, *name* e *term*, *fancy* e *imagination*. E o ídiche: *bukh – seyfer* ("livro profano" – "livro religioso"); *poschet – prost* ("simples" – "rústico, grosso"); *bite – baKOsche – proSCHEnye* ("pedido", "solicitação", proveniente do alemão, hebraico e russo, respectivamente; o primeiro significa um favor, o segundo, um pedido especial, e o terceiro, uma humilde e formal petição escrita à autoridade).

Os exemplos de fusão, entretanto, não devem obstruir a nossa percepção de que as palavras ídiches aparecem marcadas com o signo de sua origem. O papel das várias línguas-tronco muda de caso para caso. Como seria de esperar, o sinônimo de origem hebraica amiúde conota um assunto mais elevado ou um estilo mais requintado. Assim, *bukh* indica um livro secular, dividindo o campo semântico com o hebraico *seyfer*, que significa um "livro religioso ou hebraico". *Dos heylike ort* ("o lugar sagrado") é um

A NATUREZA DO ÍDICHE

cemitério, ao passo que a sua contrapartida hebraica, *mokem koydesch*, é uma sinagoga. (No hebraico contemporâneo, *makom kadosch* não quer dizer nem "cemitério" nem "sinagoga", mas simplesmente um local sagrado ou um sítio religioso, em geral islâmico). *Mokem* (literalmente, "lugar") indica a cidade (não judaica) e tornou-se a alcunha preferida para Amsterdã, em ídiche e em holandês (*Mokum*). No entanto, *eiNAyim* ("olhos"), uma forma popular ídiche derivada do hebraico é mais rude do que os germânicos *oygn* ("olhos"), *ragLAyim* mais do que *fis* ("pernas"), *neKEYve* ("mulher da vida") mais do que *froi* ("mulher"), provindo todas talvez do linguajar do submundo, onde o hebraico era usado para ocultar as palavras, e a costumeira *scho* ("hora", hebraico *scha'a*) é mais simples do que a altamente retórica ou poética *schtunde* (do alemão, *Stunde*).

Este jogo com componentes é muitas vezes ironizado em ídiche mesmo. Assim, o ditado, *di beste kasche oyf der velt is kasche mit yoykh* (literalmente, "A melhor *kasche* [questão] do mundo é *kasche* [papa de trigo-sarraceno] com caldo de galinha"), faz trocadilhos de homônimos: a) *kasche* do aramaico (*kuschiya*), isto é, uma pergunta, uma questão talmúdica que levante um ponto difícil em um argumento; b) uma comida eslava popular *kascha* (papa de trigo-sarraceno); em outros termos: comida trivial é melhor do que qualquer questão problemática. Outro exemplo: *di mayse fun der g(u)eSCHIKHte iz aZA min hisTORye* ("a história dessa história é uma história por si", onde o termo "história" é repetido três vezes em sinônimos de três línguas-tronco: hebraico, alemão e francês por via eslava. O provérbio é usado a fim de introduzir o relato de acontecimentos feito pelo locutor e é também uma expressão de zombaria com referência a um narrador verboso.

A literatura ídiche desenvolveu uma profunda compreensão dessa interação e desse jogo de componentes, utilizando-os como fonte principal de variação e impacto estilísticos e semânticos.

OS COMPONENTES DO ÍDICHE

No ídiche, tal como o conhecemos hoje, ainda é possível reconhecer alguns elementos romances, como *bentschn* ("abeçoar" de *benedicere*), *leyenen* ("ler", uma forma pré-francesa derivada de *legere*), *kreplakh* (cf. francês, *crêpe*), *tscholnt* ("cholenta", prato quente do sábado, cf. o francês antigo, *chalt*, "quente")

44 O SIGNIFICADO DO ÍDICHE

ou alguns nomes pessoais, como *Yentl* (de "Gentile"), *Bunem* (cf. francês, *bonhomme*), *Schneyer* ("Sênior"), *Fayvl* ou *Fayvusch* (do latim, "Fabius" ou "Vivus"), ou *Beyle* (cf. "Belle", em francês, ou "Bella", em italiano), da qual derivou a ulterior *Scheyne*.

Uma interessante influência do francês antigo, segundo Weinreich, é o sufixo plural *-s*, adotado pelo inglês e pelo ídiche, porém raro em alemão. Por exemplo, *bobe – bobes* ("avó[-s]", enquanto em eslavo é *baba – baby*); *vibores* ("eleições", do russo *vybory*); *bekher – bekhers* ("taça"), *veyler – veylers* ("votante", enquanto em alemão é *becher – becher*, *Wähler – Wähler*); *klezmer – klezmers* (também *klezMOrim, klez-MEYrim*, "músico[-s]", o que em hebraico é *kli zemer – kley zemer*). Parece que a produtividade desse sufixo plural em ídiche se deve à sua convergência com o sufixo plural hebraico *-ot*, pronunciado em ídiche *-es*. Contudo, se fosse apenas um sufixo hebraico não teria coberto todos os componentes da língua como o *-s* cobre (o plural hebraico mais comum *-im* é aplicado somente a algumas poucas palavras fora do componente hebraico); além do mais, em ídiche (como em inglês), na maioria dos casos, só a consoante *-s* permanece. Por coincidência ocorreu uma segunda convergência: em hebraico, o sufixo *-ot* em geral (embora não exclusivamente) indica um substantivo feminino: *khala – khalot*, em ídiche: *khale – khales* (pão festivo judaico). Ao mesmo tempo, o ídiche possui muitas palavras com terminação em *-e* átono, derivadas de diferentes línguas e todas usando o plural *-s*:

1. A terminação feminina eslava *-a* faz-se *-e* em ídiche:
    schmate – schmates ("farrapo"),
    khate – khates ("cabana"),
    zhabe – zhabes ("sapo"),
    podLOg(u)e – podLOg(u)es ("assoalho"),
    barke – barkes ("barcaça").

2. Palavras internacionais vindas pelo padrão eslavo:
    vize – vizes ("visto"),
    reKLAme – reKLAmes ("anúncio", "reclame"),
    g(u)imNAZye – g(u)imNAZyes ("ginásio"),
    rekomenDAtsye – rekomenDatsyes ("recomendação"),
    dyune – dyunes ("dunas").

3. Substantivos femininos alemães em *-e*:
    bite – bites ("pedido", em alemão, *Bitte – Bitten*),
    hile – hiles ("invólucro", em alemão, *Hülle – Hüllen*).

A NATUREZA DO ÍDICHE

4. O feminino hebraico com terminação em -a (*aschkenazio, kamats he*) torna-se -e em ídiche; assume o mesmo plural -*s*, mas nesse caso é escrito também em ídiche com a grafia hebraica, -*ot*.

tsore – *tsores* ("aflição"),
meG(U)Ile – *meG(U)Iles* ("rolo" ou "lista" ou "conversa comprida"),
dayg(u)e – *dayg(u)es* ("preocupação"),
kale – *kales* ("noiva"),
khokhme – *khokhmes* ("sabedoria", "*esprit*").

5. Palavras masculinas hebraicas terminadas em ídiche em -*e* e convertidas em femininas:

reg(u)e – *reg(u)es* ("momento", plural hebraico, *rega'im*),
makhne – *makhnes* ("horda"),
mayse – *mayses* ("história" ou "acontecimento"),
boreKHAbe – *boreKHAbes* ("saudação", em hebraico: *ba-rukh ha-ba* – *brukhim ha-baim*).

Como resultado, temos palavras ídiches similares como *sibe* – *sibes* ("causa"), *libe* – *libes* ("amor"), *glibe* – *glibes* ("torrão") do hebraico, alemão e eslavo, respectivamente, todas unificadas por este plural franco-hebraico, de predominância feminina. O mesmo é verdadeiro com respeito a *kurve* – *kurves* (do eslavo) e *nafke* – *nafkes* (do hebraico), ambas significando "prostituta".

Se, entretanto, a palavra denota uma pessoa do sexo masculino, o gênero é masculino: *tate-s*, *zeyde-s* ("pai", "avô"). Palavras terminadas em consoantes raramente apresentam esse sufixo plural e são em geral masculinas: *vaGON* – *vaGOnes* ("vagão"), *lerer* – *lerers* ("professor"), *schrayber* – *schraybers* ("escritor") (em todos esses exemplos, o -*s* é opcional).

Não obstante tais curiosidades, o grosso da língua ídiche consiste em material léxico derivado de três grupos lingüísticos:

A LÍNGUA SAGRADA – ALEMÃO – ESLAVO

7. É importante notar que a terminação -*s* em ídiche representa várias terminações diferentes em hebraico e freqüentemente provoca sua confusão: 1) -*ot* por plural; hebraico: *torá* – *torot*, ídiche: *toyres* ("sistemas de estudo"); 2) -*ut* e -*it* como sufixo de substantivos femininos; hebraico: *galut, ta'anit*, ídiche: *goles, tones* ("Diáspora", "jejum"); 3) -*at* para o genitivo conectado: hebraico: *meg(u)ilat Ester*, ídiche: *meg(u)iles Ester* ("o Rolo de Ester"). Daí por que *simkhes* em ídiche pode ser um substantivo conectado: *simkhes toyre* ("A Festa da Torá") ou um plural: *lomir zikh zen oyf simkhes* ("que nos vejamos [encontremos] em festas"); em hebraico: *simkhat, smakhot*, respectivamente.

46 O SIGNIFICADO DO ÍDICHE

Em ídiche, nenhuma dessas línguas apresenta-se em sua forma pura ou em sua plena extensão. O que se tem aí é uma *seleção oblíqua* das línguas-fonte. Por exemplo, não é a sintaxe alemã *per se* que domina as sentenças ídiches, mas aqueles *componentes* sintáticos alemães que entraram na língua. A sintaxe desta derivou mais do alemão falado do que do escrito e limitou suas opções, na maior parte, ao que parece aceitável em hebraico ou em eslavo. Assim, o ídiche moderno usa a ordem direta, com a frase verbal completa no segundo lugar de cada sentença e não com uma parte do verbo ao fim de uma longa oração, como ocorre no alemão literário.

A "Língua Sagrada", tal como vista na perspectiva do ídiche, inclui o hebraico bíblico, mischnaico, midráschico e medieval, bem como várias fontes do aramaico. Os componentes eslavos alinham-se ao longo do caminho inteiro, compreendendo desde alguns lexemas tchecos e poloneses antigos, absorvidos de há muito, até o ucraniano e o russo moderno. Às vezes, é possível remontar à fonte eslava específica, mas em outras ocasiões é difícil ou impossível determiná-la. Daí a categoria geral "eslava" aqui utilizada.

A despeito da penetrante fusão, o elemento alemão parece estar no centro, dominar o ídiche e proporcionar-lhe o seu "chão", por assim dizer – a morfologia básica, a estrutura sintática e o grosso do vocabulário – enquanto os dois outros colorem-no em uma grande variedade de modos. De fato, é possível constituir um texto ídiche com o emprego exclusivo do componente lexical teuto, ao passo que é impossível fazê-lo com qualquer dos outros componentes. Um texto ídiche pode usar toda uma sentença em hebraico, russo ou inglês, mas ela só pode tornar-se parte do discurso ídiche quando engastada em um texto ou diálogo mais amplos, de sintaxe de base alemã e seu estatuto continua sendo o de uma citação ou provérbio.

Há, entretanto, um requisito estilístico flexível, mutante em diferentes contextos, que pode ser assim formulado: para que um texto seja ídiche precisa ser borrifado de elementos hebraicos e eslavos. Estes, todavia, não podem exceder a certos limites, isto é, os falantes são estimulados a utilizar expressões hebraicas ou eslavas, mesmo aquelas que normalmente não são aceitáveis em ídiche, desde que não sobrecarreguem o texto com elas e não ultrapassem o seu estatuto minoritário. Essa regra atua quer ao nível da sentença, quer do discurso como um todo. Sua concretização específica, no entanto, muda de gênero para gênero

A NATUREZA DO ÍDICHE 47

e pode ser usada seja para efeitos de natureza refinada e primorosa, seja de natureza jocosa e grotesca.

Não há uma relação um-a-um entre qualquer componente e um certo intuito temático ou ideológico, mas apenas tendências desse tipo, socialmente percebidas. No todo, a Língua Sagrada é tida como um elemento que acrescenta um tom de judaicidade a um texto ou um sabor "suculento", enquanto o eslavo amiúde adiciona algo concreto, da natureza, íntimo ou sentimental, ou algo europeu oriental ou de classe mais baixa e até mesmo rude. Mas, se se considera cada componente, alguns elementos exibem funções estilísticas em outras direções, também. Assim, a camada ídiche que permeava o calão do submundo alemão e a gíria urbana eram predominantemente do tronco hebraico. Como já mencionamos antes, as personagens da ralé judaica usavam o componente hebraico para evitar que os gentios os entendessem e foi precisamente isso que veio a ser compreendido e adotado em outros idiomas. O alemão moderno continua utilizando *meschug(u)e, make, ganove, pleite* e *tohu-wabohu*. Tais palavras em ídiche não têm nada de sublime, mas apresentam antes algo de rasteiro e de gíria. Similarmente, o inglês pode empregar *meshugah, maven, shmooz, chutzpah, megillah.*

Os elementos alemães vieram ao ídiche a partir de diferentes regiões e períodos e amalgamaram-se ao sistema dessa língua. A bem dizer, toda uma série de campos semânticos do vocabulário teuto permaneceu ausente no ídiche (vida palaciana e cortês, agricultura, a maioria das denominações da flora e da fauna, termos militares, administrativos, jurídicos etc.). Em parte, o componente hebraico pôde preenchê-los (por exemplo, termos religiosos ou legais) e em parte coube ao eslavo fazê-lo (nomes de árvores e comidas). Mas o mundo perceptual judaico era, em larga medida, um sistema deficiente em que certas áreas da natureza e da civilização não constituíam objeto de observação e não contavam com correlatos lingüísticos.

Além do mais, muitas palavras e formas que parecem alemãs foram desenvolvidas independentemente em ídiche ou adquiriram em seu âmbito um significado diferente sob a influência dos padrões hebraicos ou eslavos. *TsuZAmenfor* ("conferência") é um vocábulo cunhado na época dos emergentes partidos políticos, moldado pelo russo *syezd* (literalmente, "reunir-se", derivando da *convention* francesa e inglesa); a palavra é composta de lexemas alemães, mas não se trata de um empréstimo, pois

48 O SIGNIFICADO DO ÍDICHE

em alemão *Zusammenfahren* significa "colidir, choque, sobressalto". Do mesmo modo, *iberschraybn* ("copiar", literalmente, "reescrever") é como o russo *perepisat*, enquanto a palavra alemã equivalente, *überschreiben*, quer dizer "sobrescrever" ou "transcrever". Ou, uma expressão tão popular quanto *farFAln* ("perdido", "infelizmente irreversível") é mais como o russo *propalo* (literalmente, "dar em nada", "fracasso") do que como o alemão *verfallen*, com o significado primário de "declínio, decadência". O idiomatismo, *ale montik un donerschtik* ("com muita freqüência", literalmente, "toda segunda e quinta-feira"), embora pareça alemão, não teria sentido especial nesse idioma; de fato, baseia-se em costumes religiosos judaicos ligados aos citados dois dias da semana (como diz uma das personagens de Agnon: "Se eu não jejuasse toda segunda e quinta-feira, eu morreria de fome").

O ídiche é uma língua conhecida por sua profusão de sufixos diminutivos e encarecedores, adicionados a qualquer nome ou substantivo. Servem para comunicar a relativa pequenez de um objeto ou pessoa. Mas o mesmo diminutivo aplica-se a um objeto ou pessoa que nada têm de pequeno; nesse caso, exprime a atitude do locutor para com o referido objeto ou pessoa, indicando que ele os julga encantadores ou familiares ou, pelo contrário, desprezíveis e escarnecíveis. Alguns desses sufixos (*-l*, *-le*) procedem de dialetos alemães, mas são usados em ídiche, com abundância eslava. Por exemplo, o poema de M. L. Halpern, "O Fim do Livro", está construído em torno de uma longa cadeia de diminutivos rimados: *bikhele – tikhele – schikhele – tsikhele – kikhele – plikhele – schmikhele* ("[uma belezinha de] livrinho, lencinho, sapatinho, fronhinha, biscoitinho, carequinha"*. Na verdade, *little* não é uma boa tradução inglesa** para o diminutivo ídiche, que expressa aqui, não pequenez, porém uma relação emocional do locutor com o objeto, como se estivesse dizendo "minha querida carequinha"). Eis uma transcrição do poema (todos os *diminutivos* aparecem em *itálico*, seus acentos caem na primeira sílaba) seguida de uma tradução:

> freg ikh bay mayn liber froy,
> vi azoy tsu farENdikn dem roMAN
> in mayn *bikhele* –

---

* *Schmikhele* é uma intraduzível corruptela jocosa do diminutivo. (N. do T.)
** Enquanto o sufixo português inho-ina lhe é mais próximo. (N. do T.)

A NATUREZA DO ÍDICHE

zogt zi: dos glik zol aVEK mit der ban,
un tsuRIKvinken mit a *tikhele*.
zog ikh: *tikhele – schmikhele –*
zogt zi: *bikhele – schmikhele –*
un fregt mikh, tsi vil ikh nischt besser
kave mit a *kikhele*.
zog ikh: *kikhele – schmikhele*
un heys mir oyftsiyen oyf mayn kischn
a *tsikhele*.
zogt zi: *tsikhele – schmikhele*.
un heyst mir aRAYNtrogn tsum schuster
ir *schikhele*.
zog ikh: *schikhele – schmikhele*.
vert zi broyg(u)ez, un vayst mir
as kh'hob schoyn a *plikhele –*
zog ikh:
plikhele – schikhele – tsikhele – kikhele –
tikhele – bikhele – schmikhele
ken zi nischt zogn azoy gikh vi ikh, azoy gikh vi ikh,
plikhele – schikhele – tsikhele – kikhele – tikhele – bikhele – schmikhele.
hobn mir inEYnem g(u)eLAKHT –
inEYnem g(u)eLAKHT.
biz zi hot mir di oygn farMAKHT –
di oygn farMAKHT.
un mikh ayng(u)evigt mit dem lid funem regn,
mit dem lid funem regn,
vos men zingt fun kleyne kinder vegn.

[Pergunto à minha querida mulher
como rematar o romance
no meu livrinho –
Diz ela: que a felicidade se vá com o trem
e acene de volta com um lencinho.
Digo eu: lencinho – trocinho –
Diz ela: livrinho – trocinho –
e me pergunta se eu não prefiro
café com bolinho.
Digo eu: bolinho – trocinho
e mando pôr uma fronha* no meu
travesseirinho.
Diz ela: travesseirinho – trocinho.
e manda eu levar ao sapateiro
o seu sapatinho.
Digo eu: sapatinho – trocinho.
Ela se zanga e me mostra
que já tenho uma carequinha –
Digo eu:
carequinha – sapatinho – travesseirinho –

---

* Para dar uma idéia aproximada do ritmo dos diminutivos ídiches, trocou-se o da palavra "fronha" pelo da palavra "travesseiro". (N. do T.)

50   O SIGNIFICADO DO ÍDICHE

bolinho – lencinho –
livrinho – trocinho.
Juntos caímos na risada
na risada caímos juntos.
até que ela cerrou minhas pálpebras –
minhas pálpebras cerrou.
E me embalou com a cantiga da chuva,
com a cantiga da chuva,
que se canta para as criancinhas.

AYP, p. 429]

Outro desafio gramatical eslavo da mesma ordem é o sistema de aspectos usado em verbos eslavos para indicar o estado de completude de um processo. O ídiche encontrou substitutos para tal propósito, graças ao emprego de palavras oriundas do componente alemão. Eis mais um exemplo de Weinreich: *Ikh schraib* ("Eu escrevo") dispõe de toda uma cadeia de possibilidades: *ikh g(u)ib a schraib* ("Eu dou uma escrevida", eu escrevo num instante), *ikh tu a schraib* ("Eu faço [lasco] uma escrevida", escrevo algo apressadamente), *ikh halt in eyn schraibn* ("Não paro de escrever"), *ikh halt bay schraybn* (Estou a ponto de escrever"), *ikh hob g(u)eS-CHRIbn* ("Eu escrevi"), *ikh hob ong(u)en-schribn* ("Eu acabei de escrever" algo), *ikh hob schoyn opg(u)eschribn* ("eu já escrevi") e, pode-se acrescentar, *ir zolt zey baSCHRAYbn fun kop biz di fis* ("Queira descrevê-los da cabeça aos pés", como uma personagem feminina, G(u)itl Purischkevitch, exige de Scholem Aleikhem, jogando com ambos os sentidos do termo *baschRAYbn*, "descrever" e "cobrir [algo] de escrita").

Para demonstrar o papel dos eslavismos em ídiche, pode-se tomar o seguinte exemplo: *paVOlye, paVOlinke, paVOlitschke*, e *paMElekh*; todos eles querem dizer "devagar, pouco a pouco", mas com diferentes graus de maciez e diferentes atitudes do locutor para com o ouvinte. *PaMElekh* é a palavra mais casual, descrevendo um processo objetivamente lento, enquanto *paVOlye* é usado mais como advertência – "tenha calma" – e soa como um termo "forâneo", eslavo; *paVOlinke* é endereçado a uma criança: "Faça isso devagar, tenha calma, tome cuidado"; *paVOlitschke* transmite aproximadamente a mesma idéia, porém de modo mais enfático, talvez com um acréscimo implícito de "meu querido" (os dois sufixos tornam o vocábulo duplamente eslavo; em geral são aplicados a nomes próprios, qualificando assim não o verbo, mas a pessoa a quem a advertência é dirigida). *PaMElekh* é um sinônimo mais neutro porque o eslavismo mal chega a ser sentido (o alemão *allmählich* fundido com o polonês *po-*

A NATUREZA DO ÍDICHE

malu), ao passo que os sufixos conspicuamente eslavos nos segundo e terceiro sinônimos têm um pronunciado tom emotivo, intraduzível em outra língua.

Ao contrário de seu emprego normal, automático, nas línguas-tronco, o efeito das expressões eslavas em ídiche é especialmente forte e notável, precisamente por causa do estranhamento que sofrem em seu novo contexto: não constituem o vocabulário predominante do texto, mas salientam-se como camada minoritária, contrastando visivelmente em som e comprimento de palavra com o costumeiro padrão do componente teuto e, com bastante freqüência, podem ser mobilizada ou não. Daí, para o significado inerente da palavra, haver um sentido adicional, sinalizando um uso especial a ser interpretado especificamente para cada caso e contexto.

Em termos estilísticos, há várias espécies de elementos eslavos em ídiche. Do ponto de vista de sua integração, cabe distinguir três grupos, a que se podem denominar camadas *básicas*, *fundidas* e *de extensão* da língua. As fronteiras entre elas não são fixas nem estáveis, o que não diminui a validade sociolingüística da tipologia em si mesma.

1. Palavras eslavas, sufixos e partículas participantes da língua *básica*, inteiramente absorvidas no ídiche, não dispõem em geral de substitutos de outra fonte e, na sua maioria, são bastante curtas: *nebekh, take, paMElakh, aBI, khotsch, male-VOS, nu, zhe* (dje), *maske, khate, kasche, kretschme, khreyn*. (Tais termos significam aproximadamente: "pobre alma, coitado", "de fato", "devagar", "se ao menos", "embora", "não importa o quê", "bem", "então", "máscara", "cabana", "papa", "estalagem", "raiz amarga".)

2. Palavras eslavas *fundidas* no ídiche, mas realçando-se por sua combinação sonora e diferindo sensivelmente de seu meio-ambiente germânico (sobretudo por conglomerados consonantais sibilantes e africados), em especial termos multissilábicos: *borschtsch, schtschav, schmate, piROSCHkes, ong(u)estschepet, schtschepeTILne, dzhegakhts, podLOg(u)e, staTETSCHne, tseKH-RAStet, straSCHIDle, smarKATSCH, vintscheVAnyes* (*borscht* [sopa russa], azedinha, trapo, *piroschki* [tipo de pastel], cravado, enganchado ou fisgado [como acontece com ganchos, anzóis ou espinhos e farpas] ou grudado em alguém, sutil e sensível [melindroso, delicado], lubrificante de roda, assoalho, dignificado, de camisa aberta, espantalho, literalmente meleca ou pirralho insolente, parabéns).

52 O SIGNIFICADO DO ÍDICHE

3. Palavras ou expressões eslavas que dão a sensação de empréstimos ou de *extensões* mais do que de partes orgânicas do ídiche e são utilizadas por diferentes locutores em graus variantes, mas, não obstante, são muito difundidas e amplamente entendidas: *duSCHA na rasPASCHku, predseDAtyel, naTSCHALstve, vibores, pscheKUPke* (uma alma aberta [russo], presidente [de comissão], as autoridades ou diretores, eleições [todas estas do russo], pequena vendedora [do polonês]). Este grupo, constituído primordialmente por palavras retardatárias na formação do ídiche e que causam a impressão de estrangeirismos (tais como termos culturais poloneses, expressões administrativas ou literárias russas), foi censurado pelos puristas, mas utilizado no linguajar popular e no ídiche soviético. *Além* deste, há o grande fundo da própria língua forânea disponível para empréstimos ulteriores sempre que necessário.

Pode-se observar uma divisão paralela tripartite tanto nos componentes alemães como nos da Língua Sagrada. Quando se trata de palavras de ídiche *básico*, mal se percebe a sua origem. Por exemplo, *khotsch, aFIle, tsi, take, epes, veys-ikh-vos, meyle, mayle, male-VOS, khay-g(u)eLEBT, abi-g(u)iZUNT, frisch-g(u)iZUNT-un-miSCHUg(u)e* (embora, até, se, de fato, "algo", "quem sabe" ["absurdo!"], não tem importância, virtude, o que quer [que se possa pensar ou dizer], a boa vida, "o principal é ter saúde", "cheio de saúde e maluco"). *Fundidas* na língua, as palavras da segunda espécie são recebidas como ídiche pleno e autêntico, mas os falantes do idioma têm *consciência do componente*. As da terceira categoria não se acham plenamente legitimadas ou domesticadas em ídiche, mas ainda assim são largamente usadas e compreendidas (como vimos acima, no caso de algumas citações hebraicas em provérbios ídiches). O recurso a essa extensão não tem limites definidos; de fato, ela abre as portas a três compendiosos troncos verbais fora do ídiche propriamente dito, três línguas e mundos culturais ao alcance de um locutor que pode usá-las a fim de ampliar o potencial de sua expressão, seja como palavras ídiches adotadas, empréstimos ("estrangeirismos"), seja como citações *ad hoc*. Apenas o tato lingüístico do falante ou o gênero e o contexto de seu discurso é que hão de limitar as proporções de tais dispositivos "borrifantes".

A hierarquia de graus de amálgama proporciona, de um lado, o sentimento de que existe um âmago básico do ídiche, uma domesticada, unificada, intrínseca língua de fusão, composta de elementos das línguas-tronco e absorvida em um sistema estrutural de gramática; e garante, de outro lado, a *abertura* do ídiche em relação a suas línguas componentes, o modo fácil pelo qual seus locutores nativos, plurilíngües, podem enriquecer o seu vocabulário sempre que novos campos semânticos são adquiridos. Assim como essas línguas permearam o ídiche, este pode também derramar-se pelos domínios de cada uma, alargando ao mesmo tempo o seu próprio campo de uso, em bases permanentes ou *ad hoc*. Às vezes é difícil decidir quais desses elementos são parte do ídiche e quais constituem meros empréstimos temporários que não devem ser incluídos em um dicionário ídiche; entretanto, o fato sociolingüístico de seu aparecimento em textos ídiches é inegável, como é possível documentá-lo profusamente na literatura e nos jornais de língua ídiche.

Poder-se-ia representar essa situação sociolingüística no seguinte diagrama:

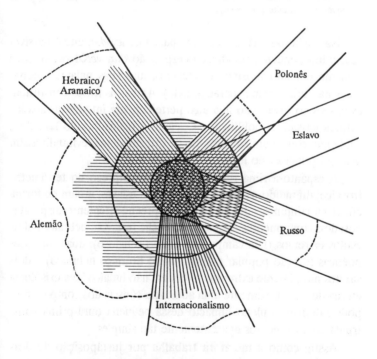

O círculo interno é o ídiche *básico*; o círculo central representa o domínio do ídiche *fundido* (as linhas sombreadas indicam meramente a fonte dos componentes, sem mostrar a sua mútua interpenetração). Fora do círculo, limites descontínuos assinalam áreas de *extensão*; linhas pontilhadas representam áreas abertas a empréstimos ulteriores, das línguas adjacentes.

O SIGNIFICADO DO ÍDICHE

O impacto eslavo sobre o ídiche é muito mais penetrante do que se poderia supor a partir do vocabulário derivado do alemão. Há, no ídiche, influências eslavas na pronúncia, gramática, contos de fada, crenças mágicas, alimentação e canções, bem como na arquitetura das sinagogas da Europa Oriental e na poética do verso ídiche na Europa e na América. Até canções populares hassídicas sobre temas religiosos empregam com freqüência "versos macarrônicos", combinando fragmentos hebraicos e eslavos. Os elementos "estrangeiros" (não-germânicos) desautomatizam o fluxo da fala e encarecem o seu valor emotivo. Na copla abaixo, o primeiro verso é uma sentença russa perfeita, composta de palavras não fundidas no ídiche, o segundo constitui uma pura frase hebraica, estereotipada:

my piYOM, my guLYAem/ veAto meylekh khay veKAyem
("Nós continuamos bebendo, nós estamos festejando [russo]/ E tu és o Rei que vive eternamente [hebraico]).

Na copla toda há apenas uma palavra, *meylekh*, que é passível de uso independente em ídiche (a expressão *khay-veKAyem* aparece somente em idiomatismos congelados, mas suas palavras individuais não funcionam separadamente). Ambas as frases constituem extensões ao russo e ao hebraico perfeitamente inteligíveis aos locutores hassídicos polilíngües. O efeito é realçado pelo fato de a copla não conter um só vocábulo de origem alemã, evitando assim o corpo principal do léxico e da sintaxe ídiche.

A espantosa rima russa/hebraica e o emprego do tetrâmetro trocaico, difundido nas canções populares eslavas, atuam de forma eficaz na conjunção de elementos surpreendentemente disparatados: dois componentes extremos do ídiche (eslavo e hebraico), dois estilos extremos (fala camponesa e hino religioso), duas tradições poéticas (canção popular eslava e canto litúrgico hebraico) e dois valores moralmente extremos (o beber "não judaico" e a existência eterna de Deus). Somente uma audiência cônscia dos componentes pode saborear o pleno impacto dessa pequena obra-prima construída com elementos aparentemente tão simples.

Assim como a metáfora trabalha por justaposição de dois termos a representar dois domínios semânticos díspares, do mesmo modo o choque e a interação de vários componentes lingüísticos, que continuam a ser percebidos como tais em ídiche, criam a tensão estilística e a densidade semântica tão específicas dessa língua.

A NATUREZA DO ÍDICHE 55

O HEBRAICO ASCHKENAZI E O HEBRAICO FUNDIDO NO ÍDICHE

O componente crucial do ídiche, que lhe dá a sua "legitimação judaica", é o hebraico. O alfabeto hebreu estabelece uma fronteira terminal em torno de qualquer texto ídiche e o separa claramente do alemão e de qualquer outra língua não judaica. De fato, houve várias tentativas de escrever ídiche com o alfabeto latino, a fim de franqueá-lo a qualquer leitor europeu. Se isso tivesse dado certo, a literatura ídiche talvez se tornasse mais acessível a quem não lê ídiche, mais seqüente para a literatura em outros idiomas, embora o preço pudesse ser o sacrifício da *raison d'être* da judaicidade da cultura. O líder sionista Jabotinski e outros tentaram fazer a mesma coisa – sem êxito duradouro – em relação ao hebraico, que poderia ter cortado o laço entre o hebraico contemporâneo e os textos clássicos. (Na verdade, Itamar Ben-Avi, o filho do fundador do moderno hebraico falado, Eliezer Ben-Yehuda, publicou um jornal hebreu em Jerusalém, impresso em letras latinas.) Moisés Mendelssohn, em seu tempo, compreendeu o valor do alfabeto para manter um texto dentro ou fora de uma cultura: se empreendeu a tradução comentada da Bíblia para o alemão puro que, a seu ver, substituiria a língua "contorcida", o ídiche, ainda assim não deixou de publicar o comentário em caracteres hebraicos.

Mas, tomado no plano interior da cultura, só o alfabeto não é suficiente; ele se torna algo automático: na língua falada, raramente é relevante. Daí serem, internamente, as palavras hebraicas ingredientes essenciais para qualquer texto ser distinguido como ídiche. Max Weinreich, em seus próprios escritos lingüísticos, recorrendo a uma linguagem científica baseada quase que exclusivamente na terminologia alemã e internacional, saiu de seu modo usual de exprimir-se, saturando o discurso de expressões hebraicas (em nível da retórica mais do que da própria ciência).

Por "hebraico" queremos dizer não apenas o hebraico propriamente dito, mas a Língua Sagrada (*loschn koydesch*), incluindo todas as camadas de hebraico e aramaico que entraram na língua falada como se procedessem de uma só fonte. O *Yiddish Dictionary Containing all Hebrew and Chaldaic Elements of the Yiddish Language*, composto em Denver, Colorado, pelo dr. Charles Spivak e Sol. Bloomgarden (o poeta ídiche Yehoasch) e publicado em Nova York em 1919, anuncia no prefácio: "To-

O SIGNIFICADO DO ÍDICHE

dos os judeus do mundo inteiro, desde o exílio da Babilônia até hoje, não importa o idioma que adotem, sempre empregaram em sua comunicação diária entre si, uns mais e outros menos, palavras hebraicas". Este dicionário e outras coletâneas arrolaram cerca de cinco mil expressões hebraicas e aramaicas ("caldeu") usadas em ídiche. Como vimos antes, em muitos casos o hebraico é um substrato profundo do ídiche; influenciou a cunhagem de palavras e frases feita também de material de outras fontes. Daí ser o seu impacto bem maior do que poderiam sugerir as estatísticas de itens superficiais do léxico. As próprias estatísticas desmentem a concepção rasa que vê no ídiche mais um dialeto alemão.

O hebraico era lido e pronunciado em Aschkenaz de maneira muito diversa da do hebraico israelense contemporâneo. Ao contrário da grafia de outras línguas, a do hebraico era extremamente conservadora e mal se modificou no curso das épocas. Mas a maior parte dos textos escritos nesse idioma não consignava a vocalização e só representava as consoantes, razão pela qual a mesma grafia podia ser vocalizada e acentuada diversamente em diferentes contextos históricos e geográficos. Mesmo para aqueles textos que eram vocalizados, sobretudo a Bíblia e os *piyutim* (poemas litúrgicos), diferentes comunidades praticavam diferentes leituras dos signos vocálicos. Os estudiosos da questão supõem que desde cerca de 1300 (ou mais tarde)[8], uma pronúncia especial do hebraico foi desenvolvida na Europa (ou trazida de outra parte por alguma onda de estudo judaico), conhecida como "hebraico *aschkenazi*". Ela difere da prosódia sefardita e do atual hebraico israelense e, na realidade, consiste em todo um grupo de subdialetos, paralelos aos dialetos do ídiche e à geografia de outras línguas (holandês, bielo-russo, húngaro). O hebraico *aschkenazi* foi utilizado através dos tempos na escrita e leitura hebraicas e foi a língua do moderno ressurgimento da literatura hebraica na Europa entre os séculos XVIII e XX, bem como da nova educação hebraica na Europa e na América, até a recente influência do dialeto israelense (quase-"sefárdico").

---

8. A exata razão do deslocamento do que parece ser hebraico "sefárdico" (em que tanto o *patah* quanto o *kamats* são pronunciados A), empregado em *aschkenazi* antes daquele, para o dialeto *aschkenazi* ulterior, não está clara. No que nos concerne aqui, importa a acomodação encontrada pelo hebraico *aschkenazi* com o ídiche (ou a influência do ídiche sobre o hebraico *aschkenazi*).

A NATUREZA DO ÍDICHE

Uma vez que a maioria dos leitores do hebraico estão familiarizados com a sua versão israelense contemporânea, utilizaremos este último como base de comparação para descrever a pronúncia *aschkenazi*. Ela se distingue (temos aqui em mente uma pronúncia *aschkenazi* "padrão", neutra) da "israelense" em vários aspectos:

1. Em *aschkenazi*, na maioria das palavras a tônica cai, *se possível, na penúltima sílaba da palavra básica*, enquanto o acento israelense incide, na maioria das palavras, na última sílaba[9]. Por exemplo, em *aschkenazi* temos: *isROel, TOYro, meDIno* versus israelense: *israEL, ToRA, mediNA* ("Israel", "Tora", "Estado").

Naturalmente, se uma palavra conta uma só sílaba, ela é acentuada de igual modo em ambos os dialetos: *KOL* ("voz"), *GOY* ("gentio"), *SOF* ("fim").

A tônica não pode incidir em uma tradicional "meia sílaba" (representada na escrita por um *schewa* ou *hataf*). Se a penúltima sílaba era historicamente curta, o acento recua: o israelense *ma-a-LA* converte-se no *aschkenazi MA-a-lo*; mas em palavras breves, a tônica só pode adiantar-se: *te-HOYM* ("abismo"), *ha-LOYM* ("sonho"), *a-NI* ("eu"). O ídiche, porém, não conhece meias sílabas; o *hataf* é suprimido ou elevado a uma sílaba plena. Daí ter-se as mesmas palavras lidas como: *MAY-le, t'HOM, KHO-lem, A-ni*.

As sílabas auxiliares no início de uma palavra (que constituem palavras separadas na consciência européia: artigos, preposições, conjunções), tais como *ha-* ("o", "a"), *ve-* ("e"), *be-* ("em"), *le-* ("para"), não recebem acento em *aschkenazi*: *ha-YOM* ("o dia"), *ha-ISCH* ("o homem"), *be-SOD* ("em segredo"). Entretanto, em ídiche, a gramática hebraica não vale, sendo o elemento auxiliar percebido amiúde como parte integrante da palavra e por isso acentuado: *oylem-HAze* ("[alegrias de] este mundo", em vez do *aschkenazi* ideal: *ha-OYlom ha-ZE*), *aDAyem* ou *ad-HAyem* ("até agora", em vez de *ad ha-YOM*).

---

9. O hebraico israelense também conta com um pequeno e bem delimitado grupo de palavras com acento na penúltima sílaba, como é o caso de *DEg(u)el*, *REg(u)el*, *NA'ar*, e de palavras com vários sufixos morfológicos, o feminino de verbos no presente e de adjetivos: *koTEvet* ("Ela escreve"), *schoMEret* ("Ela guarda") e as formas do verbo no passado: *aMARti, aMARnu* ("Eu disse, nós dissemos"). Em todos esses casos, os acentos em *aschkenazi* e no israelense são idênticos.

58   O SIGNIFICADO DO ÍDICHE

2. Todo sinal vocálico na Bíblia canônica (exceto no que diz respeito ao comprimento das meias vogais) tem um som equivalente em *aschkenazi*, criando por esse meio oito vogais e ditongos, ao passo que o hebraico israelense possui apenas cinco: tanto o *o* quanto o *a aschkenazi* são pronunciados *a* em hebraico israelense; *e* e *ey* são *aschkenazi* pronunciados *e* e assim por diante. Por exemplo, *BOrukh Ato adoyNOY* (em alguns dialetos: *BUrikh Atu*) ("Bendito seja Tu, ó Senhor") pronuncia-se em hebraico israelense: *baRUKH aTA adoNAY*. O Ano-Novo *aschkenazi, rosch-haSCHOno*, é *ROSCH haschaNA* em hebraico israelense.

Os ditongos asquenazitas -*oy* e -*ey* (quando representados por um único sinal vocálico) reduzem-se para os israelenses a simples vogais, *o* e *e*: *MOYsche, TOYro* e *MEYlekh* são no hebraico israelense *moSCHE, toRA* e *MElekh*.

3. O *th* mole ("tav") é pronunciado *t* no hebraico israelense e *s* no *aschkenazi*. Por exemplo, a festa de Sucot (dos Tabernáculos) é pronunciada em hebraico israelense *suKOT*, mas *SUkoys* em *aschkenazi* ideal e *SUkes* em ídiche. As letras do alfabeto são *OYsiyoys* em *aschkenazi* ideal, *OYSyes* em ídiche (ou *EYSyes* em ídiche lituano) e *otiYOT* em israelense.

4. Entretanto, as palavras hebraicas fundidas ao ídiche passaram ulteriormente por outras adaptações à língua de fusão. Uma vez que, em *aschkenazi*, a tônica hebraica deslocou-se da última para a penúltima sílaba (em todas as palavras bi- ou multissilábicas), a sílaba seguinte à tônica foi enfraquecida; todas as vogais no fim dessas palavras viram-se reduzidas a uma vogal ·neutra (em geral pronunciadas com um *e* átono), como aliás no restante do ídiche. Assim, o hebraico *aschkenazi SIMkhas TOYro* (a festa da "Alegria da Torá") é em ídiche *SIMkhes TOYre*. O *aschkenazi* ideal *MOkoym KOdoysch* ("Lugar Santo") é em ídiche *MOkem KOydesch*. Na cerimônia nupcial, noivo e noiva são *khoson* e *kalo*, mas em ídiche: *khosn – kale*.

O ditado ídiche, *OYlem – GOYlem* ("multidão estúpida", literalmente, "o mundo [= "as massas"] é um *golem*) deriva do *aschkenazi* ideal *OYlom – GOYlem* (em hebraico israelense: *oLAM – GOlem*). Mas até o poeta nacional hebreu, Bialik, rimou essas duas palavras em sua poesia hebraica, isto é, pronunciou-as à maneira "ídiche".

Um caso especial são as sílabas finais que terminam em uma consoante +*n* ou *l* e não têm letra vocálica em ídiche: *mey-dl, ma-khn, zo-gn*. As palavras hebraicas também seguem a mesma regra: o hebraico israelense *meyVIN, SEkhel, G(U)Imal* e *kha-*

A NATUREZA DO ÍDICHE 59

TAN são em *aschkenazi*: *MEY-vn, SEY-khl, G(U)I-ml* e *KHO-sn* ("perito", *"connoisseur"*, "inteligência", "a letra G", "noivo").

No uso efetivo do hebraico em Aschkenaz, podem-se distinguir três modos de pronunciar palavras hebraicas:

1. *Hebraico aschkenazi ideal*, ou seja, uma leitura que efetivaria devidamente todos os sons do texto hebraico, atribuindo um valor sonoro constante a cada signo vocal ou consonantal do texto escrito. Era, supõe-se, utilizado para a leitura cuidadosa e solene do hebraico vocalizado, sobretudo da Torá nas sinagogas, e foi artificialmente revivido nas escolas hebraicas asquenazitas no século XX.

Embora toda e qualquer criança judia tivesse consciência dos valores sonoros de todas as vogais, o escopo real de semelhante leitura cuidadosa não é bastante claro. Mesmo poetas hebreus da moderna revivência literária na Europa, embora altamente cônscios de sua língua e empenhados em usá-la com pureza, com freqüência "pronunciavam erradamente" as palavras escritas, como se pode verificar em suas rimas; isto é, pronunciavam-nas segundo o dialeto ídiche que falavam. Y. L. Gordon (1830-1892), por exemplo, ou David Schim'oni (Schimonovitch) (1886-1956) podiam rimar o que em hebraico israelense se lê *koSOT – bereySCHIT* e em *aschkenazi* ideal *KOYsoys – beREYschis*, porque no dialeto ídiche lituano eles liam: *KEYses* (*t* mole = *s* = *sch*). Assim sendo, um "hebraico aschkenazi padrão" talvez nunca haja existido e, se nós o reconstruímos, trata-se de uma extrapolação nascida do esforço de criar um "ídiche padrão", interdialetal, acoplado ao pressuposto de que a pronúncia acompanha fielmente os caracteres escritos.

2. *Hebraico fundido no ídiche*, isto é, expressões hebraicas e aramaicas absorvidas pelo ídiche. Algumas modificaram-se consideravelmente; por exemplo, o hebraico *yom tov* ("feriado, dia festivo") tornou-se em ídiche *yontef*; o hebraico *kriyAT SCHMA* ("dizer o *schema*"), em *aschkenazi* ideal *KRIyas schma*, fez-se em ídiche *KRISCHme* (de fato, Bialik o pronuncia assim e o considera composto de duas sílabas, mesmo em seus versos hebraicos).

Como parte orgânica do ídiche, as palavras hebraicas foram diferenciadas ainda mais pelos dialetos geográficos do ídiche[10]. Diz-se *mischPOkhe* ou *mischPUkhe* ("família"), *TSOres*

10. Ver Uriel Weinreich, "Hebraico Aschkenazi e Hebraico em Ídiche: Seu Aspecto Geográfico" [em hebraico], *Leschonenu*, 24, 1960, pp. 242-252; 25, 1961, pp. 57-80, 180-196.

60 O SIGNIFICADO DO ÍDICHE

ou *TSUres* ("dissabores"), *baleBOSte* ou *baleBUSte* ("dona de casa, de prendas domésticas")? O primeiro termo de cada par aparece em ídiche "lituano" (ou "norte-oriental"); o segundo, em "polonês" ("central") e "galiciano", "ucraniano" ("sul-oriental")[11]. No que concerne ao hebraico dentro do ídiche, essa é a principal divisão dialetal; houve muitas outras diferenças na pronúncia e numerosos subdialetos e variantes, bem como os dialetos hebraicos, inteiramente diferentes, do *ídiche ocidental* (holandês, alsaciano, alemão meridional etc.), não discutidos aqui.

3. *Hebraico aschkenazi prático*, usado quando se lê, estuda e cita textos hebraicos propriamente ditos. Muito embora não seja parte do ídiche, parece que também segue, no essencial, o hebraico *aschkenazi* fundido, falado, e seus dialetos, ainda que se mantendo próximo do texto escrito.

Assim, como já indicamos, todas as vogais na sílaba terminal e átona foram reduzidas a um *e* neutro: o dia sagrado Sucot é pronunciado *SUkes*, conquanto em *aschkenazi* ideal seja *SUkoys*. O hebraico israelense *schaLOM* ("paz", saudação, nome próprio masculino) é, em *aschkenazi*, *SCHOlem* ou *SCHUlem* (cf. a grafia de *G(u)erschom Scholem*, enquanto em hebraico ele escrevia o sobrenome *Schalom*).

Por esta razão, todos os sufixos hebraicos finalizados com um *tav* (*t*) apresentam-se com freqüência empanados: *-at*, *-ot*, *-ut*, *-it*, passando do israelense ao *aschkenazi*, são todos pronunciados *-es* (ver nota 7), e muitas são mal grafados em livros religiosos e em cartazes escritos por judeus ortodoxos em Jerusalém (por exemplo, *dveykes* para o hebraico *dveykut*, *simkhes* em lugar de *simkhat* e *smakhot*, *mitsves* para *mitsvot* e *mitsvat*). É

---

11. As vogais hebraicas são pronunciadas diferentemente nos vários dialetos asquenazitas. Ainda que a lista completa seja por demais ramificada para que se possa abordá-la agora, é possível indicar, de forma esquemática, as principais distinções (o primeiro som representa o ídiche lituano, o segundo, o polonês e o ucraniano):

kamatz = *o/u*, *patakh* = *a* (israelense = *a*);
tseyre = *ey/ay*, *segol* = *e* ou *ey/ay* (israelense = *e*);
kholam = *oy* (israelense = *o*);
schuruk e *kubutz* = *u/i* (israelense: *u*);
khirik = *i/y* (israelense = *i*).

Duas vogais com uma consoante muda (grafada como *ayin*, *alef*) entre elas criam um ditongo: *ay/aa* (israelense, *a'a*). No hebraico israelense, os ditongos não representam simples sinais, mas podem resultar de uma combinação de vogal + *y* (*day*, *layla*).

A NATUREZA DO ÍDICHE

o modo como o Lubavitcher Rebe (como é chamado o rabi de Lubavitch) cita o hebraico e o aramaico até hoje. Um comentarista de um programa radiofônico do Habad argumentava recentemente que o rei Davi estava *KHEYsekh SIVtey* ("poupando o seu açoite", em hebraico israelense *hosekh schivto*, pronunciado no dialeto *aschkenazi* lituano). Semelhantes "distorções" do hebraico puro, gramatical, convertiam-se em alvo do escárnio dos *maskilim* ("ilustrados") dos séculos XVIII e XIX.

Não obstante, na leitura de um texto hebraico propriamente dito, as contrações do hebraico fundido eram evitadas: *balas ha-BAyis* em vez do ídiche *baleBOste*.

Eis alguns exemplos das principais espécies de pronúncia hebraica:

Hebraico Fundido (Dialeto Lituano/Polonês)	Aschkenazi Ideal	Hebraico Israelense
SCHOlem/SCHUlem	*SCHOloym*	*schaLOM* ("paz"/"saudações")
NAkhes	*NAkhas*	*NAkhat* ("satisfação")
KOved/KUved	*KOvoyd*	*kaVOD* ("honra")
DOvid/DUvid	*DOvid*	*daVID* ("Davi")
baleBOSte/baleBUSte	*BAlas haBAyis*	*ba'aLAT haBAit* ("dona de casa")
mischPOkhe/ mischPUkhe	*mischPOkho*	*mischpaKHA* ("família")
TSORes/TSUres	*TSOroys*	*tsaROT* ("aflições")
ROSCHeschone/ rosheSHUne	*rosch-haSCHOno*	*ROSCH haschaNA* ("Ano Novo")
KEYles/KOYles	*KOYloys*	*koLOT* ("vozes")
miSCHUg(u)e/ miSCHIg(u)e	*meSCHUga*	*meschuGA* ("louco")
MEYvn/MAYvn	*MEYvin*	*meyVIN* ("perito"/"conhecedor")
YONtef (plural *yonTEYvim/yonTOYvim*)	*YOM TOVY* (*YOmim TOYvim*)	[*YOM TOV* ("dia bom") *yaMIM toVIM*)][12]

A despeito de domesticado na língua de fusão, o componente hebraico permaneceu diferente do resto da língua ídiche, destacando-se em qualquer dos contextos. Na escrita, o fato é claro: o hebraico era o sistema de escrita mais prestigioso e sua grafia cuidadosa constituía o elemento-chave para preservar a tradição religiosa; por conseqüência, as palavras hebraicas eram grafadas

---

12. No hebraico israelense, *Yom tov* significa simplesmente "dia bom"; a palavra *khag* é usada para designar "festividade ou feriado".

62 O SIGNIFICADO DO ÍDICHE

como nos textos hebraicos, enquanto o restante do ídiche se desenvolvia no sentido de uma grafia vernacular do tipo europeu, incluindo as representações das vogais em letras, sendo também menos coerente. Em muitos textos ídiches, os vocábulos hebraicos eram impressos em caracteres de família diferente da do ídiche circundante e encerradas entre colchetes, a fim de separar o sagrado do mundano (ou o masculino do feminino). Na fala, numerosas palavras hebraicas amalgamadas podem ter soado como outras tantas palavras ídiches: *sibe – sibes* ("causa-s", do hebraico) é como *libe – libes* ("amor-es", do alemão); *schiker* ("ébrio", do hebraico) é como *schleper* ("vadio", do alemão); *meSCHUg(u)ener* ("doido", do hebraico) é como *tseFLOYg(u)ener* ("distraído", do alemão). Mas, na gramática, a memória do hebraico foi preservada: o plural tem *schleper – schlepers* mas também *schiker – schiKUrim* (como em hebraico); *tseFLOYg(u)ener – tseFLOYg(u)ene*, mas também *meSCHUg(u)ner – me-schuGOym* (como em hebraico).

Além do mais, as palavra hebraicas distinguem-se do restante do ídiche pelo acento. Em ídiche, a tônica é guiada por dois princípios complementares: 1) normalmente o acento cai na primeira sílaba da palavra: *NA-risch*, *ZIN-g(u)en*, *VEYnen*, *MEYnen*, *MEY-de-le*, *VE-zn-tlekh*, *OYS-g(u)e-trakht*; 2) esse princípio é revogado por padrões morfológicos fixos: prefixos ou sufixos específicos são inteiramente tônicos ou átonos, por exemplo, *far* é átono: *far-BEY-gn* ("dobrar", "fazer vista grossa"), *far-FA-ln* ("causa perdida"); *a-RUN-ter-* é acentuado na segunda sílaba: *a-RUN-ter-g(u)eyn* ("caminhar para baixo", "descer"), *a-RUN-ter-ne-men* ("levar para baixo", "tirar"). Em alguns casos, acentuar ou não um prefixo produz uma diferença de significação: *tse-VAR-fn* ("espalhar", "dispersar"), mas *TSU-var-fn* ("Atirar algo a mais" ou "com desdém"). De outra parte, alguns sufixos situam a tônica no fim da palavra: *ad-vo-KAT* ("advogado"), *dok-to-RAT* ("doutorado"), *eksTAZ* ("êxtase"), *mirSCHAS* ("mulher maldosa"), *mischuGAS* ("loucura"), *barDas* ("pessoa atilada", "sagaz"), *mediTSIN* ("medicina"), *maSCHIN* ("máquina"); ou na penúltima sílaba: *sociaLIzm* ("socialismo"), *tsiyoNIzm* ("sionismo"); *NAtsye* ("nação"), *profaNAtsye* ("profanação"), *leg(u)itiMAtsye* ("legitimação" ou "Carteira de Identidade"). Palavras "estrangeiras" ou internacionais também constituem um caso especial (ver abaixo).

O hebraico *aschekenazi* manteve a sua separação do restante da língua ídiche por meio de uma primeira regra concebida de

A NATUREZA DO ÍDICHE

forma diferente. Como já se observou, nele o acento cai, sempre que possível, na penúltima sílaba: *MEY-lekh* ("rei"), *SEY-fer* ("livro"), *NA-khes* ("satisfação"). Se uma palavra é dissilábica (como nos exemplos acima), a tônica coincide com o início do vocábulo, mas de nenhum outro modo: por exemplo, *O-mar* ("Ele disse"), porém *o-MAR-ti* ("Eu disse"); *me-SCHU-g(u)e* ("louco"), *be-ne-MO-nes* ("na verdade"), *a-VEY-de* ("perda"), *a-VOY-de* ("obra pia"). Em suma, o deslocamento do acento "sefardita" ou "bíblico" para o acento asquenazita, penúltimo, levou o componente hebraico para perto, mas separado, do resto do ídiche.

O segundo princípio do acento ídiche, entretanto, governa também os radicais hebraicos; isto é, se uma palavra hebraica é incluída em um padrão morfológico ídiche, a tônica é decidida por esse padrão: em *a-ROYS-g(u)e-gan-vet zikh* ("esgueirar-se", "escapulir furtivamente [de um lugar]"), o radical hebraico *ganev* está engastado em um padrão verbal alemão, acentuado na segunda sílaba (que é aqui a quinta a partir da última!). O mesmo acontece com *KHO-schev* – *KHO-sche-ver* ("distinto", como advérbio e adjetivo), *me-SCHU-g(u)e* – *me-SCHU-g(u)ener* ("louco"), com os sufixos ídiches que exigem a tônica na antepenúltima sílaba. Mas quando a gramática hebraica é empregada, o acento move-se para a penúltima sílaba, como no hebraico *aschkenazi*; as mesmas palavras no plural são acentuadas na penúltima: *kha-SCHU-vim*, *me-schu-GO-yim*. Às vezes, uma palavra ídiche pode não lembrar a sua fonte hebraica: *KHA-(s)se-ne* ("casamento", hebraico, *khatuNA*) é acentuada como qualquer palavra ídiche com o sufixo *-e-ne* (como *YI-de-ne*, "mulher judia"), embora aqui não se trate de modo algum de um sufixo; *KHA-ni-ke* ("Hanucá", em hebraico, *ha-nuKA*) de preferência a *khaNUke*. Deus, porém, preservou, mesmo em ídiche, o seu velho acento terminal hebraico: *eloKIM*, *adoyNOY*.

Em muitos casos, palavras e expressões hebraicas contraem-se numa só palavra em ídiche. Por exemplo, a Bíblia é chamada *SVARbe* em ídiche, por causa de *esrim ve-arba*, "vinte e quatro" (o número de livros do Antigo Testamento). A leitura do *Schema* chama-se *KRISCHme* (hebraico *aschkenazi*, *KRIyas SCHMA*, hebraico israelense, *kriAT SCHMA*); um músico é um *KLEZmer* (do hebraico, *kley ZEmer*, "instrumento de música"). Em ídiche, as palavras auxiliares fundem-se com a palavra básica em uma unidade acentuada na penúltima sílaba: *oylem-HAze*, *oylem-HAbe* ("este mundo; aquele mundo") deveriam ter a forma *ha-OY-*

64 O SIGNIFICADO DO ÍDICHE

lom ha-ZE, ha-OYlom ha-BO em *aschkenazi* ideal. *HAkl-BAkl-MIkl-KOL* ("tudo incluído em todos os detalhes") deveria ser *ha-KOL ba-KOL mi-KOL KOL* (literalmente, "tudo em tudo de tudo tudo").

O significado de tais expressões também pode ser diferente. Em hebraico, *kley ZEmer* nomeia instrumentos musicais, enquanto o ídiche *KLEZmer* significa "músicos". Em hebraico, *BA'al ha-BAyit* denota "o proprietário ou o senhor da casa"; em ídiche, *baleBOS* é um "*boss*, patrão" em geral, não importa quem governe uma casa, uma situação, um departamento ou uma fábrica e, com essa significação, o termo voltou ao hebraico israelense. Muitas vezes o emprego ídiche de um vocábulo hebraico destilou naquela palavra o sentido de toda uma frase: *a meK-HAye* ("um prazer", "uma coisa refrescante") é uma abreviação de *mekhaye nefaschot* ("[Ele] revive as almas"), enquanto em hebraico *mekhaye* quer dizer simplesmente "ele revive"; *MIyes* ("feio") deriva de *muktse mehamat miyus* ("não deve ser tocado por causa de seu caráter repugnante"), ao passo que em hebraico *maUS* é "repugnante". Os significados das palavras hebraicas em ídiche mudaram no curso dos séculos ou herdaram e canonizaram significados pós-bíblicos e, nessa forma alterada, muitas vezes entraram no novo hebraico israelense (ainda que os puristas, remontando à Bíblia, tenham lutado ferozmente para eliminar todos os traços ídiches da língua hebraica rediviva.

Salientamos aqui que o hebraico israelense contemporâneo não é plenamente "sefárdico", mas incorpora também influências asquenazitas. Como o falecido lingüista Haim Blank mostrou, todos os sons do atual hebraico falado (exceto a parada glótica) existiam no ídiche, sendo todos os demais (por exemplo, os guturais) suprimidos pela maioria dos locutores. A fonética do hebraico falado não é "sefárdica", porém baseada no mínimo denominador comum de todos os dialetos: o sistema vocálico é reduzido, como no hebraico sefardita, e as consoantes são reduzidas, como no *aschkenazi*. Há também predileções pelo acento *aschkenazi* na penúltima sílaba, para os prenomes (*PNIna, MOYsche, RIna, SAra* e até *Itamar*) e em várias expressões de gíria (*bimKOM* é "em vez de", mas *BIMkom*, no linguajar do *kibutz*, é "um prato alternativo").

Um curioso concomitante da Língua Sagrada como língua misturada de textos é um certo número de palavras gregas que vieram para o ídiche, provenientes da cultura helenística da Palestina antiga: *simen* ("signo", como no inglês *semantic*, "semân-

A NATUREZA DO ÍDICHE 65

tica"), *geMAtriye* (contagem de letras, cf. "geometria"), *an-DROYgenes* ("hermafrodita", "andrógino"), *epiKOYres* ("herético", de Epicuro), *a POYtike* ("grande fortuna", cf. o francês *hipothèque*), *apeTROpes* ("guardião"), *prakMATye* ("mercadoria"), *afiKOYmen* (*epicomen*, servido no final do repasto da Páscoa). Essa camada proporciona uma fácil transição para o moderno influxo de "internacionalismos". Assim, *dugme* ("exemplo"), que vem do grego através do hebraico talmúdico, tem a sua contraparte em *dogme* ("dogma", assim como em "dogmática"), procedente da moderna cultura européia.

A ABERTURA DO ÍDICHE

Lingüistas como Max Weinreich e educadores ou escritores puristas ídiches, como os poetas "introspectivistas" em Nova York nos anos de 1920 e 1930, enfatizaram a independência do ídiche em relação a suas línguas-fonte, seu caráter de língua de fusão e sua função total, sistêmica, como uma língua integrada em uma sociedade judaica. O oposto, entretanto, também é verdadeiro: o ídiche é uma língua singularmente aberta.

O inglês também teve períodos de abertura em relação ao vocabulário francês (por exemplo, no tempo de Chaucer). O ídiche, contudo, mostrou-se essencialmente mais aberto porque vivia no meio ou perto de suas línguas-tronco, sendo a todo momento lembrado da plena extensão e da forma contemporânea, casual ou "correta", destas. A cabeça-de-ponte que tais línguas mantiveram dentro do ídiche permitiu um alargamento de sua participação neste último (como se configurou em nosso diagrama mais acima). Isso não pôs em perigo a natureza do ídiche, pois o seu travejamento gramatical básico, os padrões de fusão e de absorção de novas palavras estavam bem firmados. O mesmo, porém, não acontecia com as fronteiras de seu vocabulário, mal definidas e movediças. Não há nada mais fácil do que pegar palavras de não importa que número de idiomas e introduzi-las nessa moldura, já experimentada com expressões de origem romance, eslavo oriental e ocidental, alemão, inglês, hebraico e aramaico.

Assim, com o ascenso do letramento alemão entre os judeus da Europa Oriental no século XIX, os falantes do ídiche defrontaram-se com o alemão escrito e seguiu-se uma forte tendência germanizadora entre os intelectuais, bem como entre as massas.

66 O SIGNIFICADO DO ÍDICHE

Os romances melodramáticos de amor e aventura escritos por Schomer (1846-1905) – ele os compôs às dúzia – eram extremamente populares; empregava toda uma camada de palavras tomadas diretamente do alemão, *daytschmerisch*, contra as quais Scholem Aleikhem desfechou a sua grande batalha em prol de um ídiche rico e puro. Similarmente, os poetas "proletários" ídiches na América do fim do séc. XIX, populares entre os trabalhadores judeus, utilizavam um conjunto de elevadas palavras alemãs para poetizar a linguagem de seus versos e erguer o espírito dos *apREYters* (*operators*, americanismo para "maquinistas") do *sweatshop*: a poética *mond* ("lua", do alemão) em lugar da prosaica *leVOne* ídiche; *meer* ("mar", do alemão) em vez de *yam*; *zel* ("alma", do alemão, *Seele*), em lugar da ídiche *neSCHOme*; e sua contrapartida convencional em termos de rima: *vel* (*Welle*, "onda") e não *khvalye*, e assim por diante. Dicionários ídiches normativos não gostam de tais palavras, omitem-nas ou assinalam-nas como "germanismos" quando não dispõem de sinônimos não alemães; mas elas são fatos da língua e literatura ídiches e carregam diferenças estilísticas como fazem os sinônimos em qualquer língua. Até mesmo mestres do ídiche como Yehoasch ou A. Leyeles, cujos vocabulários estão entre os mais ricos do verso ídiche, não se esquivavam deles em suas poesias.

Naturalmente, gente de estudo (*lamDOnim*) embebia o seu ídiche em um bocado de hebraico; judeus que viviam próximos dos alemães (em Lodz ou na Silésia) usavam um maior número de sinônimos e vocábulos alemães; judeus na Ucrânia recorriam a muitas expressões do eslavo oriental e do russo para designar plantas, comidas e ferramentas, bem como no trato de assuntos oficiais. Na União Soviética após a Revolução verificou-se uma forte tendência para reduzir ao mínimo o vocabulário hebraico ("clerical") e infundir no ídiche locuções e terminologia russas[13]. Puristas e escritores lutaram repetidas vezes contra tais propensões, especialmente contra o competidor mais imediato (eslavismos na Rússia, germanismos na escritura intelectual, anglicismos na América). Sempre houve um sentimento estilístico,

---

13. O lingüista do YIVO de Vilna, Zelig Kalmanovitch, protestando contra essa russificação do ídiche na União Soviética, clamava que a língua estava sendo reduzida a frases como *di DYELO iz in der SCHLYAPE*, do idiotismo russo *dyelo v schlyape* (literalmente, "a coisa está no chapéu", isto é, "está no papo", "não se preocupe"). Esta sentença ídiche usa todos os substantivos em russo, deixando em ídiche apenas artigos e preposições.

A NATUREZA DO ÍDICHE 67

muito embora esfiapado em suas bordas, do que é autentica-
mente ídiche e o que é uma intrusão, uma palavra estrangeira,
um barbarismo.

Quando a moderna literatura ídiche emergiu na Rússia do
século XIX, sua força residiu na ênfase dada à língua de fusão,
trazendo consigo o uso abundante de hebraísmos e eslavismos,
a fim de escapar à impressão de se estar escrevendo alemão. Foi
então que o próprio "Avô da Literatura Ídiche", Mêndele Moykher Sforim (1836-1917), desencadeou uma campanha contra o
excesso de eslavismos indigestos. Sua presença em número demasiado foi considerada um fator de rebaixamento da língua ao
nível do vulgo inculto. A pureza de um ídiche integrado, tão
diferente quanto possível das línguas suas vizinhas, tornou-se a
meta da nova literatura ídiche.

Mêndele Moykher Sforim foi admirado como o grande mestre, forjador de um equilíbrio sensível entre os componentes da
uma língua ídiche rica e sintética, que se converteu no protótipo
do moderno estilo literário ídiche. Seu forte, contudo, consistia
em tornar elementos não germânicos – particularmente termos
hebraicos, eslavos e do ídiche coloquial – conspícuos em cada
parágrafo e sentença, sublinhando assim os contrapontos de preferência ao cadinho lingüístico. Isso era ídiche "suculento", feito
para faiscar nas mãos virtuoses de seu discípulo Scholem Aleikhem. Mais tarde, ao re-trabalhar seus romances em hebraico,
Mêndele empregou o mesmo princípio: combatendo as limitações do hebraico literário à sublime e "pura" linguagem bíblica,
tal como praticada na Hascalá, criou um belo equilíbrio entre
os vários estratos estilísticos e históricos do hebraico e aspirou
a fundi-los em um só "hebraico sintético", que se tornou o "Estilo" (nusakh) reverenciado e o protótipo para a revivência tanto
da língua escrita quanto falada. Nem no hebraico moderno, nem
no ídiche, as fronteiras entre os componentes foram inteiramente obliteradas. Em ambos os idiomas, o estilo "sintético" não
era um linguagem homogênea, porém o terreno para uma interação aberta de componentes empregados por diferentes escritores em diferentes direções.

De uma perspectiva histórica, parece que a luta pela pureza
da língua ídiche constitui apenas uma ação destinada a equilibrar
o enorme influxo de palavras de todas as procedências, vindas
para alargar os campos semânticos do ídiche e o âmbito de in-
teresses de seus locutores, à medida que entravam na moderna
civilização urbana. Tópicos políticos, culturais, filosóficos, lite-

O SIGNIFICADO DO ÍDICHE

rários, científicos, tecnológicos e médicos inundaram a linguagem dos jornais e livros. Ampliação semelhante de vocabulário e domínios semânticos havia ocorrido em todos os vernáculos europeus desde a Renascença, e no russo a partir dos séculos XVIII e inícios do XIX. Nesse processo, o hebraico e o ídiche foram retardatários, mas, ainda assim, conseguiram realizar avanços impressionantes. A princípio, a estrutura do ídiche, em sua condição de meio formado por múltiplos componentes, o tornou lingüisticamente mais amoldável a tal desenvolvimento. Foi essa, na verdade, uma das razões pelas quais o ídiche substituiu o hebraico na tarefa da ilustração do século XIX e assumiu o centro do palco na sociedade judaica, no curso da grande onda de modernização do século XX: o hebraico, mesmo com os neologismos, parecia antiquado, enquanto o ídiche proporcionava um veículo vigoroso e flexível para trazer o novo mundo e seus eventos e ideologias correntes ao seu auditório.

Livros vertidos de muitos idiomas, compêndios e livros de textos para escolas ídiches, obras de ciência popular e história, uma ampla rede de jornais e de revistas culturais, políticas, literárias e acadêmicas, organizações sociais e políticas – tudo isso contribuiu para um influxo de palavras do alemão, russo e de fontes "internacionais" ou para a cunhagem de seus equivalentes em ídiche. Extensas áreas não representadas no passado foram absorvidas no quadro da língua ídiche, incluindo nomes de objetos do cotidiano, plantas, animais, alimentos, assim como termos da ciência, arte, política, ideologia e filosofia. Se não havia nominações suficientes para designar flores ou cogumelos, podia-se cunhar com facilidade neologismos ou acomodar e "idichizar" nomes eslavos ou alemães. Nenhuma observação psicológica ou descrição da natureza perdia-se por falta de palavras. Em princípio, a estrutura da língua permitia um crescimento ilimitado, confrontado apenas pelas limitações do mundo de seus falantes.

Um embate similar entre "puristas" e "europeizadores" desenvolvia-se ao mesmo tempo, na mesma sociedade, no âmbito do hebraico, que fazia esforços a fim de reavivar-se como língua moderna e corrente. A sua estrutura não européia, porém, tornava muito mais difícil o trabalho de absorver organicamente os novos conceitos no vocabulário e nos padrões gramaticais semíticos. Tal como o ídiche sempre acolhera palavras de fonte hebraica com suas grafias originais, do mesmo modo o hebraico agora absorvia a terminologia internacional usando a grafia ídi-

A NATUREZA DO ÍDICHE   69

che (abandonada mais tarde, com a revivência de uma sociedade hebréia independente em Eretz Israel). Mais ainda, a autoridade dos codificados textos clássicos hebraicos e suas expressões fixadas erguia-se no caminho do livre uso de termos individuais nas livres combinações de uma língua falada. Com o tempo, todavia, o desenvolvimento de toda uma rede plenamente formada de instituições sociais em um só território, devido ao advento de um moderno Estado hebraicófono em Israel, inclusive um sistema educacional, traduções maciças de literatura, tecnologia estrangeiras, um exército e meios de comunicação de massa, mais do que compensou o mencionado retardo.

Dada a abertura do ídiche, nada mais fácil para os imigrantes na América do que usar, em seu idioma nativo, um grande número de palavras inglesas para a descrição de itens concretos na vida real, nas condições de trabalho e instituições sociais. O som e a gramática de tais palavras não eram basicamente diferentes do resto da língua ídiche. A mãe do menino Motl, como Scholem Aleikhem a descreve (em *Motl Peissi, o Filho do Chantre*), não sabia se punha a *kitchen* ("cozinha") na *chicken* ("galinha") ou vice-versa, mas seus protótipos na vida real aprenderam depressa frases como *makhn a lebn* (*to make a living,* "levar a vida"), *g(u)ebn trobl* (*to give trouble,* "causar preocupação", "dar trabalho"), *badern* (*to bother,* "aborrecer"); palavras como *apREYter* (*operator,* "maquinista", "telefonista" etc.), *skul* (*school,* "escola", em oposição à *schul* judaica, "sinagoga"), *schap* (*shop,* no sentido de "fábrica"), bem como formas idichizadas de *sweatshop, Mayor, congres,* e assim por diante, que foram facilmente absorvidas na língua viva.

Um cartaz, em que se anuncia um comício eleitoral do Partido Social Democrata em Nova York, no dia 6 de novembro de 1900, começa assim: *ARBEYTER! vilt ir visn yede halbe schtunde di elekschyon ritoyrns fun der S.D.P.?* ("Trabalhadores! Vocês querem saber a cada meia hora os resultados das eleições no P.S.D.?"). Aqui, as *election returns* ("resultados das eleições") foram idichizadas com acento nova-iorquino: *eLEKschyon riTOYrns.* O uso de termos ingleses, uma resposta natural do ídiche, também serviu a um propósito similar ao do alemão *schtunde* ao substituir a coloquial ídiche *scho* (do hebraico *scha'a*); ambos assinalam séria e elevada retórica política. Em outra sentença do mesmo documento, *g(u)eNOse* ("camarada") é empregado no lugar do ídiche *khaver*; de fato, como empregar o do-

70 O SIGNIFICADO DO ÍDICHE

méstico *khaver* em um movimento revolucionário quando se dispõe do internacional *genossen*?

Um caso notório foi *vinde* ("janela"), adotado na América, do inglês *window*, em vez de *fentster*, de raiz alemã. *Vinde* tornou-se um símbolo de barbarismos para os puristas, mas não há razão objetiva para que o ídiche europeu *vinde*, "guindaste" (vindo do russo) deva ser mais legítimo do que seu homônimo derivado do inglês, *window*. Todavia, por volta do começo do século XX, o ídiche estava estabelecido em solo europeu como uma língua dignificada e prestigiosa, e os escritores lutavam contra a sua vulgarização no ídiche americano da "imprensa marrom". Em contraste, Abraham Cahan, o editor do popular *Forverts* (*The Daily Forward*), promoveu o influxo de americanismos, absorvidos pelo alfabeto unificador ídiche, como a língua das massas, a cujo serviço pretendia estar. Em um sentido profundo, Cahan não era mero oportunista: entendia a natureza aberta do ídiche, assim como os seus leitores também a entendiam. Os escritores puristas travaram contra ele uma batalha perdida, até que ambos sucumbiram à completa americanização, abraçada pelos filhos de seus leitores.

Um exemplo significativo é Alexander Harkavy cujo abrangente *Yiddish-English-Hebrew Dictionary* (*Dicionário Ídiche-Inglês-Hebraico*) foi recentemente republicado a partir da edição ampliada de 1928 (YIVO e Schocken, 1988). Os dicionários anteriores desse infatigável lexicógrafo americano foram atacados por lingüistas europeus tão abertos quanto Prilutski e Weinreich por excessiva inclusão de palavras alemãs (*daytschmerisch*) e de termos ingleses correntes no ídiche americano. Infelizmente, Harkavy cedeu às pressões e depurou (relativamente) a nova edição; ainda assim, essa contém, para o gosto dos puristas, um número demasiado de vocábulos eslavos. No entanto, tudo o que Harkavy fez foi registrar diligentemente as palavras recorrentes em textos impressos, inclusive nos jornais[14]. Os críticos puristas não podem ter razão porquanto a concepção toda de um ídiche incontaminado – e as normas caprichosas às vezes a ele impostas – representa um desenvolvimento na realidade muito recente e varia de um escritor para outro. É tarefa de um dicionário registrar o estado

14. Ver David Katz, "Alexander Harkavy and his Trilingual Dictionary", introdução ao *Yiddish-English-Hebrew Dictionary*, de Alexander Harkavy, Nova York, YIVO Institute for Jewish Research e Schocken Book, 1988.

A NATUREZA DO ÍDICHE

da língua e, somente como uma função secundária, pode ele proporcionar um guia normativo.

O problema é, por certo, que os falantes do ídiche sempre foram locutores multilíngües. Mais ainda, ir buscar expressões em outros idiomas constituía sinal de cultura. É impossível, pois, decidir em cada caso o que é empréstimo, enriquecimento da língua, e o que é mera citação. Uma descrição sociolingüística do ídiche precisa ter em mente esse fato.

Através da história, a abertura do ídiche criou combinações cambiantes de seus componentes em várias esferas culturais e geográficas. O princípio da abertura também se converteu em instrumento maior no fechamento das lacunas existentes no ídiche como língua de uma sociedade carente de uma vida nacional plenamente desenvolvida. Na sua reatualização como idioma secular moderno, nos últimos trezentos e cinqüenta anos, envidaram-se esforços consideráveis para preencher tais lacunas. Uma nova camada de ídiche veio a ser formada pelos assim chamados "internacionalismos", ou seja, termos de etimologia francesa, grega e latina acolhidos na maioria das línguas modernas e que vieram ao ídiche via alemão, russo ou inglês: *geoGRAfye, poliTIK, publiTSIStik, miliTER, revoLYUtsye, reAKtsye, ekvivaLENT, magNEZyum, g(u)eRANyum, khrizanTEme, reDUKtsye, inteGRAtsye, teoLOgye, VIsnschaft, Atom-BOMbe*, e assim por diante ("geografia", "política", "jornalismo", "exército", "revolução", "reação", "equivalente", "magnésio", "gerânio", "crisântemo", "redução", "integração" "teologia", "ciência", "bomba atômica"). Eles parecem ser propriedade comum, internacional e, portanto, natural em ídiche, ao contrário de vocábulos alemães e russos autênticos, que soam como sendo "forâneos" em ídiche. Do mesmo modo que o componente hebraico, essa camada também se desvia do padrão básico da tônica ídiche, assinalando assim o seu *status* "estrangeiro": palavras terminadas em sílaba aberta são acentuadas na penúltima sílaba e são femininas, outras levam o acento na primeira e na última, conforme a sua língua-fonte.

A abertura da língua permitiu aceitar tais palavras do vocabulário internacional como se tivessem sempre integrado a língua e tratá-las segundo as formas gramaticais ídiches: *inteGRAtsye, inteGRAle yidischkeyt, inteGRIRte schuln, inteGRAln un diferenTSYAln, mir hobn es inteGRIRT in undzere liMUdim* ("integração", "judaísmo integral", "escolas integradas", "integrais e

72 O SIGNIFICADO DO ÍDICHE

diferenciais" [em matemática], "nós o integramos em nossos estudos").

Ao mesmo tempo, um largo corpo de termos "intelectuais" vieram diretamente do alemão: era muito simples adicionar novos termos alemães ao vocabulário basicamente alemão do ídiche. A própria denominação *YIVO, Yidischer visnschaftlekher instiTUT*, é formada de palavras alemãs (o mesmo acontece no holandês, onde, por exemplo: *Literatuurwetenschap* ["ciência da literatura"] é mera transposição fonética do alemão *Literaturwissenschaft*, como no ídiche *literaTURvisnschaft*).

Esse processo foi reconhecido pelos mestres da língua; Scholem Aleikhem escreveu em 1888: "Acreditamos que não seja supérfluo introduzir palavras *estrangeiras* no ídiche, mas somente aquelas palavras indispensáveis à literatura, por exemplo, *poezye, kritik, yubileum, beletristik, ortografye, fanatizm, komizm* etc. Não tem importância, não devemos envergonhar-nos disso: línguas mais belas abrigam centenas e milhares de palavras estrangeiras em seus vocabulários"[15].

O manifesto introspectivista, um dos documentos poéticos mais conscientemente idichistas, redigido por um grupo de poetas em Nova York em 1919, não teme declarar: "O idiche é agora bastante rico, bastante independente para permitir-se a enriquecer o seu vocabulário a partir do tesouro de suas línguas irmãs. Daí por que não tememos emprestar palavras de suas línguas irmãs, palavras para cobrir conceitos recém-desenvolvidos, pensamentos e sentimentos ampliados. Tais palavras são também *nossas* palavras. Temos os mesmos direito a elas como qualquer outra língua, qualquer outra poesia".

O poeta introspectivista A. Leyeles, fascinado pela quarta dimensão de Uspenski e pelo misticismo oriental, escreveu um poema sobre "Simetria" (*AYP*, pp. 130-133) como o repouso no meio do movimento, o êxtase da unidade universal além do tempo e do espaço, da partição do homem e mulher, Deus e Demônio. Eis a leitura do poema em transcrição, seguida pela tradução:

siMEtriye –	Simetria –
ritm in schtilschtand.	Ritmo em pausa

15. Em *Di yidishe folks-bibliotek*, reimpresso em Joshua A. Fishman (ed.), *Never Say Die!: A Thousand Years of Yiddish in Jewish Life and Letters*, (Mouton, Haia, 1981), p. 660.

A NATUREZA DO ÍDICHE 73

opru in mitn baVEgung.	Repouso no meio do movimento
baVegung in iber-roym.	Movimento no supra-espaço
siMEtriye –	Simetria –
g(u)eMAtriye fun misTERye.	Anagrama do mistério
misTERye fun rytm.	Mistério do ritmo
oyf yener zayt zoym	Do outro lado do limite
fun tsayt un roym.	Do tempo e do espaço

Os conceitos e designações de "simetria", "mistério" e "ritmo" são internacionalismos modernos; *g(u)eMAtriye*, todavia, embora casando com eles em termos de som e significado, bem como na sua origem grega, é um velho participante do léxico talmúdico. "Tempo e espaço" refletem o interesse dos intelectuais nos anos de 1920 pela filosofia kantiana e pela física eisteiniana; entretanto, *tsayt* é uma antiga palavra ídiche, enquanto *roym*, nesse sentido, é forma idichizada do alemão *Raum*. No restante do poema encontram-se vocábulos, tais como *sacrament* ("sacramento"), *lament* ("lamento"), *convex* ("convexo"), *convex* ("côncavo") e *reflex* ("reflexo") quase inalterados em relação aos étimos ingleses das mesmas palavras.

A última estrofe reza:

sod fun sod un yiSOD.	Segredo de segredo e sagrado.
freyd fun sched un fun got.	Alegria de demo e de Deus.
blits fun schpiz. mischuGAS.	Fulgor de lança. Loucura.
flantser un zot.	Estuque e intriga.
zelikeyt. has.	Beatitude. Ếdio.
ekTAZ.	Êxtase.
eKHOD!	*E-khod!*

SOD e *yiSOD** ("segredo", "mistério" e "essência", "fundamento"), ambos utilizados na filosofia hebraica, são palavras basicamente ídiches, aqui dotadas de sentido cabalístico. O segundo verso emprega os termos ídiches mais simples, sem fazer distinção entre *sched* ("demo") proveniente do hebreu e *got* ("Deus") vindo do alemão. *MischuGAS* ("loucura") e *has* ("ódio") são basicamente ídiches, derivados do hebraico e alemão, respectivamente; mas *flantser* (um neologismo) e *zelikeyt* parecem ser adaptações modernas do alemão, e *zot* é um arcaísmo revivido, relativo à "semeadura" ou "semente". Mais importante ainda, o internacio-

---

* Por razões poéticas, *yisod* ("fundamento") é aqui traduzido como "sagrado". (N. do T.)

74 O SIGNIFICADO DO ÍDICHE

nalismo, *eksTAZ* ("êxtase") é emparelhado – em tensão estilística – com o mais alto atributo de Deus: *Ekhod* ("Um"). Essa é a língua da fusão realmente, mas com uma nova consciência do valor de diferentes componentes e da bagagem semântica separada que eles trazem para o texto.

Em seu soneto, "Anoitecer", descrevendo a Madison Square ao cair da noite, Leyeles (impressionado pela Secessão vienense na arte) sublinha a modernidade da experiência com uma profusão de internacionalismos. Eis uma transcrição do original ídiche (as palavras "modernas" aparecem em itálico).

schoybn blitsn, schoybn tsindn zikh in *skver*.
s'finklen likhter oyf *fanTAStisch, poliGOnisch.*
drayeks, rombn, halb *seTSESye,* halb *harMOnisch.*
tantsn freylekh oyf in fentster – *grod un kver.*

tsu dem himl vinkn schpitsik un *sarDOnisch*
flekn gold um schvarts. un er – *farTIFTt* zikh mer,
hengt *tseSCHNItn* scharf vi fun a rizn-scher,
glantst *tsuRIK* zayn bloykeyt zaytik un *laKOnisch.*

di *viRIle* turems – veyniker *g(u)eVINklt.*
bald un s'dakht zikh: s'klaybt a folk zikh, raykh *baSCHPRINklt*

mit *schturKAtsn* tsum *farSCHAYtn* karniVAL.
a *deBOSCH* in *skver.* ELEKtrisch-leg(u)enDArisch
royscht er op a scho *orG(U)YAStisch* un *virVArisch* –
zelbst-*farSCHIkerte khiMEre. umreAL*[16]

Muitas palavras nos catorze versos do soneto são usadas em inglês também: *square, fantastic, polygonal, Secession, harmonious, sardonic, laconic, virile, carnival, debauchery, electrical, legendary, orgiastic, chimera, unreal.* A maior parte pode ter sido tomada do inglês ou de outras línguas. Domesticadas, porém, com sons e sufixos ídiches, integram o ídiche moderno. Muitas

16. "Vidraças fulgem, vidraças acendem-se na praça. / Cintilam luzes – fantásticas, poligonais, anônimas. / Triângulos, diamantes, meio Secessão, meio harmônicos./Dançam alegres nas janelas – retas e transversas. Para o céu piscam pontiagudas e sardônicas / manchas ouro e preto. / E ele se aprofunda mais,/pende cortado como ao talho de uma tesoura gigante, / brilha em retorno seu azul lateral e lacônico./As torres viris – menos anguladas. / De pronto parece que um povo se junta, ricamente salpicado de tochas para uma frívolo carnaval./Um deboche na praça. Elétrico-legendário./Rumoreja por uma hora. Orgiástica e turbulenta – /embriagada em si mesma quimera. Irreal." *AYP*, p. 107.

A NATUREZA DO ÍDICHE

outras palavras, partilhadas pelo ídiche e pelo inglês, procedem de sua mútua fonte germânica: *gold, sprinkled, wink*. *Wirrwarr* designa em alemão "caos", "confusão" ou "barulho", sendo também utilizado em ídiche; mas aqui recebe uma função estranha, transformada como é em advérbio por meio do sufixo de tronco alemão *-isch* (não empregado em alemão para essa raiz), *virvarisch*, e alinhado com outros atributos do moderno redemoinho (*elektrisch, legendarisch, poligonisch*). E tudo isso é naturalmente conjuntado – pelo fluxo unificador do ritmo métrico – com os mais simples e domésticos vocábulos ídiches: *schoybn, fentster, likhter, himl, tantsn, freylekh, vinkn, flekn, scher, royscht, scho, farschikert* ("vidraças", "janelas", "luzes", "céu", "dança", "alegre", "acenar, piscar", "manchas", "tesoura", "barulho, ruído", "hora", "embriagado").

Nas pilhagens realizadas pelos usuários do ídiche nos domínios das línguas vizinhas, pode-se distinguir duas funções diferentes, embora não haja fronteiras claramente traçadas entre elas: 1) o empréstimo de palavras para ampliar o vocabulário do próprio ídiche; 2) o emprego deliberado de expressões forâneas como tais, a fim de enriquecer a efetividade da mensagem e encarecer a tensão estilística entre os componentes. A segunda função indica que os falantes do ídiche são tidos como pessoas cultas que, por definição, conhecem outros idiomas e demonstram bom estilo ao utilizá-las. Tais expressões são citadas *ad hoc*, sem o intuito de incluí-las na língua ídiche. Seu uso é, não obstante, um fato sociolingüístico da "pragmática" ou da vida real do ídiche.

O poeta ídiche americano, Yehoasch, em suas *Fables* ("Fábulas", Nova York, 1912), é um mestre brilhante de tal interação de componentes e empréstimos, levando-os intencionalmente a se chocarem ou selecionando os sinônimos visivelmemente "não ídiches", enfocados por seu original esquema de rima. Um bom conhecimento de ídiche constitui um pressuposto para sentir o impacto dos desvios. Mencionarei aqui apenas alguns poucos exemplos. A fábula "Uma Assembléia de Animais" traz um título com elevados termos hebraicos: *"An ASIFE bay di KHAYES* (hebraico em versalete), mas a linguagem "organizacional" tende para o alemão: *khayes*, palavra ídiche derivada do hebraico, torna-se *thieren* (não usada normalmente em ídiche, mas conhecida pelos locutores). Reza a abertura (as palavras conspicuamente alemãs aparecem em itálico):

76 O SIGNIFICADO DO ÍDICHE

a grupe *proeminente thieren*
baschlosn hobn zikh *organiziren,*
um oyftsuhoybn dem *moral,*
fun khayes *iberal,*
un iber feld un taykh
iz oysg(u)eschikt g(u)evorn glaykh
a tsirkular:

[Um grupo de proeminentes animais / decidiu se organizar / a fim de levantar a moral / dos animais em toda parte / e sobre campos e rios / foi imediatamente expedido / uma circular:]

As palavras sublinham o tom oficial da burocracia (a maioria das outras palavras, embora nativas em ídiche, também são derivadas do alemão).

Na fábula "Der oysg(u)eMENtschlter oRAng-uTANG" ("O Orangotango Humanizado") [aqui, as palavras de interesse são impressas em maiúsculas], o professor ensina o macaco "vi men darf *g(u)eBROYkhn* [alemão] gopl-messer/loyt *hilkhes* [hebraico] *etiKET* [francês].../ di *obezYAne* [russo]/ g(u)eVOrn iz g(u)eVOYNT *zoGAR* [alemão]/tsu roykhern a tayern *tsiGAR* [internacional]/ (un davke fun *haVAna*) ["como usar apropriadamente garfo e faca segundo a religião da etiqueta... O macaco chegou até a habituar-se a fumar um charuto caro (e nada menos do que Havana)]. "Hilkhes etiket" representa um choque entre a lei religiosa judaica e as maneiras francesas; um macaco em ídiche é *malpe* e o russo *obezYAne* é uma clara provocação, salientada pela rima com o "Havana" cubano.

Mais tarde no poema, Yehoasch inventa a rima composta: *NEfesch – proteZHE-fisch* [*nefesch*, criatura, do hebraico; *protége*, do francês, *fisch* é ídiche]. E em outra poesia ele rima o hebraico com empréstimos americanos: a águia paira "in hoykhn *aver*/vi du volst zayn mit volkns *khaver-laver*" ["na alta atmosfera, como se tu fosses um camarada-amante das nuvens"]. *Laver* (*lover*) é um americanismo e o hebraico *aver* não é normalmente usado para "ar, atmosfera" em ídiche. A suposição é que o leitor conheça outras línguas; ao mesmo tempo há um efeito arreliante com esse duelo de línguas.

A mesma técnica foi empregada no falar cotidiano e na imprensa popular. Recorreu-se não só a expressões americanas e alemãs, isto é, sintomas da assimilação, mas também a uma profusão de hebraico, subjacente à riqueza lingüística e cultural do autor e sua audiência. Um editorial no *Fraye Arbeter Schtime*, de 14 de agosto de 1891 (um órgão socialista-

A NATUREZA DO ÍDICHE

anarquista, supostamente lido por proletários, de macacão, em Nova York), diz, entre outras coisas (as palavras estrangeiras aparecem em itálico e as iniciais da língua-fonte, entre colchetes):

> In *Bridgeport* [am.] iz g(u)even a *makhloykes leschem schamayim* [heb.]. *Politischons* [am.] hobn zikh g(u)ekrigt [...] *vayisroytsetsu habonim bekirboy* [heb.] [...] biz es iz g(u)eblibn *beheskem kulom* [heb.]: *Gam li gam lekho loy yihye* [heb.], men hot mevatl g(u)even in gantsn dem *office* [am.].

> [Em Bridgeport, houve uma briga por causa de ideais. Políticos brigaram [...] "e os filhos estavam disputando no ventre dela" [...] até que todos concordaram: "nem para mim nem para ti", eles acabaram com o escritório totalmente.]

E o artigo termina:

> Nider mit di falsche maskes! Di *tsvuyim* [heb.] in di nestn fun *sambatyons vekhadoyme* [heb.]! Oyf *sambatyonen* [heb.] kenen mir nor zogn: *loy lekhinom holakh zarzir eytsel oyrev elo mipney schehu minoy!* [heb.]

> [Abaixo com as falsas máscaras! Os camaleões nos ninhos de Sambation etc.! Aos Sambatiões podemos dizer: não é à toa que o urubu vai à gralha, eles são da mesma espécie!]

Todas as expressões em itálico provêm do hebraico, inclusive o provérbio citado para fechar o editorial – e este é um jornal operário de um imigrante de língua ídiche!

Em suma, ao contrário da pregação e da lingüística dos puristas, a abertura do ídiche tornou todas as suas línguas componentes disponíveis, ao alcance do escritor e do leitor ídiches, para serem empregadas quer como elemento fundido, quer como citação, quer como empréstimo "estrangeiro". Assim procederam os falantes do ídiche que – quase por definição – raramente falavam apenas ídiche e não atribuíam grande importância às teorias em moda sobre uma insulada "língua nacional". Sua cultura moderna era cosmopolita, mesmo quando a temática e a ideologia eram "judaicas". A luta por uma língua pura, padrão, especialmente na educação, é uma questão muito diferente, e é perfeitamente legítima, embora tenha vindo demasiado tarde para a sobrevivência do ídiche.

3. Alguns Aspectos Sociológicos

QUE IDADE TEM O ÍDICHE?

No período do nacionalismo ascendente na Europa que culminou no século XIX, promoveu-se o ideal da língua nacional: uma língua pura para um povo em um Estado. Na realidade, porém, não existia nenhuma língua alemã, inglesa, italiana ou russa singular, monolítica, mas antes um espectro de dialetos regionais e sociais inteiramente distintos, aos quais se sobrepôs em séculos recentes uma língua literária padrão encarecida pela burocracia política, pelo teatro e pela literatura e, subseqüentemente, levada ainda mais longe, sob um guarda-chuva, pelos meios de comunicação de massa. Aquelas que se cristalizaram como linguas à parte (isto é, holandês *versus* alemão; ucraniano e bielo-russo *versus* russo) amiúde refletem circunstâncias geopolíticas, religiosas ou históricas mais do que distância lingüística efetiva.

É difícil saber até que ponto o ídiche, nos seus primeiros séculos, estava mais longe do "alemão" do que outros dialetos estavam. O conceito de pureza ou de separação de uma língua não existia. O próprio nome *yidisch* surgiu bem mais tarde. A denominação inicial, *taytsch* ("alemão", primeiro, e a seguir, "tradução") ou *yidisch-taytsch* ("judeu-alemão"), reflete a sua função bilíngüe: pôr um texto hebraico em

80 O SIGNIFICADO DO ÍDICHE

taytsch, ou *farTAYtschn*, significava "traduzir", "explicar", como ainda hoje.

Devido à sua natureza aberta, o ídiche podia adaptar-se facilmente a qualquer discurso de modo a ficar mais próximo do alemão ou mais imerso no hebraico: o indivíduo podia decidir-se a falar "alemão" ou escrever "hebraico" ou usar qualquer mistura de permeio. De fato, em traduções da Bíblia era natural utilizar algumas palavras hebraicas e achar equivalentes teutos sempre que possível. Do mesmo modo, quando a épica alemã foi adaptada para uma audiência judia e transposta ao alfabeto ídiche, o texto preservava o seu registro estilístico original e parecia-se muito com o alemão. Havia, contudo, grande diferença entre o estilo da literatura ídiche antes do período moderno – em essência um estilo "elevado", que é pesadamente tedesco – e a língua falada ou particular empregada em cartas e documentos comunitários do mesmo período, onde a natureza fusional do ídiche punha-se profusamente em evidência e os elementos hebraicos eram conspícuos.

Não conhecemos todos os fatos do passado: muitos textos perderam-se, a fala oral evaporou-se. Temos apenas hipóteses disputantes sobre a natureza do idioma e a extensão de seu uso por locutores judeus em diferentes países. É possível, por exemplo, que os judeus em terras eslavas falassem línguas eslavas desde os primórdios da Idade Média (talvez em variedades judaicas), da mesma maneira que seus irmãos na Alemanha falavam uma língua germânica: tal fala eslava teria sido suprimida por imigrantes vindos das regiões teutas, mas teria continuado a atuar como substrato do novo ídiche, o oriental. Ou então, o inverso: judeus falantes do ídiche teriam vindo do oeste e absorvido expressões do ambiente eslavo. Seja como for, no século XVI, o ídiche parece haver coberto a maior parte do território das comunidades asquenazitas da Europa.

Quer a língua se apresentasse ou não claramente demarcada em relação ao "alemão" (não importa o que o termo signifique), vários fatos não padecem de qualquer dúvida:

1. O caráter fusional do ídiche pode ser observado e reconstruído desde os seus mais remotos documentos. O primeiro texto "literário" é uma copla rimada, com o emprego de palavras hebraicas e alemãs, que aparece num livro de orações do século XIII.

ALGUNS ASPECTOS SOCIOLÓGICOS

2. O ídiche sempre foi escrito em seu próprio alfabeto (baseado no hebraico) e desenvolveu o seu próprio sistema de grafia, tal como o alemão e o inglês procederam ao se separarem do latim.

3. Ele servia a uma comunidade à parte, com um corpo de textos e sistemas social, ideológico e religioso, próprios.

4. O ídiche desenvolveu uma literatura, oral e escrita, separada, que não pode, nem remotamente, ser considerada parte da literatura alemã (embora alguns de seus textos medievais possam ser vistos assim).

5. Durante cerca de mil anos, houve uso contínuo da mesma língua, baseada no alemão e relacionada ao hebraico, pela mesma comunidade, língua que evoluiu para o que é nos tempos modernos, com certeza, um veículo separado, amiúde único, de cultura e comunicação.

Recentemente, David Katz apresentou um argumento de grande força, ao pretender que o elemento hebraico no ídiche era muito mais rico e não fora adquirido a partir do estudo, porém herdado de tempos mais antigos, pré-ídiches[1]. Um apoio insuspeitado em favor dessa hipótese veio das reminiscências de Primo Levi a respeito dos vestígios hebraicos no seu nativo dialeto piemontês do italiano judeu, tal como o relata no romance autobiográfico, *A Tabela Periódica* (*The Periodic Table*, Nova York, Schocken Books, 1984). As palavras hebraicas desempenham aqui uma função similar, de caráter tribal e emotivo, à camada hebraica em ídiche, e a maioria dos termos arrolados por Levi aparecem também em ídiche.

À primeira vista, os exemplos apresentados por Levi parecem estranhos. Ele não se deu conta do fato de que o *ayin* gutural era substituído por um *n* nasal, como em alguns dialetos do ídiche ocidental; daí *toneva* [pejorativo para igreja] ser o hebraico *to'eva*; *ponolta'* (feminino de "lavrador", "trabalhador") ser o hebraico *po'elet*. Também o *d* nesse dialeto representa o *tav* ("th") mole ou o ídiche "s". No restante, está mais próximo da pronúncia sefardita geral, que prevalecia até na Europa *aschkenazi* antes de 1300: o fortemente emotivo *sarod* ("perturbações") é o hebraico *tsarot* e continua vivendo no ídiche

---

1. Ver David Katz,"The Semiotic Component in Yiddish: An Ancient Linguistic Heritage", *Ha-Sifrut* 3-4(35-36), 1986, pp. 228-251.

82   O SIGNIFICADO DO ÍDICHE

tsores; hasirud ("sujeira") é o hebreu *khazirut* e persiste no ídiche como *khazeRAY* ou *schvayneRAY*.

Outras palavras mencionadas por Levi e ainda usadas em ídiche, emboras às vezes com conotações diferentes, incluem (o primeiro termo é a versão de Levi; a forma ídiche paralela aparece entre colchetes; sempre que seja pertinente, o hebraico sefardita [heb.] é indicado e, entre parênteses, uma tradução):

> *goyim* [*goyim*]; *narelim* [*aREYlim*] (cristãos);
> *Tsippora* [*TsiPOYre*, heb., *Tsipora*];
> *raschen* [*rosche*, heb., *rascha'*] ("pessoa má");
> *pegarta'* [feminino de *peyg(u)er*] ("cadáver");
> *goya'* [*goye*]; *haverta'* [*khaverte*] ("mulher amiga");
> *mano'd* [*moes*, heb., *maot*] ("dinheiro")
> *bahalom* [*kholem*, heb., *ba-khalom*] ("em seu sonho");
> *kinim* [*kinim*] ("piolho");
> *scola* [*schul*] ("sinagoga");
> *rabi* [*rebe*, heb., *rabi*]; *rabeinu* [heb., *rabeinu*];
> *khakham* [*khokhem*, heb., *khakham*] ("sábio", "sagaz");
> *ru'akh* (soprar "vento");
> *barakha'* [*brokhe*, heb., *berakha*] ("bênção");
> *mamser* [*mamzer*] ("bastardo");
> *kascherut* [*kaschres*, heb.: *kaschrut*]
> ("ritualmente puro", de qualidade *koscher*).

Levi teve algumas dificuldades de identificação que podem ser facilmente resolvidas. Segundo ele: "Completamente críptico e indecifrável [...] é o termo *Odo*, aludindo a Cristo; mas por certo deriva do hebraico *oto ha-isch* (literalmente), "aquele homem", *Ecce homo*), como *A-issa*, referindo-se à Madona, provém de *ha-ischa* ("aquela mulher"). O escritor nos fala de um tio que vivia com uma *goya'* e a descreve de vez em quando como *'na so-tia'* [hebraico, *schota*] ("mulher tola"), *'na hamorta'* ("hiena") ou *'na gran beema'* ("uma grande vaca"), epítetos usados em ídiche no mesmo sentido e contexto: *a schoyte, a groysse beHEYme* [em hebraico *behema* significa gado, enquanto em ídiche e no piemontês de Levi vem a ser "mulher tola", "vaca"]. *Khamor* ("asno") ainda é usado na mesma acepção, sobretudo na forma masculina, ao passo que o ídiche favorece o *eyzl* alemão. Além do mais, o ídiche dispõe do mesmo sufixo feminino, derivado do aramaico, em *khaverte* ("amiga", "companheira"), *baleBOSte* ("boa dona de casa", "patroa") ou *klavte* ("cadela").

ALGUNS ASPECTOS SOCIOLÓGICOS 83

Levi encontra uma "curiosa ligação" na locução *meda' mescho'na* [hebraico, *mita meschuna*], ("morte estranha, inusual") empregada como maldição, com o significado de "tomara que ele caia morto"; mas precisamente a mesma imprecação permanece bem viva em uma "suculenta" expressão ídiche: *a misse meSCHUne* ("uma morte estranha, inusitada" [possa suceder-lhe]"). Eu me aventuraria até a sugerir uma possível similaridade entre o que Levi vê como uma "inexplicável imprecação": *c'ai takeissa 'na meda' mescho'na' faita a paragua* ["Tomara que ele tenha uma estranha morte feito um guarda-chuva"] e o ídiche *zol im khapn a misse meSCHUne! Zol er aROPschling(u)en a schirem un s'zol zikh im efenen in boykh!* ["Que uma estranha morte o leve! Que ele engula um guarda-chuva e que este se abra em sua barriga!"]. É evidente que a questão toda justifica pesquisas ulteriores. Parece tratar-se de uma camada muito antiga de palavras hebraicas da fala corrente, que permaneceram intocadas pelo *aschkenazi* e remontando a uma época anterior à travessia judaica dos Alpes, na direção do território alemão, no século X. O hebraico ainda é pronunciado com maior proximidade ao chamado dialeto "sefardita" em geral, com mudanças tipicamente italianas, mas a utilização e o significado dos termos mantêm-se mais próximos de seu funcionamento em ídiche.

Assim, o ídiche pode estar carregando expressões hebraicas mais velhas do que ele próprio, como língua. O mais antigo texto em ídiche é uma copla rimada, inscrita nas iniciais ornamentadas de uma palavra hebraica no *Mahzor* (livro de preces) de Worms, de 1272. O metro que se apresenta é o medieval ídiche, com acento na quarta sílaba, e a linguagem já assume natureza fusional hebraico-alemã. O mais velho texto de maior extensão subsistente é o assim chamado Manuscrito de Cambridge, tendo sido encontrado, curiosamente, no Cairo, Egito (na famosa G(u)eniza ("cemitério de textos judaicos"). Datado de 1382, contém poemas sobre tópicos bíblicos (Abraão, José, a morte de Aarão), bem como uma versão anteriormente desconhecida de um épico germânico, "Ducus Horant", em adaptação ídiche.

Ainda que muitos textos medievais ídiches estejam perdidos, a variedade de manuscritos remanescentes desse período mostra um largo espectro de escritos: epopéias alemãs adaptadas, poemas épicos de temas bíblicos em metros alemães; poesias líricas e históricas em versos de forma hebraica e alemã; dramas; histórias; narrativas bíblicas; guias morais; cartas pessoais e docu-

84   O SIGNIFICADO DO ÍDICHE

mentos comunitários[2]. Da primeira metade do século XVI em diante, livros em ídiche foram impressos na Alemanha, Itália, Holanda,
Suíça, Polônia, e distribuídos em todo esse domínio geográfico.
Com o florescimento do centro judaico no vasto reino da Polônia
e Lituânia, fora das áreas de fala alemã, a língua ídiche declarou
a sua independência. Tornou-se o meio de comunicação oral de
uma complexa rede de instituições sociais judaicas; não mais o idioma de uma pequena minoria dentre os judeus, porém a língua aceita e falada, o veículo da coesão social e política de uma comunidade
judaica autônoma, com um estatuto legal de existência separada e
ramificada estruturação.

DIALETOS ÍDICHES

Com a autoridade dos estudos e do comportamento rigoroso, codificado, emergentes da Alemanha medieval, o ídiche espalhou-se em todas as direções. Posteriormente, ao ramificar-se
pela Europa, desenvolveu-se em duas formas principais: o ídiche
ocidental, falado pelos judeus alemães até o século XIX (alguns
de seus bolsões ainda sobreviveram na Alsácia, Suíça, Holanda
e Alemanha meridional até o Holocausto); e o ídiche oriental,
que reembaralhara o seu caráter fusional para absorver uma pe-
sada carga de elementos eslavos e tornou-se a língua da literatura, cultura e educação ídiches modernas.

O próprio ídiche oriental deitou toda uma série de variantes
agrupadas em três dialetos: ídiche central ("polonês"), ídiche
norte-oriental ("lituano") e ídiche sul-oriental ("ucraniano").
No conjunto, tais dialetos refletem as fronteiras entre a Polônia
e a Lituânia antes de sua união no século XVI (com a Ucrânia,
que mudou de mãos, passando da Lituânia para a Polônia e
depois para a Rússia, como terceira área). Assim, o *foter* ("pai")
do ídiche lituano é *futer*, em ídiche polonês; o lituano *futer*
("pele") é o polonês *fyter*. O lituano *eyn scheyn meydele* ("uma
mocinha bonita") é *ayn schayn maydele* em ídiche polonês. Americanos que ainda citam palavras ídiches confundem-se com freqüência. (Como é que se pronuncia "Ano Novo": *ROsche-scho-
ne, rosche-SCHUne, ROSCH haSCHOno* ou *ROSCH ha-scha-*

---

2. Para um apanhado recente, em inglês, da literatura ídiche antiga, ver o
artigo de Khone Schmeruk para a *Encyclopedia Judaica* e, em hebraico, seu livro
Literatura Ídiche: Aspectos de Sua História, Tel Aviv, The Porter Institute, 1978.

ALGUNS ASPECTOS SOCIOLÓGICOS

NA?) Há outras diferenças na seleção de palavras, tradições de ensino e cozinha, e estereótipos de mentalidade e comportamento (*Litvak*, *Polak* e *Galitsyaner*) encarecidos pela grande cisão nos séculos XVIII e XIX entre o hassidismo, baseado primordialmente na Galícia, na Ucrânia e Polônia, e os *Misnagdim* (ortodoxia tradicional focada no estudo) centrados na Lituânia. Não obstante, na mais ampla medida, trata-se de uma língua única com variações menores no vocabulário e em sistemas de pronúncia claramente diferenciados, porém mutuamente transponíveis. Todo locutor de um desses dialetos pode (se quiser) entender com facilidade falantes dos outros dialetos mediante o mero ajuste mental das equivalentes vogais[3].

Com o surgimento da literatura ídiche moderna como uma das grandes forças na vida judaica, no final do século XIX, e com o florescimento das escolas e publicações ídiches no século XX, envidaram-se esforços de monta em favor da padronização do ídiche em termos de uma língua superdialetal, literária. Em certo aspecto, o empenho obedeceu à tradição de Mêndele e Scholem Aleikhem na busca de um equilíbrio entre os componentes da língua fusional e de uma supressão das intrusões "forâneas". A nova língua "padrão" do "ídiche literário" foi moldada segundo a "língua literária" de alemães e russos. Sua pronúncia e grafia alicerçavam-se em grande parte, se bem que não de todo, no dialeto lituano utilizado pelos grupos mais prestigiosos naquele contexto social: pelas *yeschivas* lituanas, pelos professores religiosos e seculares que se espalharam para o sul, da Lituânia para a Ucrânia ou para a América ou Palestina, por líderes do movimento operário e pela *intelligentsia* ídiche de Vilna. (Essa cidade era um dos principais centros culturais judaicos, tendo sido o seu *status* reforçado pela proeminência da figura do Gaon de Vilna, pelas grandes *yeschivas* lituanas, pelo prestígio dos escritores da Hascalá, por suas casas editoras talmúdicas e laicas, pela formação do "Bund" socialista, de modernas escolas ídiches e hebraicas e do Instituto Científico Ídiche [YIVO].) Em questões de gramática, entretanto, os Litvaks foram amiúde sobrepujados. E a literatura ídiche exibiu, por certo, ricos extra-

---

3. O falecido Uriel Weinreich da Columbia University lançou o imenso projeto de um atlas da língua e da cultura ídiche, levado adiante por Marvin Herzog. O atlas, embora pesquisado à distância (não na Europa, que ele descreve, mas na América e em Israel, onde habitam os sobreviventes), revela uma grande riqueza de material nesse tópico.

O ALFABETO ÍDICHE

A fusão dos elementos-tronco no ídiche tornou-se possível devido à absorção em um cadinho falado, sem maior consideração pelas formas escritas precisas das línguas de origem. Isso foi encarecido pelo fato de que, desde o início, o ídiche usou o alfabeto hebraico, que unificou todos os seus componentes e os isolou das formas literárias de suas línguas-tronco. O alfabeto ídiche gravou a fala ídiche, mais do que palavras forâneas escritas que a maioria dos judeus não conseguia ler (exceto o hebraico, naturalmente).

Havia, entretanto, um grave problema, uma vez que o hebraico emprega letras primordialmente para figurar consoantes (como, PRMRLY FR CNSNNTS). De fato, em hebraico a maioria das vogais não constituem parte essencial de um lexema hebreu, porém representam meramente a sua morfologia. Por exemplo, em *KaTaV*, "ele escreveu", *KoTeV*, "eu, tu, ele escreve(s)", *KaTuV*, "é escrito", as consoantes, *KTV*, significam "escrever", enquanto as vogais indicam a pessoa, o tempo ou a parte da fala. Para leitores iniciantes ou no texto sagrado da Bíblia, as vogais são supridas por sinais diacríticos (pontinhos e grafos em cima ou embaixo das letras); de outro modo, eles não se fazem necessários e podem ser entendidos a partir do contexto.

De outro lado, uma vez que o ídiche é uma língua com um léxico basicamente indo-europeu, as vogais não são menos essenciais do que as consoantes; *leber* ("fígado") e *liber* ("amado") têm duas raízes e significados léxicos diferentes. Quase desde seus primórdios, o ídiche desenvolveu um conjunto de letras hebraicas incumbidas de representar suas vogais e ditongos (baseado em uma tradição hebraica parcial e interna, como evidenciam os Manuscritos do Mar Morto e a liturgia pós-bíblica). Assim, o ídiche criou o seu próprio sistema de grafia, do mesmo modo que os vernáculos europeus tiveram de desenvolver os seus, com base no alfabeto latino. No entanto, durante séculos, os livros ídiches continuaram a empregar somente em parte essas novas vogais e a suplementá-las com sinais diacríticos e grafos do hebraico bíblico, oscilando entre dois sistemas de vocalização.

ALGUNS ASPECTOS SOCIOLÓGICOS 87

Além do mais, até o século XIX, o ídiche era impresso em um tipo especial (denominado *vayber-taytsch*, "ídiche de mulheres"). Caracteristicamente, os livros hebraicos apresentavam vários tipos canônicos nitidamente distintos: 1) estilizadas letras "quadradas" para o texto bíblico, impressas com os sinais de vocalização; 2) letras quadradas não vocalizadas para a Mischná e a G(u)emará; 3) letras semicursivas (bem diferentes em formato), usados para comentários hebraicos e outros materiais secundários que acompanham um texto sagrado nas margens da mesma página (esse tipo é chamado *Raschi*); e 4) o "ídiche das mulheres". Essa separação é nítida em livros religiosos que usam com freqüência todos os quatro tipos em uma página para o escrito bíblico, um outro texto hebraico, um comentário e uma tradução ídiche, respectivamente.

Separado de todas as outras línguas pelo alfabeto hebraico, e do hebraico por seus diferentes tipos e pelos signos de letras dados aos seus fonemas vocálicos, o ídiche desenvolveu gradualmente seu próprio sistema semifonológico de grafia que unificou todos os componentes da língua. Só para um deles reservara-se uma grafia à parte: a Língua Sagrada. Até hoje, palavras ou até parte de palavras de origem hebraica ou aramaica são grafadas em ídiche como em suas línguas-tronco; por exemplo, o vocábulo *khaper* ("alguém que vai pegar", "catador", como na gíria inglesa *copper)* é escrito fonologicamente como *khaper*, mas a palavra similar *khaver* ("amigo", "companheiro") tem a grafia *ḥvr*, sem vogais, por causa de sua origem hebraica. Se parte de uma palavra é de raiz hebraica e outra (um sufixo ou um termo composto) não é, cada parte é grafada segundo regras diferentes: *ganev* ("gatuno") escreve-se *gnv*, mas *ganvenen* ("roubar") é escrita *gnvenen*, isto é, a raiz hebraica *gnv* permanece sem vogais e o sufixo ídiche alemão *-enen* as mantém. (Compare-se a grafia das palavras francesas em inglês, que estão mais próximas de sua fonte do que as palavras alemãs em inglês estão de sua fonte alemã.)

Em textos mais antigos, as palavras hebraicas eram destacadas ainda mais do texto ídiche em que apareciam: membros de uma "língua sagrada", eram colocadas entre parênteses (até no meio da sentença) e impressas em tipos hebreus, a fim de serem separadas do tipo circundante do "ídiche das mulheres". Caso este último, na página, aparecesse engastado em uma estrutura hebraica, recorria-se a uma hierarquia inversa de enquadramento:

TEXTO HEBRAICO – *comentário hebraico* – texto ídiche
texto ídiche – (PALAVRA HEBRAICA) – texto ídiche

O SIGNIFICADO DO ÍDICHE

Essa anomalia da grafia ídiche, privilegiando um componente da língua malgrado sua fusão com outros componentes, apoiava-se no sistema bilíngüe judaico: tais hebraísmos em ídiche eram palavras "cruzadas", ligando o ídiche aos textos hebraicos. Os poetas introspectivistas, ao lutar pela independência do ídiche e sua integridade orgânica como uma só língua, estenderam a grafia ídiche unificada aos vocábulos hebraicos igualmente; isto é, grafavam-nos foneticamente, sem consideração por suas raízes hebréias. Uma dispensa especial foi concedida pelos redatores da revista dessa corrente, *Inzikh*, em época tão tardia quanto dezembro de 1940, a Aaron Tsaytlin, um grande poeta que acabava de chegar aos Estados Unidos como refugiado do Holocausto na Polônia. A nota editorial que acompanha o texto estampado no *Inzikh* aceita o argumento de Tsaytlin de que os termos de origem hebraica e aramaica insertos no poema são vocábulos do Zohar, e que sem a grafia original, poderiam perder o "aroma cabalista específico"; daí o desvio da linha adotada pela publicação[4].

O mesmo princípio foi adotado após a Revolução na União Soviética a fim de separar o ídiche, "a língua das massas", da "língua clerical", o hebraico, com suas raízes religiosas e históricas e seus advogados sionistas na Palestina. Para se dissociarem dessa tendência anti-histórica, os introspectivistas tiveram finalmente de retornar, após mais de vinte anos de uso de um sistema unificado de grafia ídiche, à grafia hebraica para os termos de origem hebréia.

Nos séculos XVIII e XIX, quando o conhecimento do alemão lido se espalhou entre os judeus, a grafia teuta passou a ser copiada em transcrições ídiches, mesmo quando não representava qualquer som efetivo em ídiche (ou em alemão, inclusive). Assim, um não pronunciado *"h* mudo" foi acrescentado a palavras como *mehr* ("mais"), *fehler* ("defeito", "engano") e *lehrer* ("professor"); *ayins* mudos (isto é, *e* não pronunciado) inundaram a língua: *zog(u)en* (em vez de *zogn*, "dizer") e *liegt* (em vez de *ligt*, "ele deita, jaz"); e dobraram-se consoantes como no alemão (*alle*, em vez de *ale*).

No século XX, com a tendência de se reivindicar para o ídiche o *status* de língua independente, tais influências germa-

---

4. A. L[eyele]s, "De Novo sobre a Grafia de Palavras Hebraicas", *Inzikh* 56, dez., 1940.

ALGUNS ASPECTOS SOCIOLÓGICOS 89

nizantes foram abolidas. Introduziu-se um novo sistema de grafia que refletia a fonologia do ídiche literário padrão e habilitava os vários dialetos a lerem o mesmo texto à maneira de cada um. Entre os promotores de uma grafia moderna ("para escrever a palavra como você a ouve"), encontravam-se o escritor Scholem Aleikhem, o filósofo marxista-sionista e idichista Ber Borokhov e vários lingüistas e educadores. Nas diferentes variedades dessa reforma de grafia, as regras propostas pelo YIVO, em 1935, são geralmente aceitas hoje em dia como norma. Não obstante, muitos editores e jornais e, o que é mais importante, muitos escritores têm-se desviado com freqüência dessas regras, quer por razões de hábito, quer para exprimir uma sensibilidade diferente.

ALGUMAS PALAVRAS SOBRE O DESTINO DO ÍDICHE

O ídiche possui um folclore considerável e uma ampla literatura escrita que floresceu no século XVI e, de novo, entre 1862 e a época presente. O seu reconhecimento internacional culminou na outorga do Prêmio Nobel de literatura a Isaac Baschevis Singer, em 1978, e o Prêmio Israel a A. Sutskever, poeta e editor da prestigiosa revista literária trimestral *Di Goldene Keyt* ("A Corrente de Ouro"), em 1984. No último terço do século XIX, três escritores "clássicos" das letras ídiches, Mêndele Moykher Sforim, Scholem Aleikhem e I.L. Peretz, deram prestígio à sua instituição literária em rápida expansão. Em curto período, dúzias de autores importantes criaram uma literatura de padrão europeu, movendo-se celeremente do Iluminismo racionalista, através da paródia carnavalizada, para o realismo naturalista e o impressionismo psicológico, e depois irrompendo, a partir desses modos europeus convencionais, nas correntes literárias do expressionismo e modernismo em geral.

Isso se tornou possível graças à secularização das massas judaicas e ao impulso destas no sentido de ingressarem, com a língua de que dispunham, na cultura e na política modernas do grande mundo. Os crescentes partidos políticos, em especial os populistas e socialistas voltados para a Diáspora, mas também muitos grupos sionistas, sustentaram a cultura e a educação ídiches, encarando-as primeiro como um instrumento para a propaganda e um meio de desvencilhar-se da estrutura religiosa tradicional e, mais tarde, como uma meta em si mesma. Os ortodoxos da Agudá ("Agudas Isroel") responderam ao fato desen-

90 O SIGNIFICADO DO ÍDICHE

volvendo o seu próprio sistema de escolas ídiches para meninas. Centenas de periódicos e jornais apareceram em ídiche (o mais antigo foi o jornal *Kurantn* publicado em Amsterdã em 1686). Brotaram bibliotecas em centenas de cidadezinhas. Um moderno sistema escolar desenvolveu-se em toda a Europa Oriental e, em parte, teve réplica em ambas as Américas. Esforços maciços de tradução trouxeram ao ídiche as obras de Tolstói, Kropotkin, Ibsen, Zola, Júlio Verne, Rabindranat Tagore, Lion Feuchtwanger, Shakespeare, Sergei Yesenin, Ezra Pound e inúmeros outros.

Foi, todavia, um destino trágico. Como Leo Wiener colocou a questão em 1899, "não há provavelmente nenhuma outra língua [...] sobre a qual tenha sido amontoado tanto opróbio"[5]. Tradicionalmente, o ídiche era considerado a "moça de serviços" da "dona" hebraica. Com o início da Ilustração entre os judeus alemães, ele se tornou o feio símbolo de tudo quanto impedia os judeus de entrarem na sociedade ocidental civilizada. De fato, quando focalizado desde o ponto de vista de uma "pura" linguagem literária alemã normativa e baseada na setentrional cidade de Berlim, o ídiche – pautado na oralidade de dialetos meridionais alemães, do medievo, e cabalmente "mesclado" – parecia uma espécie de contorsão, uma mistura corrompida, sem gramática nem valores estéticos. Moisés Mendelssohn escreveu: "Esse jargão contribuiu, e não pouco, para a imoralidade dos judeus comuns" e exigiu "puro alemão ou puro hebraico, mas não patuá". (O hebraico também foi "purificado": a linguagem sintética em que se desenvolvera na tradição rabínica, empregando componentes oriundos de várias camadas de sua história de mais de três mil anos, viu-se menosprezada e abandonada pelos escritores da Hascalá, em favor da "clássica" e "pura" linguagem da Bíblia.)

Não era apenas uma questão de língua: o ídiche tornou-se o objeto externalizado do ódio judeu por si mesmo. Pressionado pela sociedade gentia, os judeus internalizaram muitos estereótipos anti-semitas, culpando traços "judaicos" de caráter, mentalidade, comportamento pela sorte que lhes reservavam as nações cristãs. Emigrando das cidadezinhas judaicas para regiões de nacionalidades minoritárias e para os centros das línguas de

---

5. Citado no estudo de Joshua A. Fishman, "The Sociology of Yiddish", *Never Say Die! A Thousand Years of Yiddish in Jewish Life and Letters.*

ALGUNS ASPECTOS SOCIOLÓGICOS 91

Estado, como Varsóvia, Viena, Berlim, Moscou, Londres, Paris, Tel Aviv ou Nova York, massas de judeus abraçaram avidamente o novo idioma e cultura. Em sociedades modernas centralizadas, falar ídiche seria condenar-se ao isolamento e à estigmatização. Além do mais, a língua parecia simbolizar os modos irracionais, transviados, de comportamento "judaico", a feia, inestética imagem do judeu caricatural, e a forma de existência atrasada, de classe baixa, da maioria de seus falantes do leste europeu. O movimento de deserção do ídiche empreendido por muitos jovens judeus, brilhantes e bem-sucedidos, deixou o idioma, em grande parte, em mãos de leitores de classe baixa, de cultura limitada, e fortaleceu assim o círculo vicioso. Também em Israel corria um ódio extremamente emocional contra o ídiche – a "língua batata" dos pobres, encarnando os traços mais fracos da subserviente e parasitária "mentalidade da Diáspora" – reforçado pelos sentimentos de culpa de uma sociedade criada por moços que haviam abandonado seus pais e seu mundo na Europa Oriental a fim de proceder à reconstrução de suas vidas mesmas, da imagem do judeu e da própria sociedade humana.

Joshua Fishman resume a questão nos seguintes termos:

> Assim como esses judeus mesmos são aos olhos de muita gente de fora acusados de delitos simultâneos mas opostos (capitalismo *e* comunismo, clanismo *e* assimilação, materialismo *e* desenxabido intelectualismo), do mesmo modo o ídiche – dentro do próprio grupo judeu – é acoimado de ser um instrumento do irreligioso *e* do ultra-ortodoxo, de promover a enguetização *e* o cosmopolitismo sem raízes, de refletir uma judaicidade quintessencial e ineludível *e* de representar pouco menos do que uma diferenciação hedonística dos modos gentios, de estar morto ou morrendo *e* de ser uma ameaça ubíqua a valores mais altos[6].

Uma grotesca, para não dizer trágica, nota de rodapé à auto-obliteração dos falantes ídiches em face do alemão foi escrita no Holocausto. Forçados a falar a língua da Raça dos Senhores, ao se comunicar com os alemães, os locutores ídiches "germanizavam", isto é, escolhiam o que julgavam ser palavras alemãs em ídiche e adaptavam-nas à pronúncia "teuta"; ficavam assim reduzidos a falar uma linguagem mínima, despida do valor expressivo do ídiche, dos efeitos estilísticos sutis do significado dos elementos e subtextos hebraicos e eslavos, e de seus idiomatismos e máximas que dependem de tais camadas. Germanizar o

6. *Idem*, p. 3.

92 O SIGNIFICADO DO ÍDICHE

ídiche nos guetos e campos da morte constituía uma desumanização lingüística de gente obrigada a um blá-blá-blá de bebê ou a um gaguejar gramatical subumano em face da Raça dos Senhores, cujas ordens subconscientemente aceitavam. Fica-se estarrecido ao ver como os tribunais da Alemanha Ocidental, em recentes julgamentos de criminosos nazistas (como os processos de Maidanek), voltaram a reduzir as testemunhas judias a essa pseudolíngua, mínima: os próprios depoentes, quando acareados com seus antigos torturadores, sucumbiam instintivamente a essa língua "superior" dos "Senhores". Mesmo no filme cuidadosamente documentado de Claude Lanzmann, *Shoá*, baseado no relato de testemunhas, estas aceitam automaticamente o alemão como a "língua da cultura", e alguns limitam-se a falar com um vocabulário mínimo, em vez de um ídiche plenamente florido (que seria então traduzido, como foi o hebraico). Quando perto do fim do filme uma mulher canta uma canção ídiche dos campos de concentração, ela rima *trern – werden*, germanizando o ídiche *vern*, que era obviamente a rima original para *trern*. Tudo isso depois do Holocausto!

A bem dizer, houve um vigoroso movimento idichista em reação quer à assimilação quer ao auto-avíltamento. Ele foi celebrado na famosa Conferência de Czernowitz de escritores e ativistas ídiches, em 1908, que livrou o ídiche da pecha depreciativa de "jargão" e o declarou "uma língua nacional judaica". Pela primeira vez em sua longa história, a literatura ídiche foi vista, não como uma criada do hebraico, mas como uma força cultural da mesma ordem, igual e até preferida; na verdade, como a própria justificativa para ter-se uma cultura separada, autônoma. O idichismo também foi parte da tendência profundamente crítica em relação aos velhos modos de vida da Diáspora judaica (pelos quais em geral culpava-se a religião e o "atraso" mais do que a língua). Uma rede de escolas, bibliotecas, clubes, casas editoras, uma União de Escritores e academias científicas foram estabelecidas, sobretudo na Polônia pós-Primeira Guerra Mundial e na União Soviética. Sua culminação deu-se com a fundação de um Instituto Científico Ídiche, Yivo, em Vilna, em 1925, uma combinação de centro de pesquisa e órgão de política cultural[7]. Redigiram-se compêndios,

---

7. Após a sua destruição no decorrer do Holocausto, o Yivo Institute for Jewish Research foi restabelecido em Nova York.

ALGUNS ASPECTOS SOCIOLÓGICOS

desenvolveram-se terminologias, sendo estimulados a poesia e o teatro elitistas.

Entretanto, na perspectiva a longo prazo da história judaica é claro que a cultura ídiche serviu de ponte entre a sociedade judaica tradicional e a assimilação às línguas ocidentais. De fato, a literatura ídiche, como instituição, teve existência por vários séculos. Mas para cada escritor individualmente, foi uma questão de uma e, em raros caso, duas gerações. A maioria dos autores ídiches cresceu em ambiente religioso, tendo recebido alguma educação hebraica, e seus filhos já se viram imersos na cultura de outro idioma.

É verdade que Hitler e Stálin destruíram a cultura ídiche em seu reduto europeu. O povo judeu perdeu um terço de seus membros, mas ainda assim sobreviveu; o aniquilamento do ídiche, no entanto, foi total: Stálin matou os escritores ídiches, Hitler chacinou os autores juntamente com os leitores. As massas falantes do ídiche não mais existem.

Mas também é verdade que a tendência para a assimilação predominava em toda parte, mesmo antes do Holocausto. Em 1897, 97,96% de todos os judeus habitantes do império russo declaravam ser o ídiche sua língua-mãe. Mas essa percentagem diminuiu rapidamente em todo o mundo: na Rússia e na Polônia, na França, Canadá e Argentina, bem como em Israel e nos Estados Unidos.

A sorte do ídiche nunca foi fácil. Por exemplo, a luta para introduzi-lo nas escolas públicas falhou em Nova York (compare-se esse fato com a atitude em relação ao espanhol em uma geração ulterior). Ainda assim, nos anos de 1920, era impossível predizer que, na competição entre os dois idiomas, o hebraico, com base na minguada comunidade da Palestina, sobreviveria e tornar-se-ia uma língua oficial plenamente desenvolvida, enquanto o ídiche, uma "Língua Mundial", com seus jornais de massa e milhões de leitores, ver-se-ia condenado a desaparecer. Para aqueles que queriam preservar uma cultura judaica em um mundo secular, ele era a opção.

Não houve, porém, livre jogo de opções culturais, mas apenas fatos históricos brutais. A tentativa de criar uma cultura moderna, cosmopolita, em uma língua judaica à parte, culturalmente autônoma e mergulhada em valores e associações históricos, estava destinada ao malogro. Para os escritores, sentindo a perda de seu público leitor, isso constituiu uma indescritível tragédia.

4. A Semiótica da Comunicação Ídiche

> *Você pode ter ouvido dizer coisas atraentes, apelativas, sentimentais, acerca do ídiche, mas o ídiche é uma língua dura, Miss Rose. O ídiche é severo e derruba sem dó. Sim, muitas vezes é delicado, encantador, mas pode ser explosivo também. "Uma cara feito jarra de despejo", "uma cara feito balde de lavar." (Conotações suínas dão força especial a epítetos ídiches.) Se há um demiurgo que me inspira a falar furiosamente, ele pode ter sido atraído a mim por essa língua violenta que não dá quartel.*
>
> SAUL BELLOW,
> *Ele com o Seu Pé dentro da Boca*[1].

Este e vários outros pensamentos similares, amiúde inteiramente contraditórios, concebidos por falantes nativos do ídiche, parecem atribuir ao idioma uma vida própria, uma mentalidade, um conjunto de valores e atitudes, servindo de fonte de força e de frustração ao mesmo tempo. Por certo, a natureza do ídiche como veículo de comunicação, como repertório de toda uma semiótica do discurso e das "visões de mundo" de seus locutores é parte essencial no entendimento da língua.

---

1. Saul Bellow, *Him with His Foot in His Mouth and Other Stories*, Nova York, Harper and Row, 1985, p. 16.

96 O SIGNIFICADO DO ÍDICHE

Os locutores do ídiche sempre sentiram que a sua língua difere totalmente de qualquer outra e que ela lhes proporciona meios de expressão altamente carregados. A diferença era conspícua ao se comparar o ídiche com uma língua racional, bem ordenada e intelectual, mas usada de maneira distanciada e burocrática nas sociedades ocidentais pós-Ilustração. Não brotando da alta cultura e de uma refinada tradição literária, mas de um mundo homogêneo de folclore, mergulhada como estava num discurso irracional, em fórmulas quintessenciais de sabedoria popular e atitudes altamente carregadas, íntimas, de família, a língua viu-se de súbito – no curso de vida de uma ou duas gerações – confrontada com um mundo moderno pluralístico e especializado, e com uma cultura elitista. Locutores, ao dar esse pulo, ou desprezavam a sua língua "primitiva" ou salvavam dela precisamente os elementos inusuais, irracionais, folclorísticos ou simbólicos, transportando seu pleno peso semântico para o novo contexto "europeu": a própria estranheza das expressões e gestos ídiches quando utilizados em outro idioma servia de "tempero" emotivo, intraduzível, e também como sucedâneo de uma autorizada "Bíblia de citações" para os novos textos.

Esse salto veio a ser agudamente sentido nas condições da literatura ídiche moderna, escrita nas grandes cidades da Polônia ou da União Soviética ou ainda mais longe, "na outra margem do oceano", isto é, distante – ou tendo escapado – das duas fontes de sua vitalidade: o velho mundo religioso e um *ethos* popular vivo. Em certo sentido, essa condição talvez seja típica de boa parte da literatura moderna em geral (cabe pensar em Joyce escrevendo longe de Dublin), mas em outras línguas os escritores podiam fiar-se em uma rica tradição de literatura, filosofia e outros escritos discursivos. Os escritores ídiches carregavam, em sua movimentação, seu "mundo" com sua língua.

Uma percepção ainda mais incisiva de tal fato deu-se no caso daqueles que viveram e escreveram em outros idiomas, tendo conservado apenas vestígios do ídiche, isto é, nas palavras de Bellow, "fragmentos – sílabas disparatadas, exclamações, provérbios distorcidos e citações ou, no ídiche de sua mãe há muito falecida, *trepverter* – réplicas que vieram demasiado tarde, quando você já está descendo as escadas" (*Herzog*)[2].

---

2. Embora o texto se refira explicitamente às notas de *Herzog* e não à língua em si, há uma conexão metonímica implícita com o idioma da mãe, "de há muito falecida", da personagem. (Mais uma vez uma metonímia da língua-mãe.)

A SEMIÓTICA DA COMUNICAÇÃO ÍDICHE

LÍNGUA E PSICOLOGIA SOCIAL

A língua como tal não pode ser "dura" ou "delicada" ou "explosiva", como o narrador de Bellow coloca. No século XX, o ídiche foi usado para muitas espécies de discurso, com freqüência inteiramente contraditórios com o que poderia constituir sua natureza "inerente" ou admitida. Essa língua "oral" e popular foi aproveitada com sucesso na prosa impressionista, na historiografia e na lingüística, na pesquisa estatística e na propapaganda política ou na poesia de "torre de marfim". Não obstante, na percepção social, a língua carregava uma penca de feições características, desenvolvidas no curso de sua história singular e cristalizadas em sua literatura moderna. O fato mesmo de seus locutores nativos poderem atribuir tais qualidades emotivas à língua, de preferência a encará-la como um veículo neutro para a comunicação, fala por si próprio. Diga-se de saída: o grosso da língua e sua gramática podem ser similares às de outras línguas; o que a distingue como meio diferente são traços especiais espargidos por seus usuários, traços que são de interesse para a caracterização popular e acadêmica. Mais do que proporcionar uma gramática regular do ídiche ou uma análise de textos representativos, trata-se aqui de focalizar tais traços "característicos".

Por "semiótica" do ídiche, entendo um segundo nível de linguagem, construído acima de seu vocabulário, morfologia e sintaxe, isto é, a "linguagem" de comunicação aceita pelos falantes de uma comunidade: como portar-se na interação humana, o que dizer em que condições, como encetar um diálogo, como continuar conversando, em que termos observar o mundo e como exprimir abreviadamente uma avaliação ou uma postura emotiva. Compreende toda uma rede de signos, regras de conversação, fórmulas e rótulos encapsulados, alusões para codificar e conotar ricamente situações de vida.

Parece que, em suas formas populares, o ídiche internalizou e esquematizou algumas características essenciais da argumentação e do questionamento dialéticos "talmúdicos", combinadas com padrões comunicativos peculiares evolvidos na existência precária, marginal, da Diáspora. Elas se tornaram a "segunda natureza" para muitos judeus – suas típicas atitudes mentais e comportamentais, maneiras conversacionais e até dinâmica psicológica – e foram transmitidas à geração seguinte de um modo inteiramente autônomo em relação à língua ou ao montante de cultura adquiridos por qualquer indivíduo dado. Quando Bellow escreve, no começo do *Herzog*: "No fim da primavera Herzog foi dominado pela necessidade de explicar, de expor isso, de pô-lo em perspectiva, de clarificar, de corrigir", descreve o estado psicológico de Herzog, mas poderia ter descrito em palavras se-melhantes a semiótica de um dos modos de uma típica conversação ídiche. Em *Ele com o Seu Pé na Boca* (tal como citado na epígrafe do presente capítulo), Bellow parece entender essa conexão: o nar-rador é inspirado a "falar furiosamente" por seu "demiurgo", a ele atraído por "esta língua violenta que não dá quartel" (muito em-bora, paradoxalmente, o narrador não a fale, em absoluto).

Uma certa variedade de tais atitudes indefinidas e de padrões de pensamento e fala tem marcado amiúde o comportamento dos judeus – suas feições "judaicas" – , mas, de outra parte, elas também foram tomadas como estranhas ou ofensivas por usuá-rios de outras semióticas dominantes e foram suprimidas pelos próprios judeus dispostos a adaptar-se.

COMPONENTES TEMÁTICOS

A semiótica formada em uma certa cultura sociolingüística contém um agregado flexível de atitudes, signos e gestos comu-nicacionais, inclusive traços típicos, bem como opções para pos-sibilidades contraditórias. Conquanto suscetível a influências re-centes, ela muitas vezes dispõe de um cerne conservativo a re-fletir alguma espécie de "mentalidade" ou "crenças" de uma so-ciedade nacional ou étnica, tal como codificada num período de formação. Esse âmago preservador pode reverberar estádios pré-vios de crenças ou atitudes, não mais mantidas pelos falantes, mas convertidas numa "linguagem" para se falar. Assim, nos idiomas europeus, o sol ainda "se põe", embora acreditemos, desde Copérnico, que o oposto seja verdade. Muitas crenças pri-mitivas ou pagãs estão incorporadas a provérbios e canções infantis das línguas cristãs e agora preenchem funções primordialmente co-municativas, emotivas ou estéticas, mais do que referenciais. O nar-rador de Bellow, pretendendo que "conotações derivadas da pa-lavra 'porco' dão força especial aos epítetos ídiches" (na passa-gem acima citada), provavelmente não parte de nenhuma atitude particular em relação aos porcos como animais ritualmente im-puros, mas ele sente a "força especial" das conotações porcinas, que combinam o pólo negativo do sistema de tabus *koscher* – o próprio coração da identidade judaica em face da sociedade cris-

A SEMIÓTICA DA COMUNICAÇÃO ÍDICHE

tã – com o depreciativo "suíno" da língua alemã, usado contra os próprios judeus (na imagem do *Judensau*, "porca judia"). Em *Tevie, o Leiteiro*[3], Scholem Aleikhem expôs essa discrepância entre as atitudes codificadas na língua e a realidade presente do locutor, posta em destaque pelo ponto de vista tacitamente irônico do narrador. Assim, no caso das mulheres, o *status* inferior pressuposto na língua é invertido na trama pelo entendimento superior que elas têm da realidade; no dos artesãos, o *status* mais baixo, incluso na língua, é exposto e barateado pelas próprias palavras de Tevie: "Um homem, digo eu, é como um carpinteiro: um carpinteiro vive e vive e morre, um homem vive e morre".

Como se vê, todo um universo conceitual e uma terminologia vieram ao ídiche a partir do domínio religioso, sendo convertidos em "língua", livres de suas denotações específicas. Até a própria palavra "Torá" – o nome do mais sagrado dos livros – acabou significando, de um lado, ensinamento ou teoria em geral e, de outro, qualquer espécie de conhecimento prático, desde o cozinhar até o instruir uma criança sobre o modo de amarrar os cordões dos sapatos. Essa era uma secularização, não no sentido de que os locutores tenham abandonado a religião, mas antes no sentido de que eles expandiram a terminologia religiosa também para o mundo não religioso, usando a intensidade ou a força emotiva da expressão e neutralizando a sua denotação religiosa (que, por certo, podia ser revivida em um contexto específico). Em termos de seus próprios falantes, ela usava a linguagem do "sábado" para servir à vida dos "dias de semana". O ídiche não tinha obrigações religiosas, como a "Língua Sagrada" tinha, e assim podia desempenhar essa função secularizadora.

Similarmente, hábitos de comportamento religioso, textos de dias festivos e métodos analíticos de investigação erudita permearam o ídiche como parte integrante de seu sistema semiótico. Não era preciso saber hebraico para usar uma citação hebraica; não era preciso ser um "erudito" para exibir uma atitude analítica ou "filosófica" ou para ser inquiridor ou crítico. Todas essas atitudes e essa "sabedoria popular" absorvidas descontextualizaram-se, do mesmo modo que o folclore em geral (segundo

---

3. Uma nova tradução feita por Hillel Halkin, intitulada *Tevye the Dairyman*, foi publicada pela Schocken, Nova York, 1987.

100   O SIGNIFICADO DO ÍDICHE

Jakobson e Bogatyrev[4]) neutraliza a individualidade do autor individual de um poema e as circunstâncias particulares de sua criação.

Mais ainda, em conformidade com a natureza aberta e multidirecional do ídiche como língua de fusão, este adotou partes das crenças e expressões de outras culturas e as amalgamou em um só sistema. A maldição rogada na praça do mercado de Vilna, *kh'vel makhn fun dayne kischkes a teleFON* ("Vou fazer de tuas tripas um telefone", isto é, vou torcê-las como um fio de telefone), apresenta a mesma fusão de elementos culturais que a anterior *di kischke hot nit keyn fentster* ("As tripas [*kischke*] não têm janelas", isto é, as tripas não têm janelas de exposição, o que significa, você não pode ver o que está no seu estômago). A grosseira e desagradável *kischke* – que combina a rudeza de seu som eslavo, "campônio" (quando transferido para o ídiche), e da comida barata, de gente pobre ("tripa recheada"), com a preocupação obsessiva do folclore ídiche com problemas da área digestiva – é conjugada com a inovação elegante, o internacionalismo de som mundano, *telefon*. Ao mesmo tempo, o efeito estilístico da expressão desgastada, *kischke*, é convertido em algo estranho e é refrescado no novo contexto, enquanto o moderno telefone é degradado ao nível de tripas[5].

A semiótica da comunicação ídiche possui um núcleo estável, capturado na "mitologia" do folclore ídiche e situado naquele mundo imaginário particular do *schtetl* que foi projetado na ficção pelos fundadores de sua literatura moderna e depois reabsorvido na consciência comunal. (O *schtetl* era uma cidadezinha, predominantemente judaica ou dispondo de uma área judaica, cercada por aldeias cristãs e dominada por um poder estrangeiro.) O *schtetl* não constituía o *background* efetivo de todos os falantes do ídiche – alguns viviam em povoados, e a maioria dos escritores e leitores já moravam em cidades maiores ou grandes cidades –, mas era o seu "espaço" proverbial, mitológico, um *locus* coletivo de uma rede de relacionamentos sociais e ideológicos tecidos na fraseologia do folclore e da literatura ídi-

---

4. Roman Jakobson e Peter Bogatyrev, "Folklore and Literature", em *Readings in Russian Poetics*, L. Matejka e K. Pomorska (eds.), Cambridge, Mass., 1971, pp. 91-93.

5. Isso se aplica sucessivamente (e pode ter sido transformado a partir de) expressões tais como *kh'vel dir makhn OYS-tsu-DREY-yen*; *kh'vel dir oysdreyen di kischkes*!, que significam: "vou te torcer [como um pano de chão, molhado], vou torcer tuas tripas".

A SEMIÓTICA DA COMUNICAÇÃO ÍDICHE

ches. A maioria das tendências modernas da vida, literatura e consciência judaicas empenhava-se em sair do *schtetl*, queria abandoná-lo, desprezava-o ou, ao menos, via-o a uma luz irônica ou nostálgica. Mas a litertura ídiche clássica usava a iconografia do *schtetl*, o seu comportamento mitológico e a sua linguagem, como um microcosmo da natureza judaica: tais são as imagens da Kabtsansk de Mêndele e da Kasrílevke de Scholem Aleikhem. Em certo sentido, esse uso é paralelo ao das figuras ortodoxas judaicas e símbolos religiosos como iconografia "'judaica'"em pinturas e esculturas por Max Weber, El Lissitzky, Haim Gross ou Marc Chagall, muito embora os próprios artistas não se mostrassem em sua aparência externa "judaicos". Esse espaço imaginário coletivo apoiava-se em uma peculiar geografia judaica; o Golem de Praga, os comerciantes e escritores ilustrados de Odessa, os intelectuais de Vilna, os tolos de Chelm, as modestas localizações de *yeschivas* famosas (Volojin, Ponevej) e as dinastias hassídicas (Lubavitch, Satmar, Uman') tornaram-se lugares simbólicos, tanto no folclore quanto na literatura.

A poesia ídiche empregou profusamente os motivos da imageria "judaica" como *depósito de significações situacionais*, como *linguagem* de expressões, mesmo quando o poeta estava muito distante delas em termos ideológicos ou temáticos. Por vezes, tais motivos podem nem sequer carregar quaisquer imagens "judaicas" explícitas. Assim, o poema de Halpern, "O que Sabemos Nós, Caros Irmãos" (escrito na época em que estava associado aos comunistas americanos), emprega situações-chave provenientes da Bíblia (a sarça ardente, Moisés, Sansão, o rei Davi) sem mencioná-las pelo nome e as localiza no contexto de uma percepção cosmopolita,"existencialista", de sua personagem, rabi Zarkhi:

O QUE SABEMOS NÓS, CAROS IRMÃOS

Três tiras de borracha num fino aro de lata
e um par de óculos olhando para o mar.
Talvez seja a saudade de Zarkhi que está chorando –
O que sabemos nós, caros irmãos.

E talvez não seja Zarkhi quem está chorando
mas a árvore que arde e não é consumida,
chorando com ramos como se fossem braços –
O que sabemos nós, caros irmãos.

E talvez não seja a árvore que está chorando
mas o silencioso lamento de um olho e da mão
de um homem morrendo à soleira de sua terra –
O que sabemos nós, caros irmãos.

102 O SIGNIFICADO DO ÍDICHE

E talvez não seja um homem que está morrendo
mas um gigante cego há mil anos atrás
chorando sobre seus cabelos cortados –
O que sabemos nós, caros irmãos.

E talvez não seja um gigante que está chorando
mas o simples e tolo instrumento
chorando sob a mão envelhecente de Zarkhi –
O que sabemos nós, caros irmãos. – (*AYP*, p. 428)

Com o tempo, porém, à medida que as aflições "judaicas" se tornaram mais predominantes na literatura ídiche – especialmente depois do Holocausto e do estabelecimento do Estado de Israel –, o que era mera "linguagem" pôde ser facilmente invertido e convertido em *tema*. A poesia ídiche tingiu-se de motivos da religião e história judaicas que serviam amplamente como imageria para a expressão de experiências humanas universais. Agora os poetas e seus leitores podiam inverter aquela relação e ler a imageria como evocação temática.

Do ponto de vista sociológico, o "mundo" do ídiche tal como o conhecemos hoje – suas redes temáticas codificadas em linguagem – constituiu um fenômeno inusitado. Em uma teia emaranhada, combinava elementos semióticos dos mais prestigiosos grupos da sociedade medieval judaica, os "eruditos", tais como foram absorvidos na comunicação diária (que os folcloristas chamam de *gesunkenes Kulturgut*, "tesouros culturais submersos"), com elementos da vida das massas empobrecidas da Europa Oriental no século XIX. O apelo destas últimas foi reforçado na idealização romântica do "povo" e sua autêntica vitalidade, pelos intelectuais judeus pós-herderianos, amantes do folclore. Os judeus na Europa medieval eram inerente e nominalmente (embora não efetivamente) uma sociedade sem classes, uma vez que formavam por si mesmos uma "quase classe" na estrutura de classe da sociedade feudal. Dentro da sociedade judaica, não havia barreiras formais de casta para a mobilidade social, intelectual ou econômica, e os pobres partilhavam com o ricos o mesmo universo conceitual. Todos eles eram aristocratas de Deus, o "Povo Eleito", e qualquer judeu, em princípio, podia atingir os mais altos níveis de estudo e prestígio.

Assim, o folclore ídiche exibe uma combinação única de atitudes de classe sócio-econômica mais baixa com as de uma elite intelectual. Os judeus eram pobres, mas, ao mesmo tempo, eram, a seus próprios olhos, uma decaída aristocracia da mente, cônscios de sua história, de sua missão e das atitudes ideológicas em

A SEMIÓTICA DA COMUNICAÇÃO ÍDICHE   103

geral. Daí por que era relativamente fácil para um judeu de origem humilde alçar-se aos mais altos níveis da sociedade e da cultura gerais: mentalmente, não precisava sobrepujar barreiras verticais de classe (contanto que superasse a cerca horizontal religiosa). E é também por isso que reações anti-semitas sinceras em relação aos judeus envolviam quase sempre objeções ao seu comportamento mais do que ao seu intelecto.

Não devemos, pois, espantar-nos que os melhores poetas ídiches da Jovem Geração fossem simples operários: Mani Leyb era sapateiro, Landoy, pintor de paredes, Leyvick, empapelador e Halpern, paupérrimo pau-para-toda-obra. Eles não eram proletários tradicionais que passaram a escrever. Eles liam e discutiam a poesia de Púschkin, Blok, Rilke, Hofmannsthal, Baudelaire, Verlaine e Rimbaud, tendo publicado traduções da poesia desses autores, bem como de poetas chineses, japoneses e hindus. Fazer sapatos era apenas uma necessidade; afinal de contas, um poeta precisava ganhar a vida e não havia cargos de professor à disposição. A ideologia socialista encarecia o orgulho do poeta em ser um efetivo sapateiro que, com o mister do alfaiate, havia sido a mais desdenhada das profissões no folclore judeu. Na mente desses poetas, assim como na consciência popular dos judeus do East Side em geral, ser proletário e pobre era uma etapa transitória, uma necessidade temporária, provocada pelo árduo curso da história, enquanto a aristocracia do espírito, a ambição de alcançar os mais altos padrões intelectuais, era inerente ao ser judaico ou – como eles insistiriam – ao ser humano (se tal meta era ou não efetivamente realizada é outra questão). Isso não difere da teoria da mente cindida tal como o hassidismo a percebia: enquanto a metade do espírito está mergulhada na escuridão do trabalho e das preocupações cotidianas, a outra metade deve ser mantida muito alto, unificando-se com Deus.

Daí as estranhas combinações que se encontram, nos estratos inferiores dentre os judeus (muitas vezes, nas mães e pais de eruditos e escritores), de semi-analfabetismo, de um lado, e admiração pelo estudo e pelos assuntos "mais elevados", de outro. Eis por que os mesmos jornais populares ídiches que estampavam melodramáticas histórias de amor, divórcio, sofrimento e sucesso também publicavam traduções de textos da literatura mundial, artigos sobre Spinoza, poemas de Leyvik e romances de Isaac Baschevis Singer. E por que uma população judaica a morrer de fome no Whitechapel londrino podia sustentar no

104 O SIGNIFICADO DO ÍDICHE

começo deste século um periódico ídiche com o significativo título de *Germinal: Organ of the World Anarchist Organization* ("Germinal: Órgão da Organização Anarquista Mundial"), com colaborações de Kropotkin e outros ideólogos, bem como o periódico de Y. Ch. Brenner, *Ha-Meorer* ("O Sino Despertador"), que lançou uma nova fase, individualista, na literatura hebraica.

Ao mesmo tempo, o folclore ídiche preservava as lembranças de uma era anterior, quando havia um número menor de judeus, muitos dos quais se dedicavam ao comércio, ao câmbio, ao empréstimo de dinheiro e às viagens. O comércio – simbolizando as funções mediadoras dos judeus, bem como sua mobilidade – é quase um ideal tão grande na consciência popular quanto é o estudo. Vender cordões de sapato ou maçãs ou mascatear pelo interior do país eram considerados um modo de subsistência judaica "natural" que podia – e muitas vezes conseguia – levar a uma vida melhor; manter uma lojinha era tido como uma atividade mais prestigiosa do que qualquer ofício artesanal. A popular canção de ninar diz: *Unter Yankeles vig(u)ele/schteyt a klorvays tsig(u)ele./Der tate is g(u)eForn handlen./Er vet breng(u)en Yankelen/Rozhinkes mit mandlen* ("Sob o berço de Yankele/encontra-se um cabritinho alvi-branco./Papai viajou a negócios./Ele trará para Yankele/ uvas passas e amêndoas"). Viagens, comércio, comunicação com estrangeiros, observação de diferenças entre grupos sociais e religiosos, seus hábitos e línguas, e a ironia de tais justaposições são básicos no folclore ídiche.

E assim é a singularidade do judeu, de seu sofrimento na história e de sua diferença em relação aos outros. Embora a moderna literatura ídiche lhes resista, as distinções étnicas continuam gravadas na língua. A mulher é chamada de *judia* (*iídene*), o indivíduo é ou *judeu* (*yid*) ou *goy* (gentio). Uma vez que a imagem do *schtetl* implica um centro judaico rodeado de aldeias cujos camponeses vêm ao mercado judeu na cidadezinha, "um *goy*" significa às vezes simplesmente um camponês. Em termos estereotípicos, ele pode estar sendo visto como uma pessoa ignorante, rude ou bêbada, mas também é possível que se trate de alguém dotado de invejável saúde física ou espiritual. Uma jovem cristã é chamada de *schikse*, palavra que pode carregar as conotações negativas de "mulher dissoluta" ou as positivas que envolvem os atrativos de amor efetivo, sincero e físico. A moderna literatura ídiche como um todo tentou inverter essa relação que se havia fossilizado na língua, embora recorresse ainda

A SEMIÓTICA DA COMUNICAÇÃO ÍDICHE 105

a uma terminologia que refletia o ponto de vista de um observador judeu etnocêntrico. Tal linguagem é usada, por exemplo, no famoso poema de Halpern, "Zlochov, Minha Terra Natal", um ataque mordaz ao *schtetl* etnocêntrico e ao feio comportamento judaico (*AYP*, pp. 408-411).

COMPONENTES ESTRUTURAIS

Várias condições básicas de sua história influenciaram a natureza do discurso ídiche. Um fato essencial é que, em uma sociedade pautada pelo livro, o ídiche era primordialmente uma língua de conversação. As sentenças ídiches estão repletas de situações locutivas. Contêm uma grande variedade de recursos para enfatizar a natureza causal da fala, para atrair a atenção do ouvinte e exprimir as posturas avaliativas do locutor em relação aos conteúdos de sua narrativa. Até mesmo acadêmicos como Max Weinreich usam marcadores dialogais em suas monografias científicas. Inexistindo tradição de filosofia ídiche ou de tratados sistemáticos (e muito pouca em hebraico) e não havendo nada comparável à sintaxe latina para influenciar o ídiche com rigor escrito e formal, as discussões em ídiche tendem a ser apresentadas não em forma de exposição objetiva, mas são imbuídas das atitudes do locutor. Objetos ou eventos positivos aparecem marcados como expressões avaliativas positivas (se uma criança diz alguma coisa inteligente, a menção é acompanhada de *a g(u)eZUNT in zayn kepele*, "saúde para sua cabecinha"); as negativas são cercadas de ressalvas ("seja isto dito de nossos inimigos", "que ele tenha um ano tão negro assim"); membros de categorias contraditórias (tais como judeu e gentio, homem e mulher, humano e animal) são separados por sinais preservadores (especialmente, *leHAVdl*, "a ser distinguido de...")[6]. É uma língua que veicula fortemente as atitudes emotivas do falante para com o conteúdo de sua mensagem (como Bellow e outros escritores de fala inglesa indicaram). E ela pode fazê-lo temperando o seu discurso com expressões e idiomatismos hebraicos, eslavos, ou emotivamente carregados, ou interpondo breves palavras ou interjeições sem significado independente que lhes seja próprio, como *nu, epes, take, schoyn,*

---

6. Isso foi recentemente descrito por James A. Matissof, *Blessings, Curses, Hopes and Fears: Psyco-Ostensive Expressions in Yiddish*, Filadélfia, ISHI, 1979.

106 O SIGNIFICADO DO ÍDICHE

khas-vekhoLIle, miSCHTEYNS g(u)eZOGT (quase intraduzíveis, "bem", "algo", "de fato", "já", "Deus proíbe", "por assim dizer"), ou simplesmente substituindo *schm-* pelas consoantes iniciais de qualquer substantivo a fim de ridicularizá-lo, como em *book-schmook*.

Como o ídiche era primordialmente uma língua falada, as formas de seus gêneros folclóricos são em geral breves. As formas longas do discurso eram guardadas para o estudo, a prédica e a argumentação. Como vimos, entretanto, as formas longas da maior parte dos textos hebraicos utilizados em Aschkenaz não possuíam estruturas lógicas ou narrativas com sustentação própria e eram parasitárias em relação a textos primários (ou secundários). Os principais gêneros da escritura hebraica e de seu discurso formal em Aschkenaz eram ou comentários, isto é, observações escritas ou faladas à margem de algum outro texto estabelecido, ou sermões, isto é, enunciações que a partir de uma citação ou passagem da leitura semanal da Bíblia se deslocavam, por meio de uma história, alegoria ou parábola, para uma questão tópica ou moral, voltando depois para a próxima citação do texto original.

Tipicamente, tal discurso religioso e moral – e a conversação ídiche dele derivada – não avança em linha reta, através de declarações afirmativas ou da lógica de um problema apresentado em um argumento hierárquico, mas através de muitas espécies de linguagem indireta ou "translógica" (para usar o termo de Philip Wheelwright em *The Burning Fountain*): ao fazer uma pergunta; ao desafiar uma pretensão; ao buscar um contra-argumento ou uma possibilidade alternativa; ao responder com um exemplo, um símile ou uma situação analógica; ao ilustrar um ponto contando uma história, uma anedota ou uma parábola; ao citar um provérbio ou um texto sagrado; ao propor uma charada; ao contar uma piada; ao pular para a metalinguagem e o metadiscurso e ponderar sobre a linguagem usada e o propósito de toda a conversação; ao efetuar um trocadilho com as palavras; ao digressionar entrando em pseudo-etimologias; e ao mudar, por associação de linguagem, de qualquer desses tópicos para outro tópico qualquer. Essas não são as metáforas favorecidas pela tradição ocidental, mas seu impacto é tão poderoso como qualquer linguagem translógica na poesia ou no mito. O valor de metáfora já aparece na interação semântica entre duas pequenas unidades de discurso, duas molduras díspares de referência, assim como nas surpresas e efeitos de tal encontro. Aqui,

A SEMIÓTICA DA COMUNICAÇÃO ÍDICHE 107

o encontro entre dois quadros distantes de referência não é metafórico, porém o frescor da surpresa e da interação semântica não é menos efetiva. Um tipo especial de encaminhamento indireto, codificado na estrutura de idiomatismos ídiches, apresenta uma extensão de uma situação hipotética que poderia incorporar o assunto em pauta. A expressão corrente, "Era teu pai um vidraceiro?", tem como implicação: "Ele te fez de vidro?" e, portanto: "Você acha que é transparente?", em vez da pergunta direta: "Por que você está aí parado obstruindo a minha visão?" Halpern gostava muito dessa forma de *situação hipotética* ou *análoga* como substitutivo para a metáfora poética.

Todos esses modos de discurso translógico corriqueiros na comunicação ídiche contam com três princípios em comum: 1) digressão associativa; 2) recurso a um depósito textual canonizado e 3) assunção de que todos os quadros de referência no universo de discurso podem ser análogos um ao outro.

O ídiche abraçou todas essas formas de fala. Seu folclore aprecia unidades curtas – provérbios rimados, idiomatismos, anedotas, piadas, "histórias" e relatos de grandes homens – incrustadas em discursos mais longos; elas podem ser prefabricadas e citadas na conversação ou inventadas *ad hoc* a partir da experiência pessoal ou da imaginação. Quando Martin Buber extraiu tais histórias dos livros hassídicos e popularizou o mundo hassídico no Ocidente, perdeu a tensão de dupla direção entre a história incrustada e a sua armação fluente e livre, tagarela e moralizadora: isto é, sacrificou a impureza do texto ao isolamento de um objeto "estético", imitando gêneros antes orientais do que judeus. Na narrativa ídiche e na forma hebraica em que ela foi registrada – o conto não era uma vinheta abstrata ou uma parábola de sabedoria oriental, porém uma história situada na desarrumada realidade judaica e na biblioteca de textos, tudo ao mesmo tempo.

Em suma, não é o ensaio sistemático, porém a concentração de uma cadeia associativa que caracteriza o discurso ídiche e suas fontes hebraicas. Esse modo de discurso foi captado por James Joyce na sua caracterização de Bloom e é típica da maneira de Bellow escrever (em ambos os casos, tal estilo decorre da teoria psicológica moderna). Nele, as pequenas unidades de linguagem e de motivos temáticos não são enfiadas em um fio narrativo e subordinadas ao desdobramento do enredo ou a uma estrutura arquitetônica, mas são relativamente independentes e episódicos; elas podem relacionar-se facilmente com seus vizi-

108 O SIGNIFICADO DO ÍDICHE

nhos contextuais em várias direções e, o que é mais importante, estão relacionadas a um universo total de discurso fora do contexto particular. Quer dizer, tornam-se emblemáticas ou simbólicas. Ao mesmo tempo, tal unidade choca-se e relaciona-se com seus vizinhos descontínuos, criando reforço mútuo, densidade semântica, jogo estilístico e ironia nesse emaranhado. Mêndele e Scholem Aleikhem entendiam e traziam ao primeiro plano essa propriedade do discurso judeu; utilizavam-na como ferramenta básica para a caracterizar, para prover de dimensões simbólicas qualquer incidente trivial relatado por suas ingênuas personagens e, acima de tudo, para compor sua prosa quase "medieval", mas na realidade protomodernista.

A poesia é um outro caso. Moldando a sua linguagem segundo os exemplos russos e europeus de verso estrófico "puramente" simétrico e de orientação monológica, a poesia ídiche evitou, a princípio, esse discurso perambulante, "inestruturado" e "indisciplinado" de orientação dialógica. Entretanto, poetas como Jacob Glatschteyn, cuja obra estava mais próxima do "monólogo dramático" desde o começo, e Moysche-Leyb Halpern, em sua produção tardia, quebraram as convenções poéticas simbolistas da "concisão" e simetria e descobriram as possibilidades de comunicação inerentes ao ídiche, naquilo que Glatschteyn denominou "o atilado sorriso prosaico do ídiche". Eles usavam o ídiche como um inusitado instrumento de *verso-fala*, que pode ser tão vívido, eficaz e surpreendente quanto a linguagem da imagística metafórica no verso ocidental (embora talvez menos familiar a seus leitores). Naturalmente, o leitor terá de imaginar a personagem que está falando a fim de reconstruí-la a partir da fala, como na ficção que os formalistas russos chamaram de *skaz*. A conversa e a caracterização inversa do conversador criam uma dependência semântica de dupla direção, depois de ironizada pelo narrador ou pelo poeta situado acima do texto. O verso-fala é amiúde uma projeção dramática da voz do poeta, como no ciclo de monólogos do rabi Nakhman de Bratislav desenvolvido por Glatschteyn. Moysche-Leyb Halpern elevou essa arte – a um grau quase paródico – em seu longo, agressivo e politicamente carregado monólogo consigo próprio (com o seu ouvinte de um ano e meio de idade), "Isto Eu Digo ao Meu Filho Único Brincando – e a Ninguém Mais" (*AYP*, pp. 490-505).

O "papo" associativo, um esporte nacional, em ídiche é um assunto longo, exuberante e divagador para seus participantes,

A SEMIÓTICA DA COMUNICAÇÃO ÍDICHE

é também uma alegria. Rabi Nakhman de Bratslav, de Glatschteyn, aparece no céu, perdendo todas as suas palavras, e ele se queixa: "O que mais você pode fazer, agora até a eternidade?/ Não há histórias nem melodia,/ Pobre alma, você está nua/ Você é um mudo no céu". Por fim, ele desperta do sonho, volta à terra e diz: "Seja eu danado para todo o sempre se gosto/ de ficar sentado num rochedo celeste./ Aqui, no mundo pecador –/ Falar e falar e falar" ("Ouve e Fique Atônito'", *AYP*, pp. 293-297).

Precisamente por ser desprovida de nítida estrutura narrativa ou de densidade metafórica, o valor de tal conversa associativa reside nos numerosos "apartes" que oferece. Qualquer coisa pode ser ligada a qualquer coisa. De não importa qual situação pode-se passar a outra que não se relaciona explicitamente ao problema à mão, mas é rico em novos detalhes experienciais. Em princípio cada cadeia desenvolvida num texto pode ligá-lo com todo o universo do discurso. Assim, qualquer anedota trivial pode galgar a dimensões "metafísicas". De fato, o princípio da analogia universal, derivado do pensamento "talmúdico" e domesticado em ídiche, é típico também do método de Freud.

Dois dispositivos principais pontuam esse discurso: o interjogo irônico entre as línguas componentes do ídiche, empregando a sua dupla natureza de *fusão* e *abertura* (como descrito acima) e o uso abundante de citações, provérbios e idiomatismos. Tanto as citações quanto os provérbios subordinam o caso à mão, a situação individual e concreta, a alguma lei geral ou sabedoria destilada, usando a autoridade de um texto sagrado ou de uma convenção *folk*. Era uma sociedade altamente codificada e utilizava situações codificadas, bem como "tijolos" avaliativos da experiência, para descrever o mundo. Anedotas, citações e ditos proporcionavam também uma tática de evasão: e em uma situação constrangedora ou embaraçosa, em vez de se lhe responder especificamente, havia sempre uma frase feita ou uma história "exemplar" à disposição. Tevie, o Leiteiro, esse animal citatório, elude a resposta direta a qualquer novo evento ou questão mediante uma referência a um texto "sagrado" ou provérbio. Submete assim toda experiência a algum universal "jeito do mundo", convertendo qualquer pormenor banal em assunto filosófico acerca da ordem do universo e da razão de Deus.

110 O SIGNIFICADO DO ÍDICHE

TEVIE, O LEITEIRO, DE SCHOLEM ALEIKHEM

Observemos um exemplo complexo de semelhante fala ídiche, tal como o registra Scholem Aleikhem (1859-1916). O seu livro, *Tevie, o Leiteiro*[7], é constituído de uma série de monólogos proferidos pela personagem principal que conta ao narrador como suas filhas deixaram a casa por causa de um alfaiate, de um revolucionário, de um namorado cristão, de um homem rico, e assim por diante. Os capítulos representam as várias soluções do movimento centrífugo dos judeus no processo de saída do mundo do *schtetl*, que as bem-amadas filhas de Tevie levaram a cabo, quebrando o coração do pai no decurso. Como Victor Erlich salientou, esses são monólogos em situação dialógica: embora seja o ouvinte, o próprio Scholem Aleikhem nunca fala. Tevie enche os seus monólogos de estratagemas para captar a atenção de seu interlocutor ou para rebater seus possíveis argumentos: "Como foi que chegamos a esse ponto?", "E quanto ao que o senhor diz: filhos hoje" (Scholem Aleikhem, decerto, não disse nada); "Em resumo, deixemos de lado – como é que o senhor diz em seu livro? – o príncipe, e tratemos por um momento da princesa" (que na realidade nada tem a ver com o escrito de Scholem Aleikhem, em que não há príncipes nem princesas).

Esse monólogo em situação de diálogo tem incrustado nele um segundo nível de diálogo. Os acontecimentos não são apresentados diretamente, mas por meio de cadeias associativas perifrásticas das perambulações de Tevie, que nada contam sobre os próprios eventos, mas sobre outros diálogos similares no passado; amiúde esses diálogos incrustados são, por seu turno, discussões acerca de situações hipotéticas em que o locutor imagina um desfecho feliz para uma ocorrência iminente e os diálogos daí decorrentes, ficando depois surpreso com o resultado infeliz ou vice-versa. Às vezes verificam-se até discussões hipotéticas sobre tais situações hipotéticas. Isso não é apenas uma estrutura literária de uma história-moldura com histórias incrustadas; ao contrário, a incrustação está entrelaçada a cada sentença e frase, muitas vezes por constantes interpolações de "digo eu", "diz ela". "digo eu". Essa dupla rede de diálogos proporciona amplo espaço para as meditações, citações e observações metafísicas e

7. Ver meu estudo em hebraico, "A Desconstrução da Fala: Scholem Aleikhem e a Semiótica do Folclore Judaico", em *Tevie, o Leiteiro, e Outros Monólogos* [em hebraico], Tel Aviv, 1983.

A SEMIÓTICA DA COMUNICAÇÃO ÍDICHE   111

metadiscursivas, e para o distanciar-se e a ironia do narrador geral (Scholem Aleikhem). Infelizmente, essa mediação elocutiva em dupla camada perde-se em qualquer dramatização do livro que apresente os próprios "acontecimentos". O que resta nesse caso é só a história sentimental interna, como no filme *O Violinista no Telhado*, ou em algumas traduções que põem em segundo plano o diálogo mediador e, em primeiro, o diálogo interno como apresentação cênica.

O jogo irônico de interação recíproca e o prisma multidirecional rompem eventos e situações em pequenos estilhaços refletidos na fala e, reciprocamente, os refletem mais do que os descrevem. Ao mesmo tempo, o livro é uma paródia de um mundo baseado no falar e de uma cultura embebida em situações e comentários de textos mais do que em realidades defrontantes. Quando uma onda de pogroms varre a Rússia, Tevie se lhes refere com a sua típica complacência historiosófica: "Quando chegar o tempo de *falar* sobre pogroms" (sublinhado pelo autor).

Tomemos um exemplo específico nesse complexo enredamento. O capítulo "Tevie Vai para Eretz Israel" começa com a seguinte cadeia associativa: depois de não tê-lo visto durante anos, Tevie encontra de novo o escritor, não em Boyberik, mas num trem; mostra-se espantado ao deparar-se com ele vivo e, por sua vez, apresenta-se-lhe: será que Scholem Aleikhem consegue reconhecê-lo? – Tevie veste um gabardo festivo. – Como assim? Ele está indo para a Terra Santa. – Por que tal ambição? – Segue-se uma longa explicação. Usar-se-á aqui, na medida do possível, uma tradução literal a fim de transmitir uma idéia do original:

> Em suma, devo dizer-lhe, antes de todos os antes de tudo, que fiquei, possa isso não lhe acontecer, viúvo, minha Golda, descanse ela em paz, morreu. Era uma mulher simples, sem truques, sem cabeçalhos enormes, mas uma santíssima mulher, possa ela interceder por seus filhos, ela sofreu bastante por eles, e talvez por causa deles deixou este mundo, não podia aceitar que estivessem todos espalhados por aí, um em ceca e outro em meca.

Na primeira sentença Tevie diz: "Fiquei viúvo", e explica: "minha Golda morreu"; o que se segue são ou explicações sobre o modo do discurso ("Devo dizer-lhe", "antes de todos os antes de tudo"), ou avaliações ("possa isso não lhe acontecer", "que ela descanse em paz"). A segunda sentença constitui apenas um desdobramento desta última fórmula, com Tevie proferindo boas palavras sobre a falecida, ao modo tradicional (de que era uma pessoa modesta); depois substituindo essa declaração por seu

112   O SIGNIFICADO DO ÍDICHE

oposto ("mas"); depois usando a nova virtude, a da santidade, para pedir-lhe que interceda no céu em favor de seus filhos (mais uma vez um lance formular); depois explicando o oposto (que ela sofrera muito por causa deles); assim retransferindo-se para a realidade e desautomatizando o estilo formular. Um enunciado em três* palavras, "eu fiquei viúvo", adquiriu destarte uma cadeia de embelezamentos ao modo irracional do falar popular, mas durante o processo introduziu um emaranhado de motivos essenciais.

Assim, em um parágrafo, vamos do encontro em um trem a uma viagem à Terra Santa, à morte de Golda, à natureza simples e boa da extinta, a uma fórmula conversacional aplicada às pessoas falecidas (um pedido para que interceda pelos filhos), a um aparte desautorizando a referida fórmula ("ela sofreu bastante"), ao fato dos filhos haverem abandonado a casa, à queixa de Golda de que a sua vida não tem sentido sem os filhos. Em resposta a isso, Tevie argumenta com ela à sua maneira habitual, citando algumas frases pseudo-sagradas, alçando assim a questão pessoal a um problema da ordem do universo para depois explicá-la com suas próprias palavras. Os dois níveis do diálogo – presente e passado – que se interceptam um ao outro são antecedidos pelo uso freqüente de "digo eu" numa cadeia a perder o fôlego:

> Eh, eu lhe disse, Golda querida, há um versículo, digo eu, "*se como filhos ou como servos*" – dá na mesma com filhos ou sem filhos, digo eu. Nós temos, digo eu, um grande Deus, um bom Deus, e um poderoso Deus, digo eu, e no entanto, digo eu, tomara que eu tivesse tantas bênçãos quantas vezes o Senhor do Universo, digo eu, aparece com uma peça de trabalho que seria melhor, digo eu, que todos os meus inimigos tivessem um ano assim [...] Mas ela, possa ela me perdoar, é uma mulher, de modo que ela diz: "Você está pecando, Tevie. Você não deve, diz ela, pecar". "Veja esta coisa nova, digo eu, será que eu disse algo, digo eu, tão mau assim? Será que eu, digo eu, irei, proíba Deus, contra os caminhos do Senhor, digo eu? Porque, digo eu, se Ele já, digo eu, criou um mundo tão bonito, digo eu, que filhos não são filhos, digo eu, e pai e mãe são lama, digo eu, nesse caso Ele provavelmente sabe o que tem a fazer". "Mas ela não entende o que eu digo e me responde de repente sem mais aquela: "Eu estou morrendo, diz ela, Tevie, quem vai cozinhar o seu jantar?"

Como de hábito Tevie pula do assunto concreto e da dispersão dos filhos do casal para uma enunciação "filosófica" geral acerca de filhos (uma desculpa esfarrapada, mas uma fuga para dentro da linguagem) e da "filosofia" para a "teologia", rumi-

---

* No original, cinco palavras. (N. do T.)

A SEMIÓTICA DA COMUNICAÇÃO ÍDICHE 113

nando sobre o fato de Deus arranjar assim o Seu mundo. A sentença sobre Deus, interrompida após algumas poucas palavras pelo segundo nível do diálogo ("digo eu"), começa com bênçãos formulares ("nós temos [...] um grande Deus [...] e um bom Deus, e um Deus poderoso") e prorrompe no oposto, utilizando a gíria e as maldições de artesãos. Golda sobe a um nível mais alto, a um metadiscurso acerca da permissividade de referir-se a Deus dessa maneira. Tevie reconta o fato no presente com um nível ulterior de metadiscurso, explicando que se trata da fala de uma mulher e, em um nível adicional, pedindo perdão por usar a expressão "mulher" em conjunção com uma fala masculina ("mas ela, possa ela me perdoar, é uma mulher"). Mas Tevie acrescenta que, no diálogo no passado, ela nada entendeu e "de repente sem mais aquela" (em ídiche, "tirado do sótão"), inseriu um assunto tão terreno como a sua morte. De fato, fiel a seu papel feminino, ela faz o discurso baixar das citações textuais e da "teologia" para um detalhe concreto: "Quem vai cozinhar o seu jantar?" O supernarrador, Scholem Aleikhem, inverte assim o relacionamento entre quem está e quem não está se atendo à questão, e ao mesmo tempo por meio de um sutil deslocamento, nos traz de volta de vários níveis de desvios e metadiscurso para a questão real: a morte de Golda.

A cadeia toda de associações é acompanhada por vários níveis de reparos metalingüísticos e interjeições avaliativas que se juntam a quase todas as expressões ("tomara que me fossem dadas tantas bênçãos quanto o número de horas", "melhor, digo eu, que todos os meus inimigos tivessem um ano assim" etc.). Assim, um incidente é apresentado não por meio de uma descrição realista, mas de uma fala acerca de uma fala a seu respeito, em cujo transcurso o próprio incidente e as formas faladas são ligadas a questões metafísicas da existência humana que preocupam o nosso herói e são transmitidas à maneira do folclore ídiche, com citações, generalizações, bênçãos e provérbios – todos desautomatizados – e com um metadiscurso sobre os meios de se falar sobre tais coisas.

Essa concatenação pode ser representada pelo seguinte diagrama simplificado. Na coluna à esquerda subimos, com Tevie, em uma cadeia associativa, até que a mulher lhe interrompe a tagarelagem; na coluna à direita, ele desce os mesmos degraus, dessa vez em breves cláusulas, até que alcançamos o evento crucial.

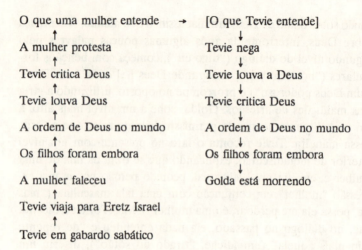

A cadeia associativa é o modo irracional de discurso de Tevie. O próprio autor cria um texto cuidadosamente controlado em que cada elemento e toda ordem de elementos são funcionais. A segunda metade dessa cadeia espelha a primeira metade com precisão. (Quanto à simetria incompleta de nosso diagrama, ela diz respeito à viagem de Tevie à Terra Santa, peripécia que o restante do capítulo de Scholem Aleikhem se dedicará a explicar.)

A cadeia associativa da parlação digressiva de Tevie habilita assim Scholem Aleikhem a introduzir todo um *caleidoscópio* (para recorrer a um termo-chave dos poetas introspectivistas) de motivos centrais onipresentes no livro e na consciência do herói. As visões *caleidoscópicas* de Tevie resultam do *ethos* popular ídiche em que todas as coisas estão ligadas a todas as coisas em um só destino trans-histórico, prefigurado nas Santas Escrituras, e são composicionalmente motivadas por seu modo "judaico" de falar. Todos eles – o caleidoscópio, o *ethos* popular e a composição associativa – são ironizados ao mesmo tempo. Em contraste, como veremos mais tarde, os poetas introspectivistas em Nova York, na década de 1920, motivaram o princípio caleidoscópico com a simultaneidade de experiências no fluxo de consciência de um indivíduo urbano moderno.

O VERSO-FALA POLÍTICO DE HALPERN

O poeta ídiche de Nova York, Moysche-Leyb Halpern (1886-1932) recorre a uma técnica similar de concatenação associativa a fim de apresentar um caleidoscópio de suas amargas

A SEMIÓTICA DA COMUNICAÇÃO ÍDICHE 115

visões pessoais, as de uma fustigante crítica existencialista-anarquista à vida em geral e ao capitalismo americano em particular, entremeada de grossas maldições e surpreendentes *situações análogas*[8]. Esta técnica de deslocamento para conseguir situações análogas, em lugar de metáforas, é visível em poemas como "O Pássaro Mertsyfint", "Aquele que Chama a Si Mesmo Líder" ou nas duas versões de "Meu Gritar Muito Alto" (ver *AYP*, pp. 451, 447, 467 e 489).

"Aquele que Chama a Si Mesmo Líder", um dos poemas em que Halpern exprime sua desilusão com os sindicatos, começa de maneira surpreendente:

> Ninguém de nós encomenda de antemão o seu rosto.
> E não se deve atirar pedras num cachorro
> Que mostra seu focinho uivante ao céu da noite.
> *– AYP*, 447

Mas esse cão em particular e esse rosto feio pertencem a um "líder" sentado num enfumaçado café. Uma cadeia de situações negativas é evocada, seguindo-se uma ode ao que a liderança deveria significar, acompanhada de novo por uma evocação de situações negativas incrustadas quase que casualmente em frases subordinadas, e só indiretamente ligadas como um contraponto negativo à descrição de uma liderança ideal:

> Mas mesmo se o homem que está sentado à minha frente
> Não me lembrasse, com suas palavras, u'a mosca furiosa
> Zumbindo em torno de um monte de lixo no meio da rua –
> E mesmo se, ao ouvir sua voz, eu parasse de pensar
> Que é a maldade da língua humana que tece as palavras
> Numa corda para um irmão dentro da noite –
> Pergunto se então seria mais fácil para mim
> Imaginá-lo na branca veste de um líder!

Subseqüentemente, a branca veste, uma metonímia para uma liderança brilhante, converte-se em mau espírito dentro da noite, apenas para evocar outra imagem do folclore do leste europeu: uma criança aterrorizada por um defunto caminhando do cemitério para a sinagoga, à noite, envolto em sua mortalha branca. Por um momento, o poeta distancia-se da imagem: "Eu nunca vi um defunto andando por aí", apenas para volver a can-

---

8. Vali-me neste tópico de idéias sugeridas por Chana Kronfeld em sua análise, até agora inédita, de um poema de Halpern.

O SIGNIFICADO DO ÍDICHE

celá-la recordando um encontro com uma mulher preta vestida
de branco, dentro da noite:

> Eu procurei na escuridão
> Por uma mão, por uma face humana, por um olhar,
> E o que eu vi foi uma mulher-neve sem cabeça,
> Uma branca figura no campo à noite
> Para espantar os pássaros famintos.
> Eu nem sequer ouvi a sua respiração.
> Apenas o cheiro de sua carne –
> Ácido sulfúrico sobre carne putrescente –
> Devolveu-me os meus sentidos.

Ele não comprou o "desejo, o mais santo da vida", que ela
estava vendendo por alguns centavos. Mas ainda assim pôde es-
capar-lhe caminhando para dentro da noite, ao passo que aqui,
no enfumaçado café, "Aqui eu tenho amigos – /e não tenho outro lugar para onde ir". Assim, por meio da veste branca, uma
metonímia para liderança, somos remetidos a duas imagens drás-
ticas que envolvem figuras vestidas de branco: uma prostituta
negra numa noite nova-iorquina e um fantasma envolto em mortalha branca no mundo das superstições do *schtetl*. Ao contrário
das concatenações de Tevie, estas não guardam relação direta
com a situação básica do poema; não brotam de nenhum conjunto de crenças populares, mas da própria imaginação enferma
do narrador. Mas, para o tópico à mão, elas têm relevância bem
mais forte do que as digressões de Tevie, pois desempenham o
papel de poderosas metáforas, embora se movam ostensivamente em um estilo austero, direto, não metafórico. Trata-se de situações análogas, conectadas através da consciência do leitor.

Nesse poema, entretanto, continua havendo uma espécie de
encerramento, de retorno ao ponto de partida, no fim. Mas nos
escritos ulteriores Halpern renuncia cada vez mais à técnica do
regresso ao ponto da questão, uma técnica usada repetidamente
por Scholem Aleikhem no que são, no fim de contas, narrativas
estruturadas. No texto de Halpern, o narrador e o poeta são
uma só coisa; o poeta não irá estruturar o caos mental de seu
protagonista. Através de sua desenfreada irrupção em qualquer
direção inesperada, Halpern parece expressar o puro estouro
acidental da vida.

A culminação desse estilo erradio, difícil de ser acompanhado, que caracteriza o último período do poeta, é o longo e ina-
cabado monólogo, publicado postumamente com base em um

A SEMIÓTICA DA COMUNICAÇÃO ÍDICHE   117

manuscrito, "Isto Eu Digo ao Meu Filho Único Brincando – e a Ninguém Mais" (*AYP*, p. 491). Perto do fim da primeira parte do poema, o locutor, Moysche-Leyb, em longa tirada, desvairadamente associativa, adverte o filho contra a guerra, saltando de uma invectiva contra as potências deste mundo e seus falsos Messias para o folguedo da criança e de volta para o tema anterior. Em vez de epítetos ou metáforas, situações análogas são iluminadas em *flash*, comparando-se o alto e o baixo, o drástico e o sentimental. Especialmente eficazes são os símiles que baixam alguma enormidade ao nível de detalhe doméstico. Em uma passagem, tudo parece preparar para a guerra:

> A floresta dá madeira para açoites e forcas
> E mastros de bandeira para o navio de guerra
> Que se estira em costas estrangeiras
> Como a mancha de tinta numa carta de amor.

Que metáfora pacífica para uma diplomacia de couraçados! E eis a figura de Cristo pairando, cravada a estacas, com pregos nas mãos e "nem sequer uma rolha de garrafa sobre o corpo retalhado", o sangue não mencionado, porém refletido no céu rubro:

> E não apenas a nuvem no alto
> No clarão de uma cidade em fogo
> Mas o percevejo na gente também é rubro à luz
> Como o sol de manhã,
> Como um fim de sarampo em pele de bebê.

As misérias da vida diária parecem ser tão devastadoras – e tão familiares – quanto as grandes imagens da história e da luta de classes.

A concatenação é infinita, conduzindo de uma coisa ao seu oposto, por comparação, e depois a uma continuação da nova situação, até que se faz saltar um novo elo sobre nós. Todos os elos compõem por certo um universo ideológico, um *pathos* antibélico e uma angústia existencial, porém mal há uma espinha dorsal de natureza estrutural ou qualquer subdivisão duramente marginada entre as imagens-situações que perseguem umas às outras. Daí ser inevitável que cada exemplo aqui introduzido excise algo de seu contexto. Começaremos em *medias res*. Na última página da primeira parte do poema, o filho de um ano e meio do poeta é advertido contra a proclamação do presidente convocando para a guerra:

118 O SIGNIFICADO DO ÍDICHE

E se o presidente – que é pai de todo mundo, só
Deus sabe como –
Chamar, mande-o ir primeiro, para ver
Que céu-ameixa e cara-de-fome são azuis
Na terra do inimigo, também!

[...] E ele pode alugar-se a um sapateiro.
Governar não é um ofício.
É antiquado como o rangido de um sapato novo.

Daqui, passamos às coroas obsoletas, que apenas impedem o sol de lançar luz sobre nossas cabeças, e às "cartolas" – este símbolo do burguês nos poemas de Halpern e nas pinturas de George Grosz –, para a seguinte cadeia:

E uma cartola não deixa passar um pingo de ar –
Assim diz a medicina,
Que protege até a mosca para que a aranha não adoeça.
Porque nós precisamos de teias para a ciência,
Como o compatriota de Cesar, de porco no altar de Jeová.

Simplificada, a cadeia desenvolve-se assim: *presidente* → *coroa* → *cartola* → *teorias do ar fresco* → *o uso da medicina para proteger aranhas* → *ciência capitalista* → *profanação romana do Templo conquistado em Jerusalém* → *anti-semitismo como arma para desviar o protesto popular.* Ele continua:

E o sangue vertido em vão pode ser desviado para os hebreus.
Tudo o que ele tem a fazer é lavar as mãos como Pilatos
E (se for sábado) comer à tua mesa *g(u)efilte fisch*,
Que é doce como o convidado enquanto é de fresca data.

O simbólico "lavar as mãos" feito Pilatos transforma-se no inocente ritual judaico de lavar as mãos antes de comer, o que leva, por seu turno, ao prato judeu que os *goyim*, supõe-se, adoram, *g(u)efilte fisch*. Daí para a frente – sem qualquer justificativa temática, por puro capricho ou malícia – inverte o provérbio ídiche, "um convidado é bem-vindo como peixe fresco, após três dias ele fede".

Fomos assim da convocação do presidente para a guerra até o seu ato de comer peixe. Mas isso pode ser perigoso: ele pode engasgar com algum espinho; e mais uma vez, numa típica inversão, a cadeia leva a um evento positivo: o negrinho, o amigo do filho de Moysche-Leyb, rejubilar-se-á com a morte do presidente. Mas o negrinho – tal como o filho de Moysche-Leyb, para

A SEMIÓTICA DA COMUNICAÇÃO ÍDICHE

quem a guerra é mera brincadeira com garrafas nas escadas –, não entende nada; de repente, Halpern transforma a dança do negrinho com uma inesperada punhalada no leitor:

> Mas ele deve cuidar para não se engasgar com algum espinho,
> Isso pode causar tanta alegria – que teu amigo, o negrinho,
> Vai sair dançando. Foi assim que ele festejou
> Quando eles queimaram vivo o seu pai –
> Há dois anos, ao passar por uma padaria, o cheiro do pão
> Bateu em seu nariz – e ele disse "Bom dia" a uma dona branca.

Uma descrição direta e simples para a qual não fomos preparados por nenhuma coisa anterior deixa-nos sem respiração no fim do poema.

PERGUNTAS

Pode-se dizer que toda uma série de lances semióticos caracterizam o comportamento judaico "típico". Examinemos um de tais modos "judaicos", como seja, o de encetar e desenvolver uma conversação fazendo uma pergunta e respondendo com uma contrapergunta.

Uma das razões para efetuar as perguntas é a necessidade de estabelecer contato com estranhos na estrada, de familiarizar-se rapidamente – como que aclimatar-se –, de procurar aliados ou possibilidades de negócios. Scholem Aleikhem, que foi um mestre na arte de captar e destilar a essência da fala ídiche, imitou uma conversação entre dois estranhos em um trem:

– Parece que o senhor está indo para Kolomea?
– Como é que o senhor sabe que eu estou indo para Kolomea?
– Ouvi o senhor falando com o chefe do trem. O senhor é realmente de Kolomea ou está viajando para lá?
– Sou realmente de Kolomea. Por que pergunta?
– Por nada. Só por perguntar. Bela cidade, Kolomea?
– O que quer dizer, uma bela cidade? Uma cidade como todas as cidades na Galícia. Uma bonita cidade, uma cidade muito bonita!
– Quero dizer, existe lá gente boa, rica?
(etc. etc.)

"É Mentira: Um Diálogo na Galícia"

A charada proverbial propõe: "Por que o judeu responde a uma pergunta com outra pergunta?" E a resposta, apropriadamente, é: "Por que não?" Na realidade, porém, a resposta é mesmo

120 O SIGNIFICADO DO ÍDICHE

menos direta: "Por que pergunta?" ou "Quem lhe respondeu com uma pergunta?", ou "Não fui eu quem perguntou primeiro?"

Fazem-se perguntas por uma variedade de propósitos: entender o mundo, obter informação; passar a bola da descrição afirmativa ao interlocutor a fim de evitar que se lhe revele demais: conhecer o outro tão depressa quanto possível; questionar seus motivos para perguntar aquela coisa em particular; pôr em causa seus pressupostos gerais; questionar suas pressuposições sobre as motivações da pessoa; além disso, inquirir sobre outras alternativas possíveis para uma dada situação; questionar a natureza das palavras utilizadas, isto é, pular da linguagem-objeto para a metalinguagem; e mais ainda, questionar as razões e as formas de empregá-las, ou seja, transladar-se para o metadiscurso.

Uma outra fonte óbvia para semelhante modo de conversação é o argumento talmúdico. A estrutura do Talmud não é a de um ensaio ou de um tratado sistemático, mas a da justaposição de argumentos orais, pró e contra, concernentes a sentenças da Mischná. O texto avança pela propositura de todas as possíveis questões e soluções para um problema ou para a interpretação de uma sentença legal, pela invocação de citações, reinterpretando-as e argüindo as alternativas. No processo de estudo, o mesmo método questionante é usado também para o próprio texto talmúdico, mediante a evocação de textos ulteriores, bem como dos textos sagrados e da própria ingenuidade do estudante. Propor questões e questionar as respostas são aí encorajadas. O termo talmúdico *kuschiya* (de *kasche*, amiúde empregado em ídiche) significa "pergunta" (tais como as "quatro perguntas" que uma criança faz no Seder pascal), porém, de forma mais profunda, significa: "uma dificuldade em um argumento", "uma contradição". Um dicionário hebraico moderno define-o: "uma pergunta difícil, uma contradição, uma objeção a uma opinião ou a uma lei com o propósito de provar que estão errados" (A. Even-Schoschan, *Ha-Milon he-Hadasch*, 1988). Quer dizer, fazer uma pergunta é equivalente a questionar, levantar um ponto difícil ou problemático em um argumento. De fato, a expressão *Schtelt zikh a kasche* (literalmente: "[se assim é,] coloca-se uma pergunta": isto é, "Isso levanta uma questão" ou "Pode-se perguntar, por quê), seguida por uma pergunta, é uma abertura convencional para uma explanação, tanto no estudo talmúdico quanto no discurso ídiche.

Formular perguntas, levantar possibilidades alternativas para uma dada situação ou questionar os pressupostos do inter-

A SEMIÓTICA DA COMUNICAÇÃO ÍDICHE   121

locutor de que tal alternativa era visada, constituía um modo usual de conversação judaica desde a primeira infância. A própria primeira palavra na primeira sentença da Bíblia que a criança aprendia, *beREYschis*, *"No começo (Deus criou o céu e a terra")*, vem acompanhada pelo comentário de Raschi contestando a estrutura dada por Deus ao texto: "Ele não deveria ter iniciado a Torá de outro modo a não ser com 'este mês é para vós', que é a primeira boa ação que foi ordenado aos israelitas praticar; então por que razão Ele principiou com 'No começo'?" Como se principiar com "no começo" não fosse nem lógico nem natural!

Através do ídiche, esse modo transferiu-se para o comportamento judaico em outros línguas. Basta folhear *Call it Sleep* ("Chame isso Dormir", 1935), de Henry Roth, descrevendo uma infância judaica em Nova York, para se notar as centenas de pontos de interrogação que permeiam o texto. Eles servem quer à curiosidade da criança com respeito ao mundo, quer à orientação "positiva" dada pela mãe. Também sublinham o choque entre a mãe imigrante e o filho americano. Por exemplo:

> – Você não parece estar com fome? – perguntou ela. – Você mal tocou o mingau de aveia. Quer mais leite?
> – Não. Não estou com fome.
> – Um ovo?
> Ele sacudiu a cabeça.
> – Eu não devia ter segurado você até tão tarde. Você parece cansado. Você se lembra do sonho estranho que você teve na noite passada?
> – Sim.
> – Como foi que lhe veio um sonho tão estranho? (p. 69)

Aqui, até as sentenças afirmativas implicam questões sobre possíveis alternativas: "Eu não devia ter segurado você até tão tarde".

Em comparação, em "Eveline", de Joyce, quando uma jovem dublinense está a ponto de deixar a casa e está ponderando o passo: "Será aconselhável? Ela tentou pesar bem cada lado da questão", o texto não apresenta pontos de interrogação, mas apenas a evocação de situações a serem julgadas pelo próprio leitor[9].

---

9. Fazer perguntas não é um valor universal, como se pode verificar, por exemplo, pelas palavras de Betteredge no romance de Wilkie Collin, *The Moonstone* ("A Pedra Lunar"): "Como veio a saber a respeito dos malabaristas, senhor?, perguntei, sobrepondo uma questão à outra, algo que não era de bom tom, confesso. Mas o senhor não espera muito da pobre natureza humana – de modo que não espere muito de mim" (Penguin, p. 61).

122 O SIGNIFICADO DO ÍDICHE

Que a fonte esteja no estudo religioso, na precariedade da existência – nas interrogações que ela ergue ou na necessidade de comportamento evasivo –, no relativismo de um grupo marginal, no ceticismo de um povo exposto a amargas experiências através dos tempos, em influências estrangeiras, ou numa combinação de todos esses fatores, o fato é que um conjunto de atitudes se cristalizou e ele se tornou tipicamente "judaico", incorporado na fala típica ídiche. Parece que tais atitudes, transferidas a situações seculares e a outras línguas, converteram-se na base do que se poderia considerar quer negativamente como o comportamento "inquisitivo" e "argumentativo" judaicos, quer positivamente como uma atitude questionadora, "científica", desafiando qualquer autoridade.

Um exemplo deste último tipo pode ser encontrado na seguinte história que se conta a respeito do físico Isador Rabi, ganhador do Prêmio Nobel. Quando criança, ao voltar da escola, sua mãe perguntava-lhe: "Você fez hoje alguma boa pergunta na classe?" Isso não é apenas um modo de encorajar o menino ao estudo ativo e proveitoso, mas uma pergunta que o incita a fazer perguntas.

O lado negativo desse padrão de discurso aos olhos das normas comportamentais européias foi observado na própria literatura judaica. Mêndele Moykher Sforim (1835-1917) introduz a si mesmo, a persona do narrador, na abertura de seu romance, *Dos Kleyne Mentschele* ("O Pequeno Homenzinho"):

Qual é o seu nome? É a primeira pergunta que um judeu faz a outro, a um completo estranho, toda vez que o encontra e lhe estende a mão para cumprimentá-lo. Nunca ocorreria a ninguém que você pudesse responder, por exemplo: "É de sua conta, camarada, qual é o meu nome? Nós vamos por acaso casar os nossos filhos? O meu nome é aquele que me deram e me deixe em paz". Ao contrário, a pergunta, "Qual é o seu nome?", é muito natural. Reside na natureza das coisas tal como apalpar o casaco novo de um sujeito e perguntar quanto custa a jarda de pano, como pedir um cigarro quando um fulano abre a tabaqueira; como enfiar os dedos na caixa de rapé de alguém e servir-se de uma pitada; como meter o dedo na tina de uma pessoa, mergulhar nele um lenço engordurado e depois esfregar o corpo; como aproximar-se de duas pessoas que estão conversando, apontar as orelhas e ficar ouvindo sua conversa; ou lançar uma pergunta a alguém sem mais aquela a respeito de seus negócios e pular em cima dele com algum conselho, embora ele não esteja precisando de nenhum e possa arrumar-se perfeitamente sem ele. Coisas dessa espécie e coisas similares são bastante usuais. É assim que o mundo tem sido desde tempos imemoriais e a gente levantar a voz cont 1 isso soaria apenas estranho, disparatado e louco, um ato. inatural. Não só neste mundo, mas até lá, no outro mundo, os judeus acreditam que, tão logo se põe um pé nele, a primeira pergunta do anjo da

A SEMIÓTICA DA COMUNICAÇÃO ÍDICHE   123

recepção é: "Qual é o seu nome, camarada?" O anjo que lutou com o nosso pai Jacó, ainda que não tenha mudado a ordem do mundo, indagou-lhe no mesmo instante qual o seu nome. Isso para não mencionar um simples mortal. Sei muito bem que tão logo eu entre na literatura ídiche com minhas histórias, a primeira pergunta da multidão será: "Qual é o seu nome, tio?"

Meu nome é *Mêndele*! [...]

Mas eu não posso ir embora só com isso. Após a primeira pergunta, os judeus começam realmente a despejar sobre você toda sorte de perguntas, tais como: De onde vem um judeu? Ele tem mulher? Tem filhos? O que está vendendo? E para onde está indo? E mais e mais perguntas assim, como é o costume perguntar em toda a Diáspora dos judeus, se você quiser aparecer em público como um homem experiente e não como um esquentador de banco, e que é simplesmente humano responder assim como você responde "Um bom ano!" a uma saudação de "Bom *schabos*!", ou "Feliz feriado!" Eu não quero brigar com todo mundo e estou pronto a responder a essas perguntas também, tão logo e tão depressa quanto possível.

Eu mesmo nasci em Tsvyatschitsch, uma pequena cidade de Teterivke...

Mêndele entende tratar-se de um modo de comunicação tão arraigado entre os judeus como dizer "Bom *schabos*!" Franz Kafka, na *Carta ao Pai*, imitou essa maneira de apertar o interlocutor perguntando:

Uma admoestação sua tomava em geral esta forma: "Você não pode fazer isso assim e assim? É muito difícil para você, suponho. Você não tem tempo, decerto?", e assim por diante. E cada uma dessas perguntas vinha acompanhada de um riso malicioso e uma expressão maliciosa.

Mas os próprios escritos de Kafka estão cheios de indagações do protagonista sobre cada passo que dá, em geral depois de ocorrido o fato. E em "Investigações de um Cão", que é apenas uma velada alegoria da condição judaica, coloca o perguntar mesmo no centro de sua inquirição e no da existência de Cão. E ele o faz, mais uma vez, amiudadamente através de perguntas. Como o típico locutor ídiche, Kafka faz perguntas sobre a questão de fazer perguntas e converte o perguntar no problema existencial básico: Quem sou eu? Quem somos nós? Que sentido tem fazermos perguntas? Eis alguns excertos do relato:

E tudo realmente por causa de minhas perguntas, minha impaciência, minha sede de conhecimento. (*The Basic Kafka*, p. 289)

[...] mas você mesmo é um cão, você também tem o saber do cão; bem, bote isso para fora, não apenas em forma de uma pergunta, mas como uma resposta. Se você a proferir, quem pensará em se opor a você? (p. 290)

Para ser exato, foi na esperança de que eles pudessem me responder que tenho interrogado os cães, meus semelhantes, pelo menos desde que me tornei

124 O SIGNIFICADO DO ÍDICHE

adulto? Posso contemplar os fundamentos de nossa existência, adivinhar sua profundidade, observar o labor de sua construção, o sombrio labor, e esperar que tudo isso seja esquecido, negligenciado, desfeito, simplesmente porque eu fiz uma pergunta? (p. 291)

Todo cão tem como eu o impulso de perguntar, e eu tenho como todo cão o impulso de não responder. Todo mundo tem o impulso de perguntar. Como de outro modo poderiam minhas perguntas afetar meus ouvintes minimamente – e eles foram com freqüência afetados, para o meu extático deleite, um deleite exagerado, devo confessar –, e como de outro modo poderia eu ser impedido de conseguir muito mais do que consegui? (p. 293)

Além disso, quem não se sente ansioso por fazer perguntas quando é jovem e como, quando há tantas perguntas vagando por aí, escolher a pergunta certa? Uma pergunta soa como outra; é a intenção que conta, mas esta fica amiúde oculta até do perguntador. Ademais, é uma peculiaridade dos cães estar sempre fazendo perguntas, eles as fazem confusamente todas juntas, é como se fazendo isso estivessem tentando apagar qualquer traço das perguntas genuínas (p. 297)

Este pendor para questionar foi reconhecido também nos círculos psicanalíticos. Peter Gay cita a palestra de Isidor Sadger nas Quartas-Feiras da Sociedade de Psicanálise de Viena, em 1907:

[...] a disposição dos judeus para neuroses obsessivas está talvez ligada a sua mania de parafusar – *Gruebelsucht* – característica deles por milhares de anos. (Peter Gay, *A Godless Jew*, p. 135)

Parece-me que *Gruebelsucht* aqui, tal como pronunciado por um judeu galiciano, não é usado na acepção do dicionário alemão, mas com o significado ídiche, onde *zikh griblen* é quase um termo técnico para o "inquirir talmúdico", a tendência exagerada para cavar fundo, escavar e revirar qualquer nesga de fundamento, descobrir alternativas e motivos ocultos.

Na verdade, perguntar é meramente uma de toda uma ordem de atitudes internalizadas no discurso ídiche e nos padrões comportamentais dos judeus, quer por causa da tradição de estudo, quer dos transes e da mitologia de sua existência histórica.

Parte II
A LITERATURA NA HISTÓRIA:
IDEOLOGIA E POÉTICA

5. A Revolução Judaica Moderna

> *E a migração de meus pais não se amainou em mim.*
> *Meu sangue continua espargindo-se entre minhas costelas*
> *Muito tempo depois que o barco chegou a bom porto*
> *E a migração de meus pais não se amainou em mim.*
>
> YEHUDA AMICHAI, *E a Migração de Meus Pais*[1].

A literatura ídiche, tal como a conhecemos hoje, é um ramo, uma expressão da revolução judaica moderna, que se desenvolveu após os pogroms na Rússia de 1881-1882, e que mudou a face da cultura e da consciência judaicas, bem como as próprias formas da existência judaica.

PRELÚDIO: A ILUSTRAÇÃO JUDAICA

Na verdade, as origens do processo desencadeado por essa conjuntura revolucionária podem ser remontadas a uma época anterior também. Embora os resultados da industrialização e urbanização afetassem a vida das comunidades judaicas tradicionais bem depois que a de outras sociedades medievais na Europa, não poucos indivíduos escaparam da estrutura ortodoxa tão

---

1. Traduzido do hebraico para o inglês por Bárbara e Benjamin Harshav, *Orim*, III, 1, p. 28 [e para o português a partir da tradução inglesa].

128 O SIGNIFICADO DO ÍDICHE

cedo quanto Barukh Spinoza no século XVII, em Amesterdã. Cabe lembrar que, a despeito dos lemas sobre igualdade levantados pela Revolução Francesa, direitos iguais não foram na realidade concedidos aos judeus como cidadãos individuais na Inglaterra e na Alemanha até a segunda metade do século XIX, e no império russo, onde residia a maior concentração de judeus em todo o mundo, até a Revolução de 1917.

Não obstante, mesmo antes da plena liberalização, o movimento da Ilustração (Hascalá, em hebraico: "educação"; de *sekhel*, "razão") desenvolveu-se entre os judeus da Alemanha e da Europa Oriental, centrado em torno da figura dominante de um judeu da província, residindo semilegalmente em Berlim, o escritor hebreu e filósofo alemão Moisés Mendelssohn (1728-1786). Esse movimento coincidiu com a cristalização da moderna cultura burguesa alemã (Mendelssohn foi um de seus filósofos fundadores); sua eclosão foi encorajada pelo processo de centralização no Império Austro-Húngaro, e sofreu a influência ulterior das ideologias sociais da *intelligentsia* russa, na segunda metade do século XIX.

As crenças ingênuas da Ilustração judaica – a igualdade seria conquistada através de uma reforma interna da vida judaica, e da modernização do homem individual – incluíam o impulso para alcançar a cultura européia por meio do aprendizado do alemão ou russo propriamente ditos, familiarizando-se intimamente com as literaturas desses idiomas, com o estudo da ciência, e adquirindo normas estéticas ocidentais tanto na literatura como no comportamento cotidiano. "Beleza" e "estudo" pareciam ser as chaves da aceitabilidade no mundo. A poesia hebraica na elevada língua bíblica poderia servir de veículo para ambos. Mas, visto de uma perspectiva social, o hebraico era apenas uma ferramenta transicional, sua literatura *maskílica* um mero subproduto, uma reflexão interna de uma tendência mais geral de "ilustração" e assimilação cultural, crescentemente posta em prática nas pequenas comunidades judaicas da Europa Oriental e nos centros de poder da Europa Ocidental. Como muitos previram, o caminho efetivo para a igualdade passava pela necessidade de ingressar no meio cristão dominante. Em casos isolados, judeus assimilados ou convertidos ao cristianismo adentraram nas estruturas econômicas, políticas e culturais da sociedade gentia. Houve judeus que construíram estradas de ferro na Rússia e bancos da Alemanha e, cada vez mais, tornaram-se figuras proeminentes nas sociedades européias. Alguns ficaram dividi-

A REVOLUÇÃO JUDAICA MODERNA

dos entre os dois mundos; assim Aba Konstantin Shapiro (1839-1900), convertido ao cristianismo, veio a ser um fotógrafo da alta-sociedade de São Petersburgo, e depois escreveu, não só poemas de amor do tipo rasga-coração em hebraico, como sobre o papel do poeta, das figuras históricas judaicas e sobre o destino dos judeus.

O movimento da Hascalá encetou uma nova corrente na literatura hebraica da Europa Central e Oriental (entre 1780-1880, mais ou menos), utilizando-se dos gêneros literários europeus, especialmente no verso, e de alguma maneira continuando a tradição da poesia secular hebraica desenvolvida na Itália desde a Renascença. Simultaneamente, emergiram os inícios de uma moderna literatura ídiche. Quando as letras hebraica e ídiche modernas atingiram a maioridade, nos idos de 1890, elas brotaram dos quadros da literatura da Hascalá, embora a tenham transformado inteiramente.

Entretanto a Ilustração mesma tocou apenas a superfície da sociedade judaica na Europa Oriental. Do ponto de vista político, sua literatura era em ampla medida ingênua, simplista e retórica, não enfrentando quaisquer preocupações humanas mais profundas. As empobrecidas massas de judeus, em rápida multiplicação, eram mantidas como que numa prisão nas cidadezinhas densamente povoadas do "Cercado de Residência", nas partes ocidentais da Rússia. Os judeus eram expulsos das aldeias; o acesso às escolas e universidades estava barrado para eles por um severo *numerus clausus*; e entrar no proletariado russo era-lhes praticamente impossível. Quando os mesmos territórios ainda pertenciam ao grande reino da Polônia e da Lituânia, os judeus, no conjunto, haviam desempenhado um papel intermediário entre a aristocracia latifundiária centrada na Polônia propriamente dita e a população camponesa da Ucrânia. Todavia, quando o ápice polonês desse triângulo foi cortado e o número de judeus cresceu imensamente, estes perderam a função econômica e as bases de sua subsistência. Os inícios da industrialização na Rússia – da qual as massas judaicas estavam excluídas – desfechou um golpe ulterior nessa população alienígena e excedente.

Em certo sentido, o anti-semitismo moderno continuou a alimentar um aspecto não resolvido da desintegração do império polonês medieval. Os judeus da Galícia precipitando-se para Viena (onde Hitler formou suas primeiras impressões), os *Ostjuden* insinuando-se em Berlim, os judeus do "Cercado" infil-

130   O SIGNIFICADO DO ÍDICHE

trando-se nas capitais russas – provocando em toda parte ódio
por lhes faltar uma profissão "decente" ou por competirem com
as profissões dos outros e por suas estranhas maneiras e entonações – eram todos manifestações de uma tentativa de atalhar
uma obsoleta posição sócio-econômica e étnica.

VITÓRIA E DERROTA DA ILUSTRAÇÃO

Em março de 1881 o czar Alexandre II da Rússia foi assas-
sinado, uma onda de pogroms contra os judeus desencadeou-se
no sul do império e a Ilustração viu-se abalada. Os escritores da
Hascalá ficaram chocados com os acontecimentos, imprevistos
por sua ingênuas crenças no liberalismo e no progresso.

Na verdade, como todos os compêndios proclamam, a Hascalá como tendência literária estava liquidada. Mas os seus triun-
fos apenas começavam a materializar-se na vida real. Os princípios da Hascalá foram postos em prática não somente por alguns
poucos, os ricos e os educados, mas por milhões de judeus. É
possível resumi-los em três divisas, *estudo, estetização* e *auto-realização*, como avenidas capazes de levar a um lugar no mundo.
Tais princípios, internalizados na mentalidade e nas atitudes de
cada indivíduo, rico ou pobre, educado ou semiletrado, atuaram
como poderosa força interna na realocação e mobilidade sociais
dos judeus nos últimos cem anos.

Estudo incluía aprender novos idiomas, cultura "secular"
(isto é, cristã) e ciência racional, de um lado, e, de outro, a
edificação de uma cultura secular moderna no interior da sociedade judaica, em hebraico e ídiche, bem como em outra língua
dominante (de início alemão e russo, depois francês e inglês).

Estetização significava modificar a aparência externa e o
comportamento, escanhoar a barba e abandonar o gabardo medieval (ainda envergado hoje por comunidades de judeus ortodoxos); suprimir formas comportamentais ruidosas, "gesticula-
ção" excessiva ou desarmonia de preces conduzidas individualmente no âmbito coletivo de uma sinagoga; assim como valori-
zar o "belo" em literatura e arte.

Auto-realização queria dizer não mais confiar nas estruturas
comunitárias tradicionais, porém "fazer a coisa" ou "executá-la"
por si só: aprender um ofício ("produtivização" dos judeus); realizar na vida pessoal os ideais do sionismo, por meio da *hags-
chamá* (isto é, "implementação pessoal de um ideal" através da

A REVOLUÇÃO JUDAICA MODERNA 131

aliyá ou como pioneiro em um *kibutz* na Palestina), ou do comunismo (lutando e trabalhando pela Revolução Russa); tornar-se proletário urbano (em Varsóvia, Lodz ou Nova York), como parte de uma larga população que nunca se entregara antes a trabalho físico; ocupar-se de uma mercearia ou um supermercado no Harlem ou entrar em novas e arriscadas áreas, da indústria do cinema ou da ciência.

Muito embora, em princípio, a tendência tenha começado antes, pode-se considerar os anos 1881-1882 como um significativo *divisor de águas, na história da cultura e da consciência judaica*, sem paralelo, nos resultados, em nada que haja ocorrido desde a expulsão da Espanha em 1492 ou, mesmo, desde o início do exílio judaico, há dois mil anos, da Terra de Israel.

Como se sabe, os choques foram repetidos: na expulsão dos judeus de Moscou em 1891 e de todas as aldeias russas em 1892, nas ondas de pogroms que precederam e seguiram a primeira revolução russa de 1905 (o pogrom de Kischinev de 1903 assumiu proporções mitológicas) e na terrível vaga de extermínio que varreu a Ucrânia durante sua luta para tornar-se independente da Rússia bolchevista, no momento crucial da guerra civil, o de 1919. Os processos desencadeados em 1881-1882 vieram a ser reforçados com os novos acontecimentos, mas o curso básico de seu desenvolvimento pode ser traçado a partir desses anos.

Não havia nada de realmente novo nos pogroms contra os judeus na Ucrânia. O folclore ídiche preservou lembranças de morticínios maciços de judeus no transcurso da insurreição nacional ucraniana de Khmelnitski, em 1648-1649, e nos pogroms de Gonta, no fim do século XVIII. E houve um "inesperado" pogrom em 1871 na então jovem, muito jovem, cidade judaica de Odessa. O aspecto inédito residia antes nas ilusões estilhaçadas dos que formulavam a consciência judaica – a *intelligentsia*, que se agarrara à grande cultura russa e via-se agora frustrada por encontrar a mão oculta do governo no desencadeamento dos pogroms. As ondas de choques foram tão grandes que solaparam todas as certezas das comunidades judaicas na Europa Oriental. Com a secularização a espalhar-se pela atmosfera da vida judaica, produziu-se também um novo senso de audácia e dignidade que levou todo um povo a mover-se ou a encarar a possibilidade de mover-se a fim de sair de seu lugar físico e de sua situação social.

132 O SIGNIFICADO DO ÍDICHE

Forças externas, quer positivas quer negativas, contribuíram para o deslocamento histórico dos judeus nos últimos cem anos: de uma parte, houve as perseguições na Rússia e, ao fim, o Holocausto do judaísmo europeu; de outra, as possibilidades de emigração, a igualdade de direitos promovida pela Revolução Russa e pelo liberalismo europeu, bem como a necessidade de reforçar o poder intelectual em áreas recém-abertas e em rápido desenvolvimento. Mas as consecuções criativas do período e a nova posição do judeu no mundo se devem às *respostas de dentro* às condições prevalecentes. As forças espirituais mobilizadas pelo indivíduo e pelas instituições coletivas moldaram a história judaica moderna e determinaram o lugar dos judeus (ou de seus descendentes) na sociedade não-judia. Imensas energias integraram tais respostas: pessoais e coletivas, centrípetas e centrífugas, cristalizadas em todo um leque de réplicas alternativas nos domínios da cultura, ideologia, consciência individual e ação[2].

RESPOSTAS DE DENTRO: LITERATURA, IDEOLOGIA, MIGRAÇÃO, ASSIMILAÇÃO

Quais foram as respostas à história desencadeadas por essa nova compreensão?

Uma das respostas foi a de criar uma alternativa cultural interna tanto à cultura religiosa obsoleta quanto à dependência absoluta para com a beleza e as idéias existentes em literaturas estrangeiras. A geração que cresceu na Rússia após 1882 criou e nutriu uma literatura moderna, em hebraico e ídiche, que aspirava a parear-se aos padrões do que havia de melhor na escritura européia do século XIX. Embora as letras hebraicas e ídiches possuíssem antecedentes nos séculos anteriores e tivessem experimentado um novo início na Hascalá do século XIX, sua estatura de literaturas européias só emergiu nos fins dos anos de 1880 e 1890 e na primeira metade do século XX. Quer a literatura ídiche, quer a hebraica são hoje em dia inimagináveis sem essa revolução. Todo o seu passado histórico recuperado também se tornou possível e veio a ser refletido graças a essa base conseguida.

2. Ver meu trabalho hebraico, "Eretz Israel e a Revolução Judaica Moderna", em Nurith Gertz (ed.), *Perspectivas da Cultura e Sociedade em Eretz Israel*, Tel Aviv, Universidade Aberta, 1988, pp. 7-31.

A REVOLUÇÃO JUDAICA MODERNA

133

Nesse período, outrossim, uma nova classe de literatura "judaica" desenvolveu-se em línguas não-judaicas – de Joseph Roth, Franz Kafka, Bruno Szule e Else Lasker-Schüller a Saul Bellow e Philip Roth. As obras de autores judeus como esses podem ser lidas com duas perspectivas: ou como parte da manifestação literária do idioma em que foram escritas, apenas com o uso de materiais e sensibilidade "judaicos" (como Faulkner usou os do sul dos Estados Unidos), ou como parte de um corpo literário "judaico" multilíngüe, dando representação a vivências e a atitudes judaicas. Integradas na literatura de outra língua, tais obras não permanecem isoladas em um "gueto" judaico, como aconteceu com a literatura ídiche.

Com a literatura, emergiram em hebraico, ídiche e russo diferentes tendências de pensamento e estudo. De um lado, foram elas influenciadas pela crítica intelectual russa e, de outro, respondiam à "ciência do judaísmo" que floresceu na Alemanha do século XIX. Esse afã culminou na grande *Enciclopédia Judaica* (*Evreyskaya Entsiklopediya*) publicada em língua russa pouco antes da Revolução.

A despeito dos numerosos obstáculos e da percepção da falência do liberalismo, massas de rapazes e moças mergulharam nas classes da educação secundária russa, o tão altamente acadêmico "ginásio" (na maioria como "externos", pois pouquíssimos judeus eram admitidos nas escolas mesmas). Se a literatura ídiche e a hebraica modernas adotaram as normas da escritura clássica européia, o fato se deve em grande parte a essa educação adquirida por seus autores e leitores igualmente e aos modelos de alta literatura que lhes foram assim transmitidos. Muitos prosseguiram seus estudos, ingressando em universidades, onde quer que fossem acolhidos, mas sobretudo na Europa Ocidental.

A maior parte dos partidos políticos judaicos foram organizados nos anos de 1890 e no início do século XX, agrupando-se em torno de programas orientados para o futuro. Além disso, muitos judeus queriam "mudar o mundo" e desempenharam papel importante na fundação de partidos políticos russos. Entre as ideologias e organizações partidárias então emergentes havia socialistas – internamente judeus como o *Bund* ou russos como os mencheviques, bolcheviques e socialista-revolucionários; anarquistas; sionistas e sionista-trabalhistas (marxistas da direita e da esquerda e antimarxistas); territorialistas; folkistas (populistas) e seimistas (proponentes de um Parlamento autônomo judaico); e sionistas religiosos. Mais tarde surgiu a direita radical

134 O SIGNIFICADO DO ÍDICHE

sionista (os "revisionistas"), encabeçada por um poeta e jornalista judeu russo, Vladimir Jabotinski, em uma ponta do espectro, e a "Seção Judaica" (*Evsektsiya*) do Partido Comunista soviético, na outra. Até mesmo a reação da ortodoxia religiosa a tais correntes assumiu a forma de um moderno partido político (Agudas Isroel). Ademais, toda uma rede de organizações sociais espalhou-se entre o povo: sociedades para a promoção dos estudos, para o treinamento profissional (ORT), para a saúde pública; sistemas de escolas judaicas, sindicatos, casas editoras, bibliotecas públicas, e assim por diante.

Por seu valor simbólico, cumpre destacar quatro eventos ocorridos no interior do mundo judaico em um só ano, 1897:

1. A Organização Sionista Mundial foi fundada em Basiléia (ainda que um movimento sionista anterior e a emigração para a Palestina, incluindo até ideais quase comunistas, tivessem sido desencadeados na Rússia já em 1881-1882).

2. O ilegal partido social-democrata judeu, de ação entre as massas, o *Bund*, foi organizado em Vilna. (No ano seguinte, os seus líderes ajudaram a formar o Partido Social-Democrata Russo que levou por fim à Revolução Russa.)

3. O historiador e crítico literário Simão Dubnov, começou a publicar, em russo, suas *Cartas sobre o Novo e o Velho Judaísmo*, promovendo a idéia de uma autonomia cultural como o modo de existência da Diáspora judaica.

4. O "sionista espiritual" Achad Ha-Am fundou na Rússia o periódico cultural hebraico *Ha-Schiloah*, que se converteu em porta-estandarte da literatura hebraica moderna.

5. O diário ídiche (então socialista), *Forverts* (*The Daily Forward*), começou a circular em Nova York e ajudou na absorção das massas de imigrantes judeus no Novo Mundo, desenvolvendo seu autoconhecimento e sua auto-estima e promovendo a literatura ídiche juntamente com o *engagement* americano.

Como se pode ver, do terremoto à formulação de respostas políticas decorreu uma geração. Os jovens, que passaram pelos pogroms em sua infância, encontravam-se na faixa dos vinte anos quando tais respostas tomaram forma. O que aconteceu nesse interim? Nas décadas de 1880 e 1890, uma nova literatura hebraica e ídiche de envergadura européia emergiu na Rússia. Ela revelou um crítico, mas humano panorama ficcional da existência judaica, proporcionado assim uma poderosa imagem para o auto-entendimento, a autocrítica e a autoconfiança de uma nova

A REVOLUÇÃO JUDAICA MODERNA 135

geração, que então ingressava nas instituições políticas e culturais em desenvolvimento em 1897 e mais tarde.

A bem dizer, com início em 1881, milhões de judeus responderam instintivamente aos acontecimentos. Antes mesmo que as réplicas ideológicas fossem traduzidas em termos políticos, centenas de milhares abandonaram a terra natal na Europa Oriental e emigraram para além-mar, sobretudo para os Estados Unidos e, em menor número, para muitos outros países, inclusive os da Europa Ocidental e a Palestina. Antes houvera também pobreza e medo de perseguição, mas agora, com as ondas de choque a funcionar como poderosa força de psicologia social, muitos indivíduos e famílias com espírito de iniciativa foram embora sem qualquer intuito de retornar (tendência incentivada pela introdução da navegação a vapor e pela política de portas abertas vigente nos Estados Unidos). A eles cabe adicionar as levas maciças que se transferiram, sempre que possível, das pequenas cidades para os centros regionais e para o que era então considerado grande cidade, no interior e fora do Cercado, participando igualmente das correntes gerais de urbanização e modernização. Por volta da Primeira Guerra Mundial, um terço da população judaica do Cercado deixara os seus locais de origem, dirigindo-se para além-mar. Por volta dos anos de 1930, ao menos outro terço tomara também o rumo das grandes cidades da Europa Central e Oriental, bem como do anteriormente proibido coração da Rússia, agora soviética. E dos que permaneceram nas cidadezinhas não foram poucos os que modificaram a sua cultura e a sua aparência. Era um movimento, sem precedentes, de todo um povo abandonando suas bases. Os escritores também o empreenderam: Mêndele foi para a Suíça; Tsunzer, Schomer, Imber e Scholem Aleikhem para a América; Brenner para Londres e depois para a Palestina; Agnon, Bialik, Tchernikhovski, Schimonovitch e Grinberg para a Palestina, Alemanha e, de novo, para Eretz Israel; Steinberg, Ben-Zion, Hameiri e Fichman para Tel Aviv; Bergelson, Markisch e Kvitko para a Alemanha e, de volta, para Moscou; outros para as grandes cidades da Polônia e da Rússia.

Milhares de judeus, particularmente na Europa Ocidental – onde estava firmado no século XIX o processo de assimilação às diferentes línguas dominantes – e mais tarde nos Estados Unidos, assim como na Rússia, entraram na cultura geral, nas artes, medicina, ciência, comércio, mídia etc., e amiúde fizeram em tais campos contribuições das mais relevantes. Alguns se assimilaram

136 O SIGNIFICADO DO ÍDICHE

por completo à cultura predominante, alguns se converteram ao cristianismo ou passaram a negar ou desprezar de um modo qualquer a sua judaicidade; outros, não.

É difícil imaginar os embates psicológicos ocorrentes no coração de indivíduos convencidos de que precisavam suprimir gestos, perguntas e até a mentalidade herdados dos pais e eliminar de suas vidas a língua de sua infância, esta primeira língua tão carregada de emoções. De fato, tratou-se muitas vezes de um processo repetido e dividido entre várias gerações: os que nasceram ostensivamente integrados na cultura geral, com freqüência reviveram os mesmos dilemas ou os reprimiram. Pode-se ainda achar na literatura expressões dessa terrível ruptura e da coragem de encará-la de frente, ou da alienação dos filhos em face dos pais nascidos no estrangeiro, que pensavam estar assimilados à nova língua, mas que na realidade continuavam imigrantes aos olhos dos próprios filhos. Todavia, o resultado externo da integração pode ser muito bem-sucedido, como é possível observar nas sociedades ocidentais contemporâneas.

Diante deste fenômeno, os escritores ídiches permaneceram fiéis ao idioma de seus pais, mas também eles se alienaram de certo modo por completo em relação a estes últimos, ao se trasladarem ao estranho mundo dos *goyim*, a suas surpreendentes formas, temas e idéias – e tanto mais quando se trasladavam para um mundo separado do passado por um oceano, para a América.

CRÍTICA INTERNA DA EXISTÊNCIA JUDAICA

As circunstâncias específicas em cada lugar e cada biografia pessoal podem, naturalmente, variar muito. Mas os diferentes tipos de resposta – na literatura, educação, ideologia, migração e assimilação – têm fundamentos básicos em comum. Essencial a todos foi uma crítica de dupla direção à estrutura tradicional da existência judaica: a suas condições externas limitadoras e à sua habitual fraqueza interna.

Quanto à primeira, muitos judeus estiveram na vanguarda da luta pela igualdade de direitos em todas as sociedades e, alternativamente, pelo estabelecimento de um Estado próprio. Foi a revivescência espiritual e cultural – na literatura, ideologia e educação – que influenciou a ação mais do que o contrário. Após o humilhante pogrom de Kischinev em 1903, o poeta H. N. Bia-

A REVOLUÇÃO JUDAICA MODERNA 137

lik escreveu um mordaz poema em hebraico (traduzido para o ídiche por I. L. Peretz e mais tarde pelo próprio Bialik), fustigando as vítimas por aceitarem a vergonha e a carnificina. O poema exerceu forte impacto sobre a ideologia da autodefesa, uma atitude radicalmente oposta à tradição religiosa no sentido de se aceitar o destino e a morte passivamente, como mártir, *al kidusch ha-schem*. Bundistas e sionistas organizaram grupos de "Autodefesa" que, embora armados ilegalmente, desviaram ou refrearam muitos pogroms e iniciaram um processo judaico de "autodefesa", logo transplantado para Eretz Israel (o exército israelense herdou o termo, Haganá, que consta de seu nome, "Forças de Defesa de Israel"). Foram envidados também enormes esforços a fim de modificar a estrutura social dos judeus por meio do ensino de profissões práticas, do desenvolvimento de uma agricultura judaica na Argentina, Palestina, New Jersey e na União Soviética, após a Revolução, e da luta para abrir-lhes acesso em campos a eles proibidos ou cerrados.

A análise da difícil situação em que os judeus se viram colocados, enquanto dependentes de sua estrutura social típica, foi sugerida no início do século XX pelo sionista socialista Nakhman Syrkin e pelo marxista sionista Ber Borokhov. As concepções deste último podem ser resumidas na impactante imagem de uma pirâmide invertida. As nações normais, segundo essa visão, compõem uma estrutura de classe parecida a uma pirâmide: ampla base de camponeses suporta uma camada bastante larga de operários e, apenas no topo, há um estrato mais estreito de classe média, comerciantes, intelectuais e aristocratas. No caso judaico, a figura apresenta-se de cabeça para baixo: tem-se uma base reduzida de trabalhadores e largas camadas de intermediários e intelectuais. Como um triângulo erguido sobre o seu ápice, qualquer sopro de vento pode derrubá-la. Tal imagem casava, por certo, com a concepção marxista do proletariado como a classe do futuro e as idéias tolstoianas e similares a respeito de uma nação saudável baseada nas suas classes "produtivas" e dedicada ao trabalho do campo (originalmente, era a ideologia de uma sociedade dominada pelas normas de uma aristocracia de proprietários de terras, que subestimava inteiramente a importância econômica do comércio e da ciência).

Esse tipo de visão, que solapava a certeza acerca dos próprios fundamentos da existência econômica e social judaica, exerceu profundo impacto nas percepções e soluções buscadas

138 O SIGNIFICADO DO ÍDICHE

em todas as direções políticas e influiu fortemente nas tendências de revisão e mudança internas. Não obstante, a maioria das pessoas individualmente seguiu um rumo contrário a tais vetores ideológicos e acompanhou as correntes históricas no sentido da urbanização mais do que da agricultura, da América mais do que da Palestina, do capitalismo mais do que do comunismo. Como conseqüência, os descendentes dos judeus – que por uma geração passaram por um estádio proletário – ocupam de novo, em termos estatísticos, uma posição inusual, tendenciosa, na sociedade, bastante análoga à descrita por Borokhov, embora se espere que tal fato não seja tão perigoso no mundo ocidental de hoje como imaginava o teórico marxista sionista imaginava.

A crise interna não foi menos amarga. Desde o início do movimento da Hascalá, os judeus haviam internalizado muitos estereótipos negativos acerca deles mesmos. A bem dizer, alguns desses poderiam encontrar apoio na observação efetiva dos fatos, fossem causados ou não por pressões externas, fossem realmente "negativos" ou apenas vistos como tais através de lentes "moralistas" ou "ocidentais. Boa parte do autocriticismo judaico pode ser encarado como uma trasladação da mudança moderna de normas – Ocidente contra Oriente, cultura burguesa pseudo-aristocrática contra comportamento medieval e de baixa classe – para antiquados e grotescos, embora às vezes historicamente fundamentados, estereótipos anti-semitas. A própria literatura judaica forneceu inesquecíveis imagens satíricas de semelhantes visões críticas e até fracamente "anti-semitas", moldando assim a auto-imagem pública de seus leitores. Tais estereótipos foram reelaborados pelos judeus em diferentes formas de autocriticismo ideológico e levaram ao abandono maciço das vias tradicionais por meio da "secularização", compreendendo desde a tentativa de rejuvenescimento no sionismo ou no comunismo internacionalista até o assim chamado auto-ódio e anti-semitismo judaicos. As mudanças das normas medievais e de baixa classe em maneiras "polidas" de alta classe, em sensibilidades modernas e na admiração pelas artes foram encaixadas na sociedade judaica no espaço de vida de uma geração. Aquilo que era na Europa diferença de classe fundiu-se na sociedade judaica em termos da biografia dos próprios indivíduos. Tais transformações abarcaram grande parte da nação. Isso resultou, naturalmente, em tensão psicológica e criticismo emocional extremos.

A REVOLUÇÃO JUDAICA MODERNA

A TENDÊNCIA CENTRÍFUGA: NÃO AQUI, NÃO COMO AGORA, NÃO COMO SOMOS

O grande impulso por trás desse movimento centrífugo – para longe dos confins da comunidade tradicional religiosa da cidadezinha e de seus vestígios na mentalidade e no discurso – pode ser descrita em dois conjuntos de tendências positivas e negativas típicas dessa fase na história judaica (embora pareando amiúde com correntes similares em outras culturas e sendo por elas reforçadas).

Um denominador comum das várias tendências alternativas pode encontrar-se na negação de que todas ou de algumas das coordenadas básicas de existência estejam localizadas na velha comunidade (elevada a proporções mitológicas na imagem literária da cidadezinha da Europa Oriental, o *schtetl*). Os três deíticos básicos de linguagem – AQUI, AGORA, EU – a partir dos quais começa a orientação no mundo, foram postos em questão. Os deíticos são instrumentos lingüísticos cruciais: embora não carreguem significados léxicos por direito próprio, relacionam o material semântico à situação da fala, a seu lugar, a seu tempo e ao falante. É como se todas essas novas formas de deslocamento físico e cultural dissessem, de diferentes modos, em diferentes combinações e em diferentes graus: Nós queremos ser NÃO AQUI, NÃO COMO AGORA, NÃO COMO ÉRAMOS.

O NÃO AQUI foi expresso pelo movimento de emigração em massa para fora do Cercado de Residência, da Rússia para a Europa Ocidental e além-mar, das cidadezinhas para cidades maiores e grandes urbes, do Cercado para leste, para a Rússia propriamente dita; na admiração e atração pelos centros de cultura e estudo na Rússia, Alemanha, Suíça, Bélgica e França; ou nos sonhos de um futuro nacional em Sion ou em algum outro território judeu (como o formularam os "Territorialistas" idichistas).

O NÃO AGORA resultou em ideologias orientadas para o futuro (socialismo e comunismo) ou para o futuro como um revivido passado heróico (sionismo)[3]. Mesmo aqueles, como os bundistas ou os folkistas ("populistas"), que tomavam por base o fato de que os judeus viviam "aqui", na Diáspora, não o en-

---

3. Cf. no poeta hebreu Bialik a visão de uma ruína ou de uma centelha remanescente do fogo sagrado de um templo no passado, a ser revivido, talvez, no futuro (ou então perdido para sempre).

140 O SIGNIFICADO DO ÍDICHE

tendiam no sentido da civilização tradicional ortodoxa do *schtetl*, mas pretendiam reestruturar inteiramente o "aqui", edificando uma nova, secular, urbana e "sadia" cultura judaica, com escolas ídiches laicas, bibliotecas, uma literatura e instituições sociais e políticas, bem como lutando ativamente por um futuro de socialismo e igualdade étnica e autonomia na sociedade contextual[4].

Dos três deíticos, a negação do "eu" é o mais difícil de uma pessoa aceitar. O jovem e renomado filósofo vienense Otto Weininger o fez, devido a um anti-semitismo radical, racista, e depois suicidou-se. Joseph Roth inventou para seu próprio uso um aristocrata polonês que teria estuprado sua mãe. Outros solucionaram o dilema colocando a negação no plural e, se possível, no passado – NÃO COMO NÓS ÉRAMOS – e trasladando-a em duas direções: a supressão de traços negativos "judaicos" em si próprios e a exteriorização da negação, situando-a em outros judeus ou em outras correntes ou aspectos ("negativos") da judaicidade. Lutando contra os outros, lutavam contra o medo de terem herdado eles próprios traços negativos "judaicos" ou de serem acusados por causa deles.

A negação assumiu uma grande variedade de formas, conforme o tempo e o lugar ou a direção política ou cultural escolhidos. Os terríveis apuros da existência judaica e a imensa pressão externa fomentaram tremendos sentimentos de culpa ("É nossa falta", "Alguma coisa está podre em nós", ou as advertências das mães: "Não grite como um judeu", "Não gesticule com suas mãos judaicas") difíceis de agüentar. Eles foram prontamente externalizados e alimentaram as brigas e os ódios entre partidos judaicos, grupos étnicos ou línguas.

Há uma similaridade estrutural entre os diferentes modos de externalizar a autonegação, embora seus alvos mudem de caso a caso. Os judeus alemães (aqueles que já viviam em Berlim

---

4. Pode-se argumentar que a busca de um "não aqui, não agora" constituía um traço tipicamente romântico, sobretudo quando localizado num passado idealizado. Em um sentido amplo, as várias correntes da revolução judaica nutriram-se em geral no ânimo romântico europeu reforçado pelo anelo messiânico judaico, embora secularizado, por uma futura sociedade utópica de paz e igualdade. No romantismo, entretanto, este representava apenas um afastamento espiritual de uma base firme, de coordenadas estabelecidas de uma sociedade territorial vivendo AQUI E AGORA: enquanto na conturbação judaica, a própria base encontrava-se minada. Nesse aspecto, ela apresenta afinidades com o espírito da América, sem ter um continente à sua disposição.

A REVOLUÇÃO JUDAICA MODERNA 141

havia uma ou duas gerações, ou falavam alemão "puro" havia duas ou três gerações) enxergavam o real perigo nos asquerosos e intrometidos recém-vindos do leste (*Ostjuden*), que estariam expondo aos olhos dos gentios os traços negativos dos judeus e atraindo o ódio sobre todos eles. Um padrão similar repetiu-se, nos Estados Unidos, na relação dos judeus de origem alemã com seus correligionários imigrantes da Europa Oriental – o folclore ídiche de Nova York registrou o fato como *Uptown* versus *Downtown*, numa época tão recente quanto o início do século XX. Tais sentimentos, por certo, foram neutralizados pelos grandes esforços de ajuda e simpatia, expressos, por exemplo, na Aliança Educacional (*Educational Alliance*) formada por judeus *Uptown* (da "cidade alta") para educar seus irmãos do Lower East Side, da "parte mais baixa", que produziu artistas como Haim Gross, Jacob Epstein, Raphael Soyer e outros.

Mistura similar de aversão e ódio era também comum na nova sociedade "hebraica" da Palestina em relação aos judeus da Diáspora, considerados trapaceiros, tortuosos ("mentalidade do Galut" [Diáspora]), subservientes ("carneiros indo para o matadouro"), parasitas vivendo do ar (*luftmentschn*) ou especuladores negocistas e viradores que talvez merecessem o que quer que lhes tenha sobrevindo ("Nós lhes avisamos!"). O hebraico, como língua de um orgulhoso rejuvenescimento e independência, era contraposto ao desprezível ídiche, que simbolizava as disformes características da Diáspora. Mais ainda, a pronúncia "sefárdica" adotada no hebraico israelense, com seu forte acento "másculo" na última sílaba de cada palavra, constituiu o signo da determinação e da virilidade em oposição ao choroso *oy* e *ay* do hebraico *aschkenazi*: *raboTAY, khaveRIM, livNOT* pareciam mais resolutos do que *raBO-O-OY-say, khaVEYrim* e *LIVnoys*. Para muitos, a imagem negativa do Galut derivava de memórias de infância, do perseguido e empobrecido *schtetl* de seus pais, e foi ampliada pelas imagens ficcionais negativas da literatura judaica. Não houve compreensão para o fato de que o mesmo autocriticismo levara, entrementes, a mudanças radicais – urbanização, esteticização, senso de dignidade – e ao movimento para fora do *schtetl* no âmbito da própria Diáspora.

Um distanciamento similar desenvolveu-se entre os urbanizados judeus "da grande cidade" na Polônia e Rússia, em Berlim e Paris, em face de seus primitivos e melodramáticos primos da cidadezinha, com suas salmodiadas entonações; entre os judeus que participaram da Revolução Russa e de suas estruturas de

142 O SIGNIFICADO DO ÍDICHE

poder, em face de seus pais "pequeno-burgueses", semi-"clericais" e "anti-sociais" das cidadezinhas; e entre os judeus americanizados, já estando na América havia cinco ou dez anos, em relação aos seus parentes incivilizados, *green-horn**. O "anti-semitismo judaico" em geral encontrava alvos fora de seu próprio corpo. Isso vale não só para o caso do ministro do Exterior da Alemanha de Weimar, Walter Rathenau (1867-1922), filho de um rico e assimilado industrial berlinense, como também para o jovem poeta ídiche, comunista e soviético, Izi Kharik, que admitiu em um poema nostálgico escrito em 1930 que, durante uma visita ao seu *schtetl* natal, as pessoas o chamavam de "anti-semita".

No interior da literatura ídiche, o alvo negativo foi com freqüência a retrógrada ou fossilizada e confinadora sociedade religiosa, ou o primitivismo da cidadezinha, com sua falta de cultura e senso do mundo e sua mentalidade irracional do gueto. Em troca, a língua e a literatura ídiche viram-se, a seu turno, sob a mira de preconceitos similares vindos de fora, adotados por judeus que tentam assimilar-se ao hebraico ou a idiomas estrangeiros.

Naturalmente, houve correntes que se opuseram a essa esquizofrenia e sentimentalizaram o *schtetl*, o folclore ídiche e as tradições religiosas do leste europeu. A maré cresceu depois do Holocausto, que evocou sentimentos de culpa, de medo e auto-afirmação judaicos. E houve muitas combinações e muita ambivalência no meio. Positivas ou negativas, ou mistura de ambas, tais respostas refletiam a situação em que pressões externas efetivas ou apenas latentes foram traduzidas em tensões internas irracionalmente exageradas, que pareciam aumentar o abismo entre judeu e judeu. De nossa perspectiva, as alternativas intransponíveis de ambos os lados do abismo constituíam tão-somente caminhos diferentes de uma só corrente muldirecional.

O CONTEXTO EXTERNO

O movimento centrífugo desencadeado por essas enormes forças históricas libertaram energias mentais e intelectuais reprimidas durante gerações. Isso foi acentuado por forças externas (como a perseguição) e se tornou possível graças às mutan-

---

* *Griner*, no Brasil, "verde", imigrante recém-chegado. (N. do T.)

A REVOLUÇÃO JUDAICA MODERNA 143

tes circunstâncias mundiais. A abertura de novos campos na ciência e nas comunicações, a necessidade de intelectuais e tecnocratas leais ao regime após a Revolução Russa, o estouro universitário americano dos anos de 1960 – eis apenas alguns poucos exemplos de pontos de encontro entre as oportunidades externas e o empuxo interno de "judeus" (ou pessoas de origem judaica) para se integrararem e se fazerem notar na sociedade geral.

O mesmo é verdade no tocante ao modernismo: os extremos de inovação e o desrespeito à tradição, típicos da vanguarda, foram alcançados com mais facilidade por adventícios a uma sociedade, vindos da periferia. Não tendo laços com suas convenções e sua ordem social, promoveram um novo conjunto de normas para o "interno", criando um novo "centro". Foi o caso de Marinetti, que nasceu no Egito, obteve reconhecimento em seu primeiro ponto de parada, Paris, como poeta francês, e depois veio para a Itália a fim de ditar a nova ordem do futurismo, com seu ódio radical às bibliotecas, aos museus e à sintaxe latina. Algo assim ocorreu com Picasso, que primeiro se tornou conhecido em Málaga e Barcelona e depois conquistou Paris; com Chagall, que se deteve em São. Petersburgo antes de virar lenda, em Paris; com Gertrude Stein, uma judia alemã de Oakland, Califórnia, que foi educada em Harvard e se converteu na americana Gertrude Stein, em Paris; ou com T. S. Eliot de Missouri, que se fez poeta em Harvard e mudou a face da poesia americana em Londres. Os judeus constituíam parte de um padrão sociológico típico, mas era um padrão que se ajustava à sua situação histórica, alimentado em seus padrões internos, e que os pôs em destaque na corrente geral.

A inteligência, imaginação, inventividade, criatividade, que muitas pessoas de origem judaica demonstraram nos últimos cem anos (e, em menor proporção, no século anterior), não haviam sido ativadas em tão larga escala nas épocas precedentes. Tudo isso aconteceu quando os judeus ingressaram na estrutura racional, intelectual e organizacional da ciência e cultura européias pós-Ilustração. Nesse âmbito, em que o mérito era outorgado às realizações do indivíduo (não sem preconceitos, por certo), houve condições para que eles dessem largas, na máxima extensão, a suas habilidades e aos hábitos analíticos de suas mentes.

Isso também é verdade no que tange às consecuções no interior das recém-fundadas instituições judaicas *intrínsecas*: lite-

144 O SIGNIFICADO DO ÍDICHE

ratura hebraica e ídiche, ideologias judaicas, o Estado de Israel, instituições sociais judaico-americanas – tudo isso se tornou possível em sua plena estatura quando modelado segundo padrões europeu-americanos (mesmo se conotações específicas ou unicamente judaicas tenham sido adicionadas). O Estado de Israel é antes de tudo um "Estado" no moderno sentido europeu da palavra, com todos os atributos dessa condição, quer positivos quer negativos, e apenas como tal, em alguns aspectos, um Estado especificamente judaico. Pode-se dizer a mesma coisa com respeito às literaturas hebraica e ídiche modernas.

O IMPULSO POSITIVO

A marca ocasionada por pessoas de origem judaica em muitas áreas do mundo moderno – bem como a cultura judaica interna criada ao mesmo tempo – não seria possível sem o concurso das forças positivas que complementaram o impulso negativo. Visto que a larga variedade de tais manifestações positivas e o complexo agregado de motivações intersectantes tornam inviável discuti-las aqui plenamente, indicar-se-ão apenas alguns poucos pontos.

A liberdade do indivíduo em face de uma série de coordenadas e normas tradicionais em seu próprio *background* tornaram fácil, para ele, questionar teorias e conhecimentos reconhecidos no mundo em geral. Era um *self made man* (ou filho ou filha de alguém que se fez por si) e podia repensar tudo desde o início. Ao mesmo tempo, a seus próprios olhos não ascendera a partir de uma casta inferior, mas vindo de fora da cultura dominante, e nutria a confiança interna de um "aristocrata da mente". Para muitos, a força que lhes permitia sacudir de si o peso da tradição atuava, por inércia, também contra as tradições externas. Isso foi reforçado pelos hábitos "judaicos" de questionar constantemente, de levantar a possibilidade de respostas alternativas, de empregar metalinguagem para examinar os significados e a validade das palavras.

Um conjunto de outras qualidades e hábitos mentais – tais como vigilância, adaptabilidade (aquilo que Woody Allen em *Zelig* chamou de "fenômeno camaleônico"), ironia (desenvolvida por pessoas com perspectiva pluricultural ou por aquelas cuja língua viceja à margem de várias outras), e rápida passagem de uma atitude a outra – era complementado por um pendor ar-

A REVOLUÇÃO JUDAICA MODERNA 145

raigado para a teorização e a abstração. Esta última se devia a muitos fatores, entre os quais ao hábito dos locutores ídiches de subordinar cada caso individual a um princípio geral, a um valor moral ou a um provérbio, bem como ao fato de serem os judeus recém-vindos às línguas, que eles aprendiam e dominavam não segundo os dialetos da fala local e concreta, porém na forma idealizada do discurso intelectual e literário.

Cortado das convenções de uma sociedade engolfante, normativa, e abandonado à sua própria auto-realização, o indivíduo imergia todo o seu ser no novo mundo e via nele o propósito de suas ações, uma nova base existencial para se sustentar. O impulso negativo acima descrito pode ser encarado como uma força histórica em movimento, mas cada indivíduo e cada corrente encontrou uma via positiva e construtiva também para um novo AQUI E AGORA, novas coordenadas existenciais para a sua orientação no mundo. Segurou-se nela como uma base firme para ele mesmo ou para a sociedade, ou em alguma forma "judaica" ou no mundo em geral. Dentro do quadro de referência desse novo "aqui e agora" veio o esforço de criar um novo "eu", especialmente se se tratava de um jovem em mudança para um novo lugar, língua e profissão, desconhecidos por seus pais. As palavras de uma canção sionista que proclamam *anu banu artsa livnot u-l-hibanot ba* – "nós viemos à Terra [de Israel] para construir e nos reconstruir a nós mesmos por meio dela" – são válidas para todos os outros modos dessa revolução centrífuga. Não é acaso que a vasta maioria dos imigrantes judeus nos Estados Unidos tenha manifestado o intento de permanecer aí para sempre, ao contrário de muitos outros grupos de imigrantes europeus que planejavam ir de volta para "casa".

Os poetas ídiches em Nova York, Berlim ou Moscou não foram cegos ao declínio de sua língua ou ao ameaçador minguamento de sua base cultural, mas eles se dedicaram inteiramente a cuidar de sua própria ilha, a precisar a escritura do verso ídiche como se fosse a única meta digna. Poder-se-ia dizer o mesmo de um punhado de pioneiros, por exemplo, a construir um *kibutz* nos pântanos do vale de Jezreel em 1920, a viver em tendas, cercados de charcos, com somente cinqüenta mil judeus na Palestina e sem conhecer devidamente nem a nova língua hebraica (que insistiam em falar exclusivamente) nem as artes da agricultura e da guerra a cujas práticas estavam se forçando; fizeram-no como se edificar esse *kibutz* fosse o único objetivo válido na vida,

146 O SIGNIFICADO DO ÍDICHE

como se salvasse o mundo, criasse um "novo hebreu" e um novo ser humano.

Importa compreender que o poeta ídiche, ao escrever poesia, não estava desenvolvendo uma atividade num Estado nacional, normal, com uma sociedade plenamente estratificada. Não tinha à sua volta escolas, universidades, filósofos, sociólogos ou institutos de pesquisa, postos de polícia, motoristas de ônibus e outros elementos congêneres em ídiche. A literatura era "tudo", era um sucedâneo para a religião e a condição estatal, era um Estado em si mesma, *Yidischland* ("País do Ídiche"); abandoná-la era abandonar a cultura ídiche por inteiro. Daí a enorme importância da literatura aos olhos de seus aderentes (reforçada pela visão romântica do poeta como profeta de uma sociedade, adquirida na filosofia alemã através da literatura russa) e o desespero suscitado por seu isolamento. A bem dizer, ela desempenhava esse papel em conjunto com a imprensa e algumas organizações sociais ídiches ligadas ao mesmo agregado. Mas os estreitos laços dos escritores ídiches com a imprensa popular, da qual dependiam em termos de subsistência, eram relações de amor e ódio: sucumbir inteiramente ao discurso jornalístico significaria renunciar ao sonho "elitista" de uma cultura à parte; abandonar a imprensa por completo implicaria perder um meio de vida e minar qualquer estrada para alcançar a audiência.

UMA VISTA D'OLHOS: A REVOLUÇÃO JUDAICA E O PERÍODO DO MODERNISMO

É sem dúvida intrigante a ponderação dos paralelos e conexões entre as correntes da história judaica no século passado (1880-1980) e as do modernismo na arte e literatura européias que cobriram essencialmente o mesmo período. A despeito da diferença óbvia na natureza do problema, houve uma fermentação e um estado de espírito paralelos. Existe um plano, ao menos, de fundo histórico e ideológico comum para as alternativas antitradicionais e para as tradições reformuladas e rapidamente cambiantes.

Houve muitas convergências entre essas duas revoluções culturais. Era natural que judeus "libertados" se sentissem não só atraídos a repensar teorias básicas e conceitos da ciência e se colocassem na linha de frente de mudanças científicas radicais, como levados a criar segundo os modos da arte modernista,

A REVOLUÇÃO JUDAICA MODERNA   147

como mostra o seu papel na "escola de Paris" e na "escola de Nova York". E, no plano interno, também era natural que poetas ídiches e hebraicos, ao reverem uma antiga tradição cultural, embarcassem em uma ou outra forma de modernismo. Porém, mais profundamente, o que intriga é o paralelismo do movimento histórico. Em retrospecto, esse foi, em ambos os domínios, um século de transformação radical dos sistemas de valores *expressos em modos de comunicação e de orientação no mundo*. O foco na linguagem como meio é central às duas correntes.

Os primeiros poemas de Bialik, que lançaram uma nova era na literatura hebraica, apareceram, paradoxalmente, ao mesmo tempo que os primeiros números da publicação *Simbolistas Russos* do poeta russo Bryusov em 1892-1893, assinalando o início do período da vanguarda na literatura e arte russas. A poesia de Bialik não era de modo algum modernista, mas em perspectiva histórica é visível a sua força inovadora, decorrente do próprio uso do hebraico para a criação de um verso melódico e pessoal – à imagem da poesia russa – e para a criação de ficções poéticas unificadas pela biografia lírica do poeta e independentes de referências diretas aos textos sagrados. Só em retrospecto pode-se divisar o seu valor revolucionário na sociedade judaica: simbolizava uma nova literatura autoconsciente numa língua de textos canonizados e gerava a possibilidade de uma alternativa secular, "de tipo europeu", para uma antiga cultura. Os poetas ídiches e mestres do estilo, tais como Mêndele e Scholem Aleikhem, efetuaram uma revolução similar, graças à sua atenção virtuosística às qualidades estéticas da linguagem da arte em um meio coloquial e indisciplinado.

O período terminou, de um lado, com uma sensação de consecução. O modernismo tornou-se clássico e o Museu de Arte Moderna não é mais contemporâneo. No terreno judaico, pode-se arrolar, entre as suas realizações, o estabelecimento do Estado de Israel, as consolidadas comunidades judaicas no Ocidente, os Prêmios Nobel concedidos em literatura a Isaac Baschevis Singer por sua obra de ficção ídiche e, na hebraica, a J. S. Agnon, ambos autores que sumariam a visão do perdido continente judaico na Europa. De outro lado, nos dois campos, há um senso de perplexidade, de possibilidades esgotadas; um retorno parcial a valores mais antigos, em que os mesmos modos são revividos em combinações ecléticas; um agressivo conservadorismo; ou uma quieta retirada do campo todo. Assim como vivemos num período *pós* modernista, em que é mais fácil estudar o modernismo

148 O SIGNIFICADO DO ÍDICHE

do que abraçá-lo – embora suas realizações sejam parte e parcela de nossa cultura de museu –, assim também vivemos em um período *pós*-revolucionário da cultura e consciência judaicas. Quanto à literatura ídiche – o grande produto desse período revolucionário –, a própria *língua* de suas inovações é quase um livro fechado.

6. A Perspectiva Histórica da Moderna Literatura Ídiche

A ABERTURA OTIMISTA

A nova literatura ídiche emergiu no fim do século XIX e foi canonizada já no começo do século XX, quando os recém-consagrados "clássicos da literatura ídiche", Mêndele Moykher Sforim (1835-1917), Scholem Aleikhem (1859-1916) e I. L. Peretz (1852-1915), viram suas obras reunidas aparecerem em edições de múltiplos volumes.

Após a Primeira Guerra Mundial, um verdadeiro movimento de massa dos leitores e escritores ídiches trouxe profundas mudanças, da noite para o dia. No novo mapa surgiram grandes centros de literatura ídiche: na Polônia, União Soviética e Estados Unidos, assim como centros menores na Romênia, Lituânia, Argentina, Eretz Israel, França, Inglaterra, África do Sul, Canadá e outros países. Jornais, escolas, bibliotecas, sindicatos e teatros espalharam-se por toda parte. Com a participação de artistas como Marc Chagall e El Lissitzki, revistas do modernismo ídiche foram publicadas em Varsóvia, Berlim, Paris, Moscou, Nova York e outras cidades.

Para a poesia ídiche, os inícios da década de 1920 foram os melhores anos, assim como constituíram o apogeu do modernismo europeu e americano. O ídiche não possuía tradição de linguagem literária de alto estilo ou de versos latinizados. Era uma

150 O SIGNIFICADO DO ÍDICHE

língua ídiche coloquial, "suculenta", expressiva e potente. As refinadas, métricas e simétricas formas de verso à maneira neo-romântica, desenvolvidas na poesia ídiche no começo do século XX, especialmente pela Jovem Geração (*Di Yung(u)e*), de 1907 em diante, em Nova York, elevaram palavras ídiches ao molde poético geral, mas dispunham de pouco espaço para suas caprichosas ironias. As influências do expressionismo na Alemanha e do futurismo e da poesia revolucionária na Rússia predispuseram as novas tendências depois da Primeira Guerra Mundial a dar livre curso à língua falada na poesia – incluindo ironias, trocadilhos, sons ásperos, associações extravagantes e gestos conversacionais –, bem como a abrir as portas da poesia à gíria, aos dialetos, às alusões hebraicas e ao vocabulário internacional da civilização urbana. A poesia ídiche chegou à maioridade e tornou-se parte de um movimento internacional. Ela aprendeu as lições da ficção ídiche, trabalhou sobre os aspectos exclusivos de sua língua e encarou de frente o mundo imaginário da existência histórica judaica.

Afrontada como era em relação a outras alternativas sociais – hebraico, assimilação, "pertinência" socialista e puro materialismo –, internamente a literatura ídiche desfrutava de uma atmosfera de otimismo e confiança no valor de seu trabalho e nos talentos nele engajados. Era uma velha civilização, a mais velha cultura contínua (exceto a chinesa) do globo, permeada de um senso de sua historicidade e sabedoria, portando altos valores morais e – como alguns a enxergavam – enterrando suas energias em estudos antiquados de questões impertinentes, sob a égide de um rígido código religioso de comportamento, escrito em duas línguas incompreensíveis para as massas (hebraico e aramaico). O ídiche falaria diretamente ao povo em seu próprio e rico idioma vivo, expressaria suas experiências no presente como seres humanos livres e plenamente desenvolvidos, comunicar-lhe-ia os eventos, obras e idéias do grande mundo moderno e evocaria sua vitalidade e sabedoria popular, a única garantia de um rejuvenescimento vindo de dentro.

Em uma revista literária ídiche, *Schtrom* ("Caudal" ou "Torrente"), publicada em Moscou em 1922, um antigo comissário soviético das artes, escrevendo sobre o problema de se os judeus, que nunca haviam criado no campo das artes gráficas, poderiam fazê-lo agora, concluía:

A PERSPECTIVA HISTÓRICA... 151

Eu próprio sei muito bem o que essa pequena nação é capaz de conseguir. Infelizmente, sinto-me demasiado tímido para pronunciar as palavras. É realmente algo que essa pequena nação fez.
Quando quis – mostrou ao mundo Cristo e o cristianismo.
Quando quis – ela deu Marx e o socialismo.
Vocês podem imaginar que ela não vai mostrar ao mundo alguma espécie de arte?
Ela vai, sim!
Matem-me, se isto não acontecer.

O tom conversacional desse ensaio é típico modo de falar ídiche, sentimental e irônico. O ânimo é de ilimitada autoconfiança nacional judaica. A bravata é estilo revolucionário. E o nome do autor: Marc Chagall. Semelhante otimismo sobre as possibilidades do novo impulso criativo entre os judeus estava amplamente difundido e proporcionou à literatura e cultura ídiches os anos de estouro criativo no começo da década de 1920 (não obstante alguns temas sombrios, como os pogroms de 1919, que nela apareceram com tanta constância).

Essa atmosfera exuberante, as duras realidades e as ambições, grandes como o mundo, de jovens poetas ídiches de Nova York, são nostalgicamente recontadas no longo poema de Leyeles, "Um Sonho sob Arranha-Céus" (1947). Ele abrange uma geração toda, escrevendo em virtuosísticas oitavas rimadas que não é fácil traduzir sem perder o efeito de seus padrões métricos e o jogo com o som ídiche e a linguagem de fusão. Citemos quatro estrofes separadas em transcrição ídiche e em paráfrase em prosa traduzida:

in di hoykhe un g(u)eKEStlte g(u)eBAYdes
fun der vunderbarer, tumldiker schtot New-YORK
zitst g(u)eENGT a yungvarg, i mit zorg, i on schum zorg.
un di volknkratsers zenen vakhe eydes,
vi mit der yeRUsche fun di tates, zeydes
vert g(u)eSCHTELT a nayer binyen – do, inMITN torg.
s'iz a verter-binyen, s'boyen yung(u)e boyer,
un zey leygn tsigl mit a freyd un troyer.
....

s'voltn di khaLOYmes fun dem dor g(u)eSTAyet
oyftsuboyen Pisem, Ramses un a zayl fun gold,
rundaRUM hot raykhheyt zikh g(u)eKOYlert un g(u)eROLT.
nor dos umruyike yungvarg hot farTAyet
oysg(u)eschmidt a nayem ol, a naye frayhayt,
un g(u)eSCHRIbn, un fun himl s'telerl g(u)evolt,
un g(u)eMOStn zikh mit ale hekhste likhter,
un a tsekh g(u)eSCHTELT fun schtoltse, naye dikhter.
....

152 O SIGNIFICADO DO ÍDICHE

bay di taykhn fun New-YORK bin ikh g(u)eZEsn
un der nayer, frayer, breyter luft mayn troym farTROYT.
kh'hob a kholem raykh farKHOlemt, kh'hob a troym geBOYT
unter schvere volknkratsers durkh mesLEsn,
unter schteyn – nischt palmes, lipes tsi tsiPREsn.
nischt tsu visn oft dem khilek tsvischn morgn-royt
un dem ovnt-gold, hob ikh g(u)eHIT di likhter
fun a yid an akschn, fun a yidisch-dikhter.
....

un bay undz? Es hot a nayer stil un zhaner
oykh a bloz g(u)eTON oyf undzer gas, oyf undzer veg.
nischt umZIST g(u)eSCHVUmen tsu dem nayem vaytn breg,
nischt umZIST g(u)eLEyent s'lid ameriKAner,
un g(u)eZAPT in zikh dem nusakh dem WhitMAner
durkh di umruyike nekht nokh schvere arbets-teg.
s'land aMErike iz heym g(u)eVEN, nischt gast-hoyz,
lib g(u)eVEN dos land on yikhes un on kastes.

[Nos altos e enxadrezados edifícios
Da maravilhosa e tumultuante cidade de Nova York
Comprime-se uma moçada, preocupada ou sem preocupação.
E os arranha-céus são testemunhas despertas
Como aqui, com a herança dos pais e dos avós,
Um novo edifício é erguido – no meio da praça do mercado
É um edifício de palavras, constroem-no jovens construtores,
Que assentam os tijolos com alegria e tristeza.
....

Os sonhos daquela geração bastariam
Para erigir Píton, Ramsés e um Pilar de Ouro.
Em redor, a riqueza desfraldava-se e desdobravá-se
Mas a moçada inquieta secretamente
Forjara um novo fardo, uma nova liberdade,
E criava, e queria o manjar do céu,
E media-se com as mais altas luzes,
E formou uma guilda de altivos e novos poetas.
....

Junto aos rios de Nova York sentei-me
E confiei o meu sonho ao novo, livre e largo ar.
Sonhei um rico sonho, construí um sonho
Sob pesados arranha-céus durante noite e dia,
Sob pedras – não palmeiras, choupos ou ciprestes.
Sem saber muitas vezes a diferença entre o rubro da alvorada
E o ouro do crepúsculo, eu velei as luminárias
De um judeu teimoso, um poeta ídiche.
....

E em nosso meio? Um novo estilo e gênero
Também soprou em nossa rua, em nosso caminho.
Não foi em vão que navegamos até a nova e distante margem.
Não foi em vão que lemos o poema americano

A PERSPECTIVA HISTÓRICA... 153

E absorvemos em nosso íntimo o tom whitmaniano.
A terra América era a nossa casa e não uma hospedaria.
Amávamos a terra sem prosápias e sem castas.

Qual era o plano de fundo histórico dessa tendência voltada para a frente e quais eram suas relações com o passado?

A NATUREZA PECULIAR DA HISTÓRIA LITERÁRIA JUDAICA

A idéia de que os jovens poetas aprendem antes a longa história de sua literatura e depois adicionam sua própria e nova camada não é realista em qualquer cultura. Eles criam primeiro, partindo da geração precedente ou da obra de alguns selecionados poetas dominantes; então alguns voltam ao passado, relêem a poesia e reconstroem uma nova "tradição".

Na poesia ídiche moderna, a falta de tradição era ainda mais radical, uma vez que dificilmente algum poeta aprendeu literatura ídiche na escola. A maioria dos educandários ídiches foram fundados na Europa Oriental após a Primeira Guerra Mundial, isto é, *depois* que apareceram os principais poetas e escritores desse idioma, recorrendo tais escolas à autoridade deles para se validarem. Eles, naturalmente, estavam embebidos de uma vívida língua ídiche falada em suas casas e em seu ambiente. Mas apenas em raros casos receberam de seus pais algum conhecimento de literatura nessa língua. A maioria dos poetas ídiches teve uma educação básica religiosa hebraica; alguns prosseguiram seus estudos em estabelecimentos gerais que ministram seu ensino em outros idiomas; posteriormente, todos eles cursaram sua universidade particular, lendo livros em várias línguas, inclusive o ídiche. Com freqüência, os primeiros textos de poesia que lhes haviam caído sob os olhos não eram em ídiche. Muitos começaram a escrever versos em outros idiomas – Leyvik em hebraico; M. L. Halpern em alemão; Dovid Edelschtat e A. Leyeles em russo; Malka Heifets-Tussman em inglês – antes de se voltarem para a poesia ídiche. A socialização desses jovens escritores que, de diferentes regiões, com um plano de fundo lingüístico e dialetal diferenciado, vieram para metrópoles como Varsóvia, Moscou, Berlim ou Nova York, deu-se em sua cultura comum, o ídiche literário.

A poesia ídiche moderna desenvolveu-se a partir de uma literatura judaica bilíngüe, longamente dominada pelo hebraico.

154 O SIGNIFICADO DO ÍDICHE

A situação existencial peculiar do autor ídiche e hebreu a viver nos interstícios de várias línguas e culturas – literárias e não literárias – contribuiu para a natureza inusual de sua história. Cumpre ter em mente que o instituto da literatura mesma nem sempre foi parte inconteste da tradição religiosa hebraica (embora existissem em seu seio muitos textos poéticos e narrativos). Houve poesia escrita em hebraico e mais tarde em ídiche, porém a maioria dos modelos de gêneros literários e de linguagem poética foram adaptados de outras culturas.

Até há poucos anos, um poeta hebreu nem sequer falava a língua na qual escrevia. Era em geral polilíngüe. Tipicamente, no começo do século XX, ele falava ídiche, lia russo, estudava talvez na Alemanha ou Suíça e escrevia versos hebraicos. Em princípio, um poeta hebreu de qualquer época não se desenvolvia segundo uma única linha de evolução, mas segundo uma interseção de pelo menos duas ou três linhas: 1) a tradição local de poesia hebraica; 2) a tradição literária da língua que falava e do país em que vivia e, em muitos casos, também 3) a tradição da poesia hebraica em outro centro geográfico, inteiramente diferente do seu. Às três, amiúde adicionava-se 4) o modelo de outra cultura proeminente, bem como 5) do ídiche. Semelhante interseção de contextos atuava também no caso do poeta ídiche, ainda mais complicado pela migração da literatura toda, de país para país.

Por essa razão, mesmo a poética hebraica, a despeito de seu conservantismo inato, sofreu transformações radicais. Em vez de um suave e constante desenvolvimento, as antologias hebraicas e ídiches apresentam ziguezagues e agudos deslocamentos[1]. O ímpeto para tais mudanças era muitas vezes o salto de uma nova geração de uma para outra dessas linhas entrecortantes de evolução.

Um poeta ídiche podia passar da poesia russa para a ídiche, como fez S. Frug na Rússia ou Dovid Edelschtat na América, na década de 1880; ou da hebraica para a ídiche ou vice-versa, como se vê em Bialik e na maioria dos poetas hebreus do início do século XX, nomeadamente Uri Zvi Grinberg. Em cada uma

1. "Na contorcida e breve existência da literatura ídiche, a linha histórica da poesia é descontínua, como um errático ziguezague" (Irving Howe, *A Treasury of Yiddish Poetry*, p. 2). Pode-se ler observação similar na famosa antologia de poesia hebraica na Itália, de Ch. Schirman, que inclui poetas do século IX ao século XX.

A PERSPECTIVA HISTÓRICA...

155

dessas literaturas, em qualquer época dada, reinavam normas poéticas diferentes e uma concepção diferente do que era poesia. De mais a mais, a própria poesia ídiche, em não importa que geração dada, levava uma existência autônoma em cada centro cultural – nos Estados Unidos, em Varsóvia ou Vilna, na União Soviética –, e as diferenças entre ela e a hebraica eram como a diferença entre a poesia americana e a britânica. Como os poetas tendem a dar continuidade a seu estilo pessoal, ao emigrar ou passar de um desses países, línguas ou orientações, para outro, isso levava amiúde à transferência de normas e a mudanças nas literaturas receptoras.

S. Frug (1860-1916), um respeitado poeta russo de São Petersburgo na década de 1880, que escreveu versos sentimentais e satíricos sobre temas nacionais judaicos, aceitou a metrificação russa como um fato natural e a trouxe consigo, sem maior preocupação, quando se pôs a escrever poesia ídiche. Com isso causou mudança revolucionária na história da versificação ídiche e hebraica. O jovem Haim Nakhman Bialik, que estudava então o Talmud aramaico na famosa *yeschiva* de Volozhin, leu Frug "debaixo da mesa", engoliu-o com espinho e tudo – inclusive o conteúdo nacional sentimental, a voz individual e os metros medidos – e os converteu em sua propriedade. Daí foi lançado um novo tipo, russo, de poesia hebraica. Do mesmo modo, quando Dovid Edelschtat, escrevendo em Nova York, passou do russo para o ídiche, sem querer transmitiu as normas métricas russas à sua nova língua.

Uma geração mais tarde, em Eretz Israel nos anos 20, quando os poetas modernistas hebreus se revoltaram contra Bialik e seus seguidores, eles não desenvolveram o seu trabalho a partir da poética de Bialik, mas simplesmente saltaram para o hebraico com base em duas outras linhas: uma, carregada por Schlonski e Rakhel, dois poetas que cresceram no âmbito da poesia russa e produziram versos hebraicos segundo os modos poéticos dessa literatura, incluindo elementos futuristas, simbolistas e acmeístas. A outra é representada por Uri Zvi Grinberg, que assistiu aos horrores da Primeira Guerra Mundial como soldado nas trincheiras e escreveu poesia ídiche em Varsóvia e Berlim na década de 1920 sob o impacto do expressionismo ídiche e alemão, que envolvia acentuadas influências do futurismo russo e de Walt Whitman. Quando Grinberg de repente deixou a Europa indo para Israel em 1924 e voltou a escrever em hebraico, trouxe ritmos whitmanescos, metáforas futuristas, retórica ex-

156 O SIGNIFICADO DO ÍDICHE

pressionista e sintaxe de uma língua falada, saturada de dicção política, jornalística e "internacional", da poesia ídiche para a hebraica, que não permitia tais inserções anteriormente. Ambas as direções – a "russa" e a expressionista – modificaram a feição da poesia hebraica, embora não tivessem brotado de sua capela dominante, a poética de Bialik[2]. Ao mesmo tempo, Moysche-Leyb Halpern carregou a retórica poética alemã, da Viena de Hofmannsthal, para o verso de orientação russa, que era o da Jovem Geração ídiche em Nova York antes e após a Primeira Guerra Mundial.

Na época em que o ídiche assumiu o centro do palco na cultura e na sociedade judaicas, no começo do século XX, as fontes potenciais de influência eram extraordinariamente complexas. O intelectual judeu moderno confrontava-se com várias línguas e culturas, todas atiradas num grande torvelinho e fermentação precisamente nesse ponto de junção. Ele percorria um museu imaginário de períodos e estilos que, para o forasteiro ávido, se apresentava em exibição panorâmica mais do que em seqüência histórica. Como já indiquei algures,

por razões de história cultural, a literatura ídiche não partilhara do desenvolvimento de seus vizinhos durante centenas de anos; conseqüentemente, quando a *intelligentsia* judaica da Europa Oriental, num grande salto, aterrissou em pleno século XX do grande mundo, a poesia ídiche empreendeu a tarefa de não só alcançar a aprofundada apreciação européia dos clássicos e as tendências modernistas das recentes gerações, mas também de tomar parte ativa na discussão dos problemas culturais mais momentâneos e nos movimentos artísticos do meio ambiente[3].

Nos anos de 1880, os poetas hebraicos e ídiches ainda eram extremamente ingênuos e primitivos, seguindo a poesia russa em seu ponto mais baixo: o verso retórico-sentimental, socialmente

2. Poder-se-ia argumentar que a dependência de exemplos estrangeiros ocorre também nos deslocamentos da tradição em outros idiomas. Isso por certo é verdade, mas a mudança é usualmente interna a princípio e só depois recorre a autoridades de fora. T. S. Eliot, por exemplo, educou-se na língua inglesa e começou a escrever à maneira e segundo a métrica do verso eduardino, como demonstram os seus primeiros poemas, e só então encontrou espíritos afins na poesia dos simbolistas franceses. Pode-se dizer a mesma coisa de V. Briussov e de outros simbolistas russos que vieram a tomar conhecimento da poesia simbolista francesa somente depois que se declararam "simbolistas".

3. B. Hrushovski, *On Free Rhythms in Modern Yiddish Poetry*, em Uriel Weinreich (ed.), *The Field of Yiddish*, Nova York, 1954, pp. 219-266; reimpresso em Benjamin Harshav, *Turning Points*, Porter Institute, 1990.

A PERSPECTIVA HISTÓRICA... 157

engajado, mas sulcado de clichês, do fim das décadas de 1870 e 1880. Todavia, de 1890 em diante, os jovens poetas hebreus descobriram a grande tradição da poesia russa clássica dos decênios de 1820 e 1830, a poesia "romântica" e "realista" de Púchkin e Lermontov. A partir dessa posição, era mais do que natural passar uma vista em Goethe e Heine. De pronto, as realizações da poesia européia desde o Renascimento, na qual nem o hebraico nem o ídiche haviam participado plenamente, abriram-se diante de seus olhos. Em termos de literatura comparada, era um pulo "para trás", uma *evolução inversa*. Ocorreu sob a influência do novo aprendizado proporcionado à jovem intelectualidade judaica, primeiro pelo programa de ensino secundário russo – numa época em que Púchkin era declarado "poeta nacional" e "clássico" – e depois por um largo espectro de leituras na "cultura" aceita, sobretudo em traduções e mediações russas e alemãs e, crescentemente, ídiches.

Ao mesmo tempo, porém, nos anos de 1890, a própria poesia russa passou por um renascimento radical com a emergência do decadentismo e do simbolismo. Os poetas ídiches do começo do século XX, mal tendo descoberto a poesia clássica e romântica européia, inalaram o ar neo-romântico da poesia simbolista russa e impressionista alemã e puseram-se a emular suas melífluas formas de versos e seus sugestivos e vagos estados de ânimo. Mais uma vez, uns poucos anos mais tarde apenas, a próxima geração literária mergulhou no expressionismo europeu em geral e em outras tendências pós-simbolistas. Comparada à poesia russa, era como se a poesia judaica, no tempo de vida de uma geração, pulasse para trás e para a frente na história, de 1880 para 1830 para 1905 para 1920 para 1912; conectando-se, entrementes, com a poesia alemã de 1750 (o gênero do idílio, magistralmente revivido por Tchernikhovski), e então com Heine de 1850 e Berlim de 1920.

Naturalmente, a escritura criativa em si mesma e a recepção de influências eram altamente seletivas. O conhecimento individual é raras vezes tão profundo quanto o potencial cultural permitiria, e o desenvolvimento de uma linguagem poética é um processo muito mais interiorizado e homogeneizado do que aquilo que as amplas leituras realizadas por um poeta podem prover. Não é possível absorver na escritura a mixórdia de estilos e temários percebidos na leitura sem correr o risco de uma confusa mistura. Cada poeta ou grupo de poetas promoveu cuidadosamente a sua própria temática e poética em termos

158 O SIGNIFICADO DO ÍDICHE

antes limitados e fechados, respondendo ao contexto histórico da literatura e ligando suas próprias experiências de vida. Só então, a partir dessa linguagem poética individualmente lavrada, diferentemente moldada em diferentes gêneros, desdobrou-se uma continuação natural e erigiu-se uma tradição autônoma, interna.

Em suma, o desenvolvimento histórico da poesia quer hebraica, quer ídiche, não foi necessariamente uma persistente evolução linear em seguimento à evolução de outras literaturas. Ele se processou com freqüência aos saltos e pegando fios de linhas vizinhas ou mais afastadas, ou ainda do museu cultural. Um jovem poeta, sentado por vezes no mesmo café nova-iorquino que poetas cinco anos mais velhos, não prosseguia obrigatoriamente a partir do ponto alcançado por seus colegas, mas de um ponto ao qual haviam chegado algum tempo antes os seus pares em outro país ou em outra língua. A passagem do impressionismo ao expressionismo na poesia ídiche e hebraica, após a Primeira Guerra Mundial, esteve ligada à mudança de uma orientação predominantemente russa para outra, alemã; a troca, em Nova York, da poética da Jovem Geração (*Di Yung(u)e*) pelo introspectivismo, que ocorreu quase ao mesmo tempo, esteve combinada à passagem de um padrão lírico-irônico *à la* Heine e da métrica do simbolismo russo para o verso livre anglo-americano.

A RELAÇÃO DO POETA COM A HISTÓRIA LITERÁRIA

Nós não temos tradição. Encontramos pouquíssima coisa que pudesse nos servir de tradição. A tradição começa talvez conosco, por estranho que possa parecer.

Inzikh, março de 1923

Como é que os jovens poetas ídiches da década de 1920, cônscios de uma perspectiva horizontal multicultural, se relacionavam com o eixo vertical da história de sua própria literatura? A resposta simples é: muito mal. Mas há também outras respostas menos simples.

A literatura ídiche medieval, tal como escrita até o século XVIII na Alemanha e Itália, contava com algumas realizações impressionantes, especialmente no domínio do verso narrativo e histórico. Mas exerceu pouquíssimo impacto sobre a poesia moderna; mal era conhecida e os textos não se encontravam prontamente à disposição. Isto não é de surpreender, dado o

A PERSPECTIVA HISTÓRICA... 159

baixo prestígio do ídiche em face do hebraico, de um lado, e, de outro, dada a falta de consciência histórica entre os judeus, os quais viviam entre um Presente intenso e um Destino Judaico trans-histórico.

Acontecia antes o inverso: os padrões e a autoconfiança recém-adquiridos pela cultura ídiche no século XX criaram a base sobre a qual a pesquisa histórica pôde desenvolver e estabelecer um respeitável *pedigree* no passado. Primeiro, descobriu-se o século XIX (por exemplo, no livro em inglês de Leo Wiener, *History of Yiddish Literature in Ninteenth Century*, "História da Literatura Ídiche no Século XIX", 1899). Então, sobretudo nas décadas de 1920 e 1930 na União Soviética e na Polônia, elaboraram-se histórias da literatura ídiche antiga, e vários poetas fizeram a tentativa de criar poemas em ídiche antigo. Tipicamente, Max Erik, na época jovem pesquisador, escreveu numa revista expressionista em 1922 que a velha literatura ídiche e a poesia contemporânea eram duas culturas, inteiramente diversas e incomensuráveis. Outro exemplo é N. B. Minkov, um dos fundadores da poesia introspectivista em Nova York, que se voltou mais tarde para a crítica. Ele descobriu uma tradição nos três volumes de sua história dos *Pioneers of Yiddish Poetry in America* ("Pioneiros da Poesia Ídiche na América", 1956), e publicou livros sobre o poeta ídiche italiano, *Eliyohu Bokher* (1950) e as memórias em prosa da judia alemã do século XVII, *Glikl Hamel* (1952). Na realidade, alguns dos textos básicos do ídiche antigo vieram à luz somente após a Segunda Guerra Mundial, trazendo os primeiros escritos subsistentes do idioma popular a seus quase últimos leitores.

Para os escritores ídiches do século XX, a literatura judaica viva que se lhes apresentava à experiência começava efetivamente com a prosa do "Avô da Literatura Ídiche" (a alcunha é por si indicativa!), Mêndele Moykher Sforim (1836-1917). Poesia ídiche de alta qualidade poética surgiu apenas no século XX e atingiu padrões admiráveis somente após a Primeira Guerra Mundial, como parte da onda poética geral europeu-americana. Justificava-se que os jovens poetas ídiches sentissem que a tradição poética nessa língua estava começando com eles, como a epígrafe ao presente capítulo indica.

Por certos, eles também partilhavam de uma tradição cultural judaica sobrepairando a história, primordialmente a Bíblia e os textos para os dias festivos, ambos como base clássica e fardo histórico. Alguns desses textos hebraicos eram intimamen-

160 O SIGNIFICADO DO ÍDICHE

te conhecidos pelos escritores ídiches desde a primeira infância, mas não eram facilmente absorvíveis em outra língua (ídiche) e na poética de outra era (modernismo).

Questão diferente era o folclore ídiche. Paralelalmente à história da literatura ídiche antiga, outra oral, em ídiche, acompanhara os judeus da Europa, no curso de centúrias. Os textos de folclore coligidos no fim do século XIX e no século XX, bem como as canções, ainda cantadas durante o Holocausto e depois, mostram a mesma fusão de influências que caracteriza basicamente a língua. Elementos do cancioneiro barroco alemão, da velha liturgia hebraica e de colheita eslava recente viviam lado a lado com folclorizados poemas compostos originalmente por poetas ídiches. A língua da poesia popular ídiche era o ídiche moderno falado; era vívida, direta, sentimental. Oferecia ao poeta ídiche linhas poéticas já prontas, um verso livre flexivelmente constringido, tanto quanto a autoridade de um "autêntico" tom de voz, legitimando uma linguagem ingênua e vulgar.

Os poetas ídiches procuravam escrever poesia quer ajustando palavras do ídiche falado aos padrões do verso russo ou alemão, quer continuando os gêneros da canção popular e da versificação do bufão. Só quando a primeira meta foi alcançada, quando a facilidade de compor flexíveis versos métricos se tornou, para os poetas, uma segunda natureza, pôde desenvolver-se uma compreensão mais intrínseca da poesia e, com ela, uma sondagem mais aprofundada das possibilidades do idioma ídiche, tal como expostas no sábio humor popular e na moderna ficção ídiche.

Tais são os paradoxos que obsedavam a poesia moderna ídiche: somos tão velhos e estamos apenas começando; somos jovens e independentes do hebraico e dependentes de seus fundo cultural; podemos sentir a riqueza e a vitalidade popular de nossa língua e defrontar com sua pobreza ao mesmo tempo. O poeta converte-se em um descobridor, um mestre pioneiro de uma nova linguagem e um criador de novas normas poéticas; e, no processo, ele desvela os recursos ocultos no minério de seu passado.

LITERATURA ÍDICHE E HEBRAICA – UMA HISTÓRIA ENTRELAÇADA

Os problemas da arte poética diferem muito dos problemas de outros gêneros. Daí, quando observada internamente, ter a

A PERSPECTIVA HISTÓRICA...

poesia sua história separada. Uma nova poética desenvolve-se contra o plano de fundo da poética da plêiade anterior. Mas, de uma perspectiva social, a história da poesia está vinculada à história de outros gêneros. Assim, em certos períodos, a poesia torna-se dominante; em outros, as prosa de ficção toma a primazia e, em outros ainda, as letras retrocedem em favor da filosofia ou das idéias sociais. Na literatura ídiche moderna, há uma dimensão adicional: a alternação entre uma ênfase na literatura ídiche e uma ênfase na hebraica, no âmbito da mesma sociedade.

Na sua introdução ao *Treasury of Yiddish Poetry*, Irving Howe observou que, "na prosa de ficção, a literatura ídiche encontra sua plena realização quase desde o início", enquanto "o desenvolvimento da poesia ídiche é bem diferente. Ela chega à maturidade bem mais tarde do que a prosa ídiche". De fato, tal era a sensação dos próprios poetas modernistas ídiches, a quem pouco servia a poesia ídiche escrita antes de 1919. Ao mesmo tempo, nos anos de 1950 e 1960, Schimon Halkin, professor de letras hebraicas em Jerusalém, ponderou as razões pelas quais a boa ficção hebraica chegara tardiamente, se comparada com a projeção persistentemente forte da poesia hebraica no século XIX. Em ambos os casos, trata-se de mera ilusão de óptica quando se divide o que era então uma literatura bilíngüe em suas duas línguas participantes (que estavam, realmente, bem separadas na época em que os dois citados observadores escreveram, um em Nova York e outro em Jerusalém da década de 1960). A resposta a ambos os críticos é a mesma: o renascimento da literatura judaica na virada do século, na Europa Oriental, gerou obras de poesia *e* prosa de ficção, que assentaram os fundamentos de uma literatura amadurecida em ambas as línguas; a melhor poesia, entretanto, foi composta em hebraico e a ficção inovadora, em ídiche[4]. Como se há de ver, os motivos dessa divisão funcional não são puramente acidentais. Em larga medida, o hebraico e o ídiche formavam uma só literatura, com os mesmos escritores e os mesmos leitores passando muitas vezes de uma língua para outra, embora cada idioma possuísse seus próprios, e inteiramente separados, livros, jornais e publicações.

No período medieval, o hebraico e o ídiche constituíam dois corpos de textos coexistindo em uma comunidade, mas ampla-

---

4. O espectro dos gêneros completou-se em cada um dos dois domínios literários com o processo de sua gradual separação um do outro, de conversão do hebraico em idioma falado e do ídiche em literatura cultivada.

162   O SIGNIFICADO DO ÍDICHE

mente apartados em seus gêneros, funções e públicos. No século XIX, sob a égide da Hascalá hebraica, algumas obras notáveis também foram escritas na desdenhada língua popular, amiúde pelos mesmos escritores hebreus. A tendência acentuou-se, sobretudo com o aparecimento dos periódicos ídiches na década de 1860. Após 1881, inverteu-se a hierarquia: o ídiche tornou-se a literatura dominante (com um papel especial reservado à poesia hebraica e aos ensaios em hebraico e russo).

Nos anos de 1880 e 1890, emergiram três grandes e originais mestres do ídiche: Mêndele Moykher Sforim, Scholem Aleikhem e I. L. Peretz. No começo do século XX, eles foram consagrados como "clássicos": seus escritos reunidos foram publicadas em várias edições, sendo amplamente lidos e reverenciados. Antes de 1880, todos os três eram autores hebraicos da Hascalá; mas só agora, com uma nova e radical passagem para a língua ídiche e, ao reformarem sua visão e suas concepções de mundo, as suas obras transformaram-se em uma realidade literária significativa e única, trazendo à luz o pleno brilho do ídiche e do universo nele incorporado. Ao invés de adotarem a postura de observadores intelectuais e satíricos, olhando de fora, esses antigos escritores da Hascalá voltaram-se para o mesmo contexto prototípico judaica, iluminando-o por dentro e em ídiche. O lugar de "poeta nacional", um poeta-profeta simbolizando o *status* de uma cultura, como Goethe ou Púchkin, foi reservada ao vate hebreu, H. N. Bialik (1873-1934).

Então, a segunda partícipe da literatura judaica tentou emular as realizações de sua contraparte. Por volta do fim do século, Mêndele começou a retrabalhar seus grandes romances ídiches em hebraico – o velho trocista chamava sua criatividade bilíngüe "respirar com as duas narinas" – assentando assim os fundamentos de uma nova e densa prosa hebraica, que se desenvolveu lado a lado com a literatura ídiche. E, do outro lado dessa bifurcação, um dos discípulos ídiches da poesia hebraica, Yehoasch, que se tornou o principal poeta ídiche na América do começo do século XX, traduziu toda a Bíblia em um dos mais extraordinários lances de mestre do ídiche moderno, incorporando arcaísmos do ídiche medieval e modernismos numa tessitura orgânica, outorgando destarte novo prestígio à língua ídiche.

A interação entre as duas línguas foi assombrosa se se considera a cardeal diferença entre elas: uma basicamente germânica e européia na sintaxe, a outra semítica; uma coloquial e folclorística, a outra elevada e clássica. No romance de Mêndele,

A PERSPECTIVA HISTÓRICA... 163

Fischke, o Manco, um mendigo está sentado no chão numa tarde quente. Ao traduzir o texto para o hebreu, o autor não dispunha de palavras hebraicas simples para "tarde quente" e utilizou uma frase bíblica "no calor do dia". Isso lembrava imediatamente o patriarca Abraão descansando sob uma árvore e convidava a uma ironizadora comparação entre ambas.

Com o tempo, as duas literaturas foram apartando-se, sendo a sua ruptura auxiliada pela divisão entre os partidos políticos, pela "guerra das línguas" (entre o ídiche e o hebraico), bem como pela vitória maciça do ídiche como idioma da política, da cultura e dos jornais na Diáspora. A literatura judaica após a Primeira Guerra Mundial – e nos Estados Unidos ainda antes – era predominantemente ídiche, com apenas alguns poucos escritores hebraicos fora do novo centro da literatura hebréia em Eretz Israel. Entretanto, de ambos os lados da cerca artificial, os próprios escritores continuavam imersos na cultura bilíngüe. Suas obras não podem ser entendidas a partir de uma perspectiva monolingüística: o hebraico de Agnon ainda reverbera um subtexto ídiche na fala de suas personagens e narradores e subtextos hebraicos enriquecem as páginas da poesia ídiche.

Criar uma literatura moderna de tipo europeu e elaborar um estilo, um universo ficcional, personagens e gêneros para ele – numa cultura que não dispunha de uma ficção de maior envergadura para expressá-la, nem de uma sociedade de classes claramente estratificada para sustentar autênticos romances burgueses – colocava problemas dos mais complexos e requeria diferentes soluções em cada uma das duas línguas. Na prosa de ficção, a questão era dupla: primeiro, adotar formas européias de narrativa, caracterização, diálogo, descrição e assim por diante, e depois inventar um mundo imaginário feito de materiais de casa, carregados sobre os ombros e através dos pontos de vista de suas personagens e apresentados em uma linguagem apropriada a seus traços peculiares. O desafio proposto pela tarefa de criar uma grande obra de ficção reside menos na execução magistral de um gênero bem conhecido ou de um esquema narrativo convencional, do que na formação de um novo e coerente *espaço social*, um agregado interdependente de tempo, espaço, personagens, idéias e estilo que motivem um ao outro e também representem certa concepção de uma sociedade e de uma língua – por realística, grotesca ou fantástica que possa ser. A *textura* da ficção é composta de diálogos, monólogos interiores, descrições externas etc., e tais componentes dependem

164 O SIGNIFICADO DO ÍDICHE

das personagens a partir de cujas posições eles são apresentados e que, por seu turno, estão ligados a uma rede social, onde se incluem relações de classe, ideologia e coisas semelhantes[5]. Tal *espaço social* foi construído de diferentes modos na nova literatura judaica.

A busca de um universo de ficção original que estivesse ao mesmo tempo afastado das descrições naturalistas e fosse suficientemente representativo dos problemas da época, inclusive a percepção autocrítica da existência judaica na história, não era coisa fácil para um escritor judeu. Os novos tipos de judeus seculares ou assimilados não diferiam muito das personagens russas ou européias que pretendiam imitar na vida real e podiam prover alimento somente para romances derivativos. Daí a tendência de alicerçar o mundo ficcional na cidadezinha especificamente judaica, alçada a proporções simbólicas. Mas como escrever uma narrativa plausível acerca de um mundo desprovido de experiências privadas a serem enfocadas e cujos caracteres não possuem sequer o hábito de matar pessoas ou de conduzir comprometedores casos de amor? E em uma cultura sem linguagem para a filosofia ou para a descrição de sutis estados psicológicos? Mais do que inventar uma trama artificial, o escritor precisava recorrer a tipos de personagens que tivessem um real e pleno mundo próprio e deixá-los observar esse mundo, de dentro, em sua própria língua, e comunicar-se a seu respeito um com o outro. Tratava-se de um mundo basicamente rotineiro ao nível do indivíduo – e literatura "européia" devia ser uma literatura sobre indivíduos. Mas era um mundo rico em sua propensão para comentar, associar livremente e relacionar qualquer pequeno acontecimento a um universo de textos e sabedoria coletiva.

Somente o ídiche se adequava a essa tarefa de criar mundos ficcionais plausíveis a partir da conversação. Mesmo o representante do próprio autor no texto, o narrador – cuja tarefa não era apenas a de introduzir as cenas a cada leitor, porém, acima de tudo, a de *ouvir* os monólogos dialógicos de suas personagens – mesmo ele assumia a persona de seu semi-intelectual e semipopularesco contador de histórias, como os nomes desses narradores-autores sugerem: "Mêndele, o Vendedor de Li-

---

5. O conceito de *espaço social* aqui introduzido destina-se a ampliar a noção bakhtiniana de *cronotopos*, a coesão de tempo e espaço a determinar um romance, de modo a abranger os outros componentes em um conjunto unificado.

A PERSPECTIVA HISTÓRICA...

165

vros" (Mêndele Moykher Sforim) e "Como vai?" (Scholem Aleikhem)[6].

Como James Joyce, ao recriar um detalhado mundo ficcional de Dublin a partir de uma distância irônica, os escritores ídiches, Mêndele e Scholem Aleikhem, criaram clássicos da literatura judaica evocando – da distância da vida de intelectuais em grandes cidades – um estilizado mundo ficcional da cidadezinha no Cercado, elevada à estatura simbólica da existência judaica essencial, uma ideal, autocrítica, "baixa Jerusalém".

Este mundo era apresentado ao leitor na língua de suas próprias personagens, o ídiche, e estruturado em torno dos traços mais profundos dessa língua: sua oscilante, irônica e multilingüística perspectiva e seu desconexo, exuberante e irracionalmente associativo diálogo. As qualidades ambivalentes do ídiche constituíam um veículo perfeito para transmitir simultaneamente a rica e ingênua visão de mundo da "gente simples" e as percepções mais profundas e pan-históricas de uma "aristocracia decaída". Daí por que o trabalho realmente grande dos romancistas judeus não residiu na sua imitação do tão admirado romance realista russo, mas realizou-se quando eles remontaram aos estádios pré-realista da literatura européia (Gógol e Cervantes) ou à linha paralela de sátira, grotesco e *skaz* (monólogos que caracterizam seus locutores mesmos), e desenvolveram uma concatenação quase surrealista de argumento como espinha dorsal de sua ficção. Para essas formas, mais do que para o romance social burguês, podia-se encontrar material interno único e autêntico; material baseado nas qualidades da língua conversacional e do estilo associativo, repleto de um mosaico de histórias engastadas, típicas da tradição sermonária judaica.

Nesse aspecto, a ficção judaica moderna pegou os fios do precedente realismo europeu e os introduziu diretamente nos

---

6. Problema similar foi enfrentado na literatura russa que, no século XVIII, imitara os gêneros da Europa Ocidental. Só depois de desenvolver o seu próprio mundo imaginário e estilo nacional, com Púchkin e Gógol, tornou-se uma literatura significativa com sua própria contribuição singular. De uma forma diferente, também foi este o dilema da literatura americana, que começou por continuar os gêneros literários ingleses e chegou à maioridade quando ousou abandoná-los e descobrir os seus próprios universos ficionais específicos e as respectivas estruturas combinantes, com o transcedentalismo, Melville, Whitman e Mark Twain. Tanto nas letras russas quanto nas americanas, o romance europeu "normal" não era aceitável, sendo necessário elaborar novas estruturas de ficção a fim de incorporar o *espaço social* único nelas recriado.

166 O SIGNIFICADO DO ÍDICHE

estilos do século XX, com suas subordinadas e incoerentes estruturas de enredo, suas visões irônicas e ambivalentes e suas ênfases na natureza problemática da linguagem. Alguns anos mais tarde, por volta de 1905, Uri Nissan Gnessin (1879-1913) empregava essa espécie associativa de composição em suas histórias psicológicas de indivíduos alienados, substituindo os diálogos ídiches por monólogos interiores em hebraico – uma linguagem privativa, referente à consciência do protagonista a refletir eventos que o leitor, até reconstruí-los, não tem imediatamente à sua disposição. Como foi sugerido por Leah Goldberg, é um trabalho precursor do fluxo de consciência europeu. Na prosa de Gnessin, as personagens cosmopolitas, movendo-se em monólogos interiores e cenas recolhidas na memória, estão perdidas no tempo, espaço e linguagem. Sua gente jovem, homens e mulheres, aparentemente falando e lendo russo com seus pares na cidade, e sem maiores contatos com seus pais falantes do ídiche, que envelhecem em alguma cidadezinha, são transpostos para um hebraico transparente, fresco e clássico, que respira as longas sentenças e períodos do impressionismo russo. Eram esses os intensamente introvertidos e alienados predecessores dos protagonistas de Kafka. Só bem mais tarde a literatura judaica voltou e recuperou os estádios saltados do realismo.

Desde o começo, o universo judaico imaginário da ficção ídiche clássica foi uma recriação de um passado em desintegração. Tomou o elã de um caráter nacional – grotesco, exagerado, mas aparentemente indestrutível – que mais tarde se tornou o fundamento da imaginação, ideologia e literatura judaicas. Isso não era realismo de modo algum. (De fato, quando os mesmos escritores publicavam suas próprias memórias, seu mundo de infância parecia idílico e pacífico, em comparação com suas criações ficcionais)[7]. Quando *Fischke, o Manco*, de Mêndele, apareceu pela primeira vez em uma versão mais curta, trazia o subtítulo "Uma História de Mendigos Judeus"; quando transformado, em sua versão ampliada e canonizada, converteu-se em imagem simbólica da aflitiva situação judaica em geral ("Todo Israel – um saco de mendigo"). E o mesmo se deu com as figuras de Benjamin, o Terceiro, de Mêndele, de Menakhem Mendl e Tevie, o Leiteiro, de Scholem Aleikhem. A estatura por elas ad-

---

7. Ver o autobiográfico "Of Bygone Days" ("De Dias Passados"), de Mêndele Moykher Sforim, em Ruth R. Wisse, *A Schtetl and Other Yiddish Novellas*, Nova York, 1973.

A PERSPECTIVA HISTÓRICA... 167

quirida na imaginação social judaica era afim à de Hamlet e Fausto.

I. L. Peretz acrescentou novas dimensões a esse fundamento ao reviver relatos folclóricos e hassídicos romantizados, mais uma vez como um meio de construir retroativamente um passado para uma nova comunidade literária. Por isso, quando a ficção e a dramaturgia ídiche na América continuaram a localizar suas histórias naquele mundo, não foi apenas por falta de familiaridade com as novas circunstâncias, mas por se tratar do território adquirido, privativo da literatura ídiche, com suas próprias tipologias de personagens, tensões pai-filho e secular-religioso e linguagem diferenciada. Retratos do *schtetl* raramente eram obras de realismo, mas sim criações de um universo mitopoético, um *Yiddishland*, cujas crenças, preconceitos, provérbios, piadas primitivas e "ingênua" sabedoria de suas personagens – esses pobres cavaleiros de uma aristocracia decaída – continuavam intocados pela Ilustração aplanadora de tudo e ainda eram críveis. A despeito de sua estranha vestimenta, podiam representar plausivelmente a humanidade de modo essencial (da mesma maneira que Joyce situou problemas da moderna ambivalência no mundo de suas ingênuas personagens nos *Dublinenses*). Além do mais, embora a literatura ídiche aludisse amiúde à Bíblia, à imagística, a figuras e situações bíblicas, ela construiu o seu passado na Europa Oriental.

Assim, em fins da década de 1880, a ficção ídiche estabeleceu as suas novas bases. O novo senso realístico do momento histórico exigia prosa. Alguns anos mais tarde, quando a resposta se tornou menos política, mais idealizada, e voltou-se para dentro, estava maduro o tempo para uma nova poesia. Quer a poesia hebraica, quer a ídiche do precedente período da Hascalá (no século XIX) mostraram-se quase inconscientes em face da grande poesia russa e alemã à sua volta. Os poetas hebreus no século XIX continuaram a escrever poemas iluministas de caráter didático e retórico, em metros silábicos (herdados do verso hebreu-italiano), e os poemas ídiches eram de acentuação livre, imitando relaxadamente um estilo populista. A versificação acentual-silábica que deu tanta precisão e flexibilidade rítmica à poesia inglesa, alemã e russa e que afetava diretamente os sentidos do leitor com a sua musicalidade e os rítmicos afastamentos a partir dela – foi aceita pela poesia ídiche e hebraica somente por volta dos inícios de 1890. Isso foi conseguido graças a Peretz, Frug e Bialik e por meio dos "poetas proletários" ídiches na Inglaterra

168 O SIGNIFICADO DO ÍDICHE

e nos Estados Unidos – Dovid Edelschtat, Morris Vinchevsky, Morris Rosenfeld – nas décadas de 1880 e 1890. Compor seus versos nos metros da poesia russa, a língua de sua inspiração ideológica, pareceu-lhes uma coisa natural.

O verdadeiro desafio, entretanto, da recém-aprendida literatura russa demandava uma poesia que emergisse da imagem do poeta como profeta. Essa imagem havia moldado a poesia russa desde Púchkin – que, por sua vez, fora influenciado pelas idéias do filósofo romântico alemão, Schelling, promovido na Rússia naquela época, bem como pela poesia romântica inglesa. A força unificadora de um corpo de poesia, nessa concepção, era a figura do poeta como um introvertido romântico dotado de sensibilidades individuais, alimentando-se de suas próprias experiências de vida, percebendo a natureza em contemplações metafísicas, evocando a memória na língua e falando através da linguagem da imageria simbólica. O hebraico bíblico era um veículo melhor para essa tarefa do que o ídiche coloquial. Em seu famoso poema, "O Profeta", Púchkin mesmo aludiu à Bíblia. Bialik, influenciado por este poema, pôde fazer algo melhor com o original, refraseando-o em sua própria língua numa estrutura poética. Talvez, se o advento de uma nova poesia tivesse ocorrido em um período de expressionismo, o ídiche estaria mais bem ajustado para preencher a vacância (como de fato aconteceu na década de 1920); mas na de 1890 o hebraico era a língua poética. (Além do mais, os poetas ídiches andavam muito ocupados promovendo o socialismo e escrevendo poemas retóricos rimados para seus leitores proletários.)

De 1890 em diante, aceitando a poética russa e alemã do século XIX, com sua hoje clássica poesia lírica da experiência individual, Bialik, Tchernikhovski e seus discípulos lançaram em hebraico uma corrente de criação poética sofisticada, sensível à linguagem, pessoal. Combinava os traços poéticos do hebraico bíblico com o modo metafórico das descrições da natureza feitas pelo romantismo europeu e confinava-os aos moldes clássicos de formas estróficas e métricas precisas. Favorecia também o poema longo e a narrativa lírica, que os poetas russos haviam adaptado no seu diálogo com o romantismo inglês. Sua principal força residia na interação entre a ficção poética direta criada no poema (com a imagem do poeta no presente como centro) e as alusões a textos canônicos inerentes à língua.

Criar poesia em ídiche acarretava, porém, problemas terríveis. A narrativa épica do *Schmuel Bukh* medieval e as bem-aca-

A PERSPECTIVA HISTÓRICA... 169

badas oitavas de Elye Bokher na Veneza do século XVI foram esquecidas; a Hascalá não produziu nenhuma tradição lírica ídiche (o ótimo poeta, Schloyme Etinger, permaneceu inédito até o decênio de 1930); a canção popular ficou desacreditada por seus travestimentos nos primitivos e didáticos versos ídiches dos cantores populares, dos festeiros de casamentos e das estrofes não muito mais sutis do teatro popular ídiche (de Goldfaden à Segunda Avenida de Nova York). Os próprios poetas com freqüência duvidavam se a "a língua do *scholent*" (cozido sabático), como Frug a apelidou, não era demasiado grosseira para os refinados sentimentos da poesia.

No começo do século XX – sobretudo após o malogro da revolução russa de 1905 e a inflexão para dentro de si que se deu no espírito dos intelectuais russos – os poetas ídiches adotaram os modelos da poesia lírica russa e alemã. Mas o estro individualista de seus mestres românticos ou simbolistas fornecia modelos para monólogos poéticos mais do que para diálogos; a linguagem poética era condensada em um estilo puro e elevado; não era loquaz e jocosa, porém sofisticada, aristocrática e requintada. Após algum treino, podiam-se encaixar palavras ídiches nesses moldes líricos e métricos, mas tal feito não traria nada de singularmente ídiche e, portanto, nada de interessantemente novo. Ainda assim, a excitação de escrever versos "bonitos", métricos e melífluos e poemas subjetivos a refletir os sentimentos do indivíduo varreu a musa hebraica e ídiche antes da Primeira Guerra Mundial. Essa espécie de poesia veio ao plano de frente depois de haver-se finado a fase ideológica de 1897-1905, com a crise de Uganda no sionismo e a morte de Herzl, de um lado, e o fracasso da tentativa contra a ordem czarista em 1905, com o subseqüente individualismo cínico ou místico que passou a dominar a *intelligentsia* russa, de outro.

Naturalmente, essa exaltação do lírico foi encarecida por uma tendência geral esteticista, de arte pela arte. Na sociedade judaica, ela tinha o valor acrescido de uma aspiração generalizada de cultura e refinamento. Pela primeira vez na história, podiam-se ouvir em ídiche as simetrias e contrapontos de versos escandidos que as poesias européias conheciam de há séculos. Os belos e bem metrificados poemas de Leyb Naydus na Lituânia estavam repletos de palavras francesas, pianos, noturnos de Chopin e nostalgia. Algo disso permeou a produção poética da Jovem Geração na América, ainda que Nova York fosse um lugar demasiado áspero para um cantar tão suave. É possível vê-lo

O SIGNIFICADO DO ÍDICHE

na poesia de Leyeles, na primeira fase, com sua misteriosa mulher velada em nomes tão melífluos, irreais e não judaicos quanto *YuOLA*, *YoLANda*, *ElaDEa*, *SeLIma*, *KaraHILD* (bem como em seu próprio nome poético *Leyeles* e seu alter ego, *Fabius Lind*) ou em seu poema "Tao", com suas colunatas, gladíolos de pedra, reluzentes gôndolas, vasos, topázios, crisóprasos e auroras boreais[8]. Podia-se fazer o ídiche soar tão belo, tão pouco judaico!

Só no século XX um pleno espectro de gêneros alcançou proeminência em ambas as línguas. Embora as massas se voltassem cada vez mais para a leitura em ídiche – o idioma que mediava para elas a cultura, a política e a educação – e as esperanças de uma revivescência nacional em Israel não parecessem realistas para milhões de judeu, esses foram grandes dias para a poesia hebraica, impregnada da melancolia, do escapismo e individualismo da intelectualidade russa após o malogro da revolução de 1905. Não havia quase audência em hebraico, mas os poetas da "tristeza individual" não precisavam de audiências. Um estado de espírito similar e similares influências neo-românticas e simbolistas foram transportadas para além-mar pelos moços que escaparam da Rússia após o desengano de 1905; entre eles, encontravam-se poetas que promoveram orgulhosamente a torre de marfim do estro individualista em ídiche, os fundadores da Jovem Geração (*Di Yung(u)e*) em Nova York: Mani Leyb, Y. Rolnik e outros.

A poesia ídiche em derredor do mundo participou dessa tendência, mas o seu melhor desempenho se dava quando podia evocar partes do mundo ficcional judaico através dos cacos de linguagem. As entonações e os gestos dos locutores prototípicos achavam-se impressos nas frases ídiches e seu contexto tinha de ser reconstruído, evocado na língua, juntamente com o mundo social que as moldara, assim como a poesia hebraica evocava o ecoespaço da Bíblia. Tal processo só pôde advir bem mais tarde, quando o ideal da "poesia pura" foi abandonado e a linguagem poética foi aberta a todas as possibilidades e entonações do idioma falado, quando se tornou possível à ficção ser "lírica" e à poesia ser "prosaica" e quando os poetas judeus deixaram de ter medo de cobrir o sutil instrumento poético de marcadores grosseiros, irônicos e "judaicos". Jacob Glatschteyn sempre en-

---

8. Ver os versos de Leyeles, em seu período inicial, em *AYP*.

A PERSPECTIVA HISTÓRICA...

tendeu esse problema e não se sentia à vontade com uma poesia que fosse demasiado refinada para "o sagaz sorriso prosaico da língua matreira"[9]. De vez em quando, conseguia minerar os recursos "prosaicos" do ídiche, mesmo indo a ponto de perder o controle sobre os ritmos dos versos. Ele engastou seus sentimentos mais pessoais nas divagações primitivas de um místico gregário, rabi Nakhman de Bratslav. E, a seu próprio modo, Halpern, Teller e Leyeles fizeram o mesmo. Leitores que julguem a poesia ídiche pelas maneiras como ela tenta realizar o que a poesia inglesa faz, perderão os aspectos singulares de um meio irônico, alusivo, conversacional e tagarela, mesmo quando confinado aos ossos desnudos da seleção poética.

9. Ver "Chronicle of a Movement", n. 27, *AYP*, pp. 802-803.

7. A Poesia Ídiche na América

LITERATURA AMERICANA EM ÍDICHE

Houve uma vez uma viva e animada literatura americana em ídiche, talvez a mais coerente e desenvolvida instituição literária nos Estados Unidos fora do inglês. Com exceção de sua língua exclusiva, não era um fenômeno paroquial. Abarcava ampla gama de temas e ideologias – do socialismo utópico ao *engagement* americano, do universalismo cosmopolita ao nacionalismo judaico – e abrangia um espectro não menos variegado de estilos e gêneros – da ficção naturalista aos experimentos vanguardistas, do melodrama popular e dos comovedores romances de folhetim às guirlandas virtuosísticas dos sonetos e aos herméticos versos livres. O primeiro livro a incluir poemas ídiches e hebraicos apareceu nos Estados Unidos em 1877, e até hoje há em atividade vários poetas que escrevem em ídiche, por pouco conhecidos que sejam fora das minguantes publicações nessa língua. O período mais prolífico da poesia ídiche americana pode ser marcado com as datas de 1890-1971, isto é, desde a fundação do jornal anarquista-socialista, *Fraye Arbeter Schtime* ("Voz Livre Operária"), até a morte do principal poeta ídiche na América, Jacob Glatschteyn.

Enquanto a poesia inglesa era dominada pelo requintado elitismo de T. S. Eliot e Ezra Pound e imergia em alusões cul-

174 O SIGNIFICADO DO ÍDICHE

turais ao passado europeu de Dante, Shakespeare e os bardos provençais, os poetas ídiches – sapateiros, pintores de parede ou "pobres escritores de jornais" como eram – defrontavam-se amiúde com as realidades americanas: as maravilhas da construção e da arquitetura urbana, o metrô, os portos, os sindicatos, o submundo, a situação dos negros, o julgamento de Sacco e Vanzetti, a alienação do indivíduo na selva das metrópoles, a injustiça social e as saudades dos imigrantes. Ao mesmo tempo, sentiam-se também fascinados pelas idéias contemporâneas. O modernismo, Freud, a Revolução Russa, o budismo, o tao, Nietzsche, Baudelaire, Villon, Isaías e Homero, Whitman e rabi Nakhman de Bratslav assinalaram o alcance da intertextualidade da poesia ídiche americana.

Os jovens poetas ídiches em Nova York falavam "sobre eternidade, morte e grámatica" (como Glatschteyn escreveu em seu poema "No Meu Aniversário de Duzentos Anos", composto aos vinte e cinco anos de idade) – e falar era algo que estava no coração da cultura. Eles criaram um coro de vozes, inscrevendo com intensidade emocional e intelectual suas respostas à condição humana – à natureza e à cidade moderna, à alienação e ao amor, à "Terra de Ouro" e à "Velha Terra" além-mar – em poemas líricos melódicos ou existenciais ou em longos e descritivos versos narrativos.

Vista em retrospecto, a poesia ídiche na América possui duas faces. De um lado, é uma expressão proeminente da cultura judaica moderna. Ela deu voz a outra permutação ainda na história judaica: a migração de todo um povo para um novo mundo, as mudanças em sua estrutura social e sistema de valores, os traumas e a riqueza interna da existência judaica, os laços e as tensões entre pressões coletivas e liberdade individual. Ela também pôs a nu os tesouros e as contradições da língua ídiche e da tradição judaica. A poesia ídiche transformou o idioma de uma cultura popular, saturada pela idade, oral, nas formas aristocráticas e cosmopolitas da poesia pós-simbolista ou nas grossas e cortantes explosões metafóricas do verso expressionista. E, em seu declínio – quiçá como nenhuma outra literatura –, ela deu voz à trágica visão do Holocausto na Europa, emaranhada à tragédia do deperecer da língua do próprio poeta.

De outro lado, a poesia ídiche não era um mero veículo para a expressão da experiência "judaica". Foi uma época de um movimento de massa em que pessoas de origem judaica procuravam entrar na cultura geral do Ocidente, no mundo dos ne-

A POESIA ÍDICHE NA AMÉRICA 175

gócios, na arte e nos estudos acadêmicos. Os poetas ídiches constituíam parte do fenômeno. Eles responderam ao mundo moderno como seres humanos e americanos, abraçando as formas da cultura ocidental e, ao mesmo tempo, trabalhando em seu próprio idioma. Como declara o manifesto introspectivista de 1919, "a poesia é, em altíssimo grau, a arte da linguagem [...] e a poesia ídiche é a arte da língua ídiche e é simplesmente uma parte da cultura geral europeu-americana"[1]. Assim, uma parcela considerável da criação poética ídiche realizada nos Estados Unidos foi, mesmo primordialmente, uma consciente e efetiva literatura *americana*, exprimindo as emoções e os pensamentos do indivíduo na metrópole moderna. Ela estava afinada com todas as facetas da história e vida modernas, embora escrita no idioma ídiche e utilizando as experiências "judaicas" (entre outras) como língua para expressar a condição humana. Esses poetas estavam criando uma literatura moderna que seria "apenas um ramo, uma corrente particular no todo da poesia contemporânea do mundo" (como afirmava o manifesto introspectivista), do mesmo modo que os fundadores da Israel moderna queriam edificar "uma nação como todas as nações". De uma perspectiva americana, a poesia ídiche deve ser vista como um ramo injustamente negligenciado da literatura americana, um caleidoscópio da arte e da experiência americanas sepultada em livros amarelecidos e desfazendo-se, na mudez de sua própria língua deperecida.

CENÁRIO SOCIAL

Os escritores judeus na América sentiam-se com freqüência como refugiados de uma grande literatura e julgavam que os judeus na América estavam por demais pulverizados, por demais ocupados em ganhar a vida ou em assimilar-se para que se estabelecesse uma comunidade vital de leitura; e que uma efetiva e profundamente arraigada base do ídiche só se encontrava nas massas judaicas da Europa Oriental. Na realidade, uma nova literatura, bem diferente, desenvolveu-se em ídiche nos Estados Unidos, independentemente de sua contrapartida na Europa. Em termos de Dubnov, o centro histórico da vida e cultura judaicas emigrou da Polônia e da Rússia para os Estados Unidos,

1. *AYP*, pp. 774 e ss.

O SIGNIFICADO DO ÍDICHE

onde remoldou as velhas formas – entre elas, a literatura ídiche – e ao mesmo tempo desenvolveu novas formas, mais orgânicas ao meio ambiente e institucionalizadas em inglês ou integradas na moldura geral americana.

No seu apogeu, a poesia ídiche não só explorou o pleno espectro da língua ídiche e a enriqueceu de muitas maneiras, como se beneficiou da extraordinária conjunção cultural em que se viram colocadas as gerações de seus escritores e leitores. Junto com as camadas históricas e os componentes multilíngües da própria língua ídiche, a poesia ídiche reverberava com os temas e as imagens da tradição religiosa, mitológica e cultural hebrai-co-aramaica, as reminiscências e figuras da história judaica. Recorria também às histórias, alusões e entonações da literatura e do folclore eslavos, bem como a alguns destaques da literatura alemã e ao museu imaginário da cultura moderna (inclusive oriental), mediada por essas línguas.

Pode-se dizer, esquematicamente, que a literatura ídiche moderna foi escrita segundo os gêneros, as formas e as convenções da literatura russa (e, por seu intermédio, européia), em uma língua basicamente alemã, mas gravada por camadas de mitologia e de textos hebraicos e por entonações de fala, tipologia e imagens "judaicas". Essa complexa e singular linguagem poética estava aberta aos temas, motivos, idéias e tendências estéticas da Europa hodierna. Foi no contexto desse conglomerado que o ídiche veio para a América, respondeu a seus estímulos e absorveu algumas influências de suas letras, vida e atmosfera ideológica. Um leitor ou crítico precisaria ter viajado pela mesma estrada, ao menos em termos intelectuais, para poder perceber o pleno impacto das vozes em competição num texto ídiche.

Por exemplo, o poeta A. Leyeles (nome literário de Aron Glantz, 1889-1966), que se criou na atmosfera de grande cidade da polonês-alemã-judaica Lodz sob governo russo, recebeu uma educação hebraico-judaica, depois viveu por cinco anos em Londres e passou a maior parte de sua vida criativa em Nova York. Além de ídiche e hebraico, conhecia russo, alemão, polonês, inglês, francês e era muito versado nessas literaturas. Leyeles era um mestre das formas poéticas provençais e italianas (provavelmente por influência do simbolismo russo, bem como do impressionismo ídiche e alemão); escreveu sonetos, *vilanelles*, rondós, oitavas-rimas, triolés, *terzinas*, e inventou os seus próprios e exigentes padrões estróficos; ao mesmo tempo, criou uma variedade de formas de versos livres de inspiração americana, mas

A POESIA ÍDICHE NA AMÉRICA

originais e ritmicamente intensos. Leyeles traduziu a *Estética* de Broder Christiansen (que marcou também os formalistas russos) do alemão para o ídiche, assim como poemas de Poe, Keats, Whitman, Verlaine, Amy Lowell, Goethe, Lermontov, Púchkin e Stephen Spender. Os poemas de Leyeles ecoam temas do budismo, psicanálise, arquitetura americana, Revolução Russa, Bíblia, Baudelaire e o Holocausto. Sob o seu nome real, A. Glantz, publicou centenas de artigos na imprensa, resenhas e ensaios sobre tópicos culturais e políticos[2].

Isso não significa que todo poeta ídiche era uma biblioteca multilíngüe ambulante, mas que a poesia ídiche, como um todo, achava-se nessa interseção inusual, acertando suas antenas para a "Cultura" e aberta aos ventos de todos os quadrantes. O leitor ou tradutor americano contemporâneos dificilmente podem combinar a instantaneidade e a fusão de modos e estados de ânimo que ocorriam nessa junção.

A literatura ídiche na América baseava-se em larga extensão na imprensa diária e periódica, que incluía em termos literários centenas de órgãos em atividade livre, sem os estorvos da censura que afligiam as publicações ídiches na Rússia. Em julho de 1881, apareceu o primeiro jornal diário em ídiche[3]. Em certos períodos, a circulação combinada dos diários nessa língua era muito elevada (762 190, em 1914). A imprensa ídiche via na promoção da cultura e do conhecimento uma de suas principais responsabilidades. Assim, tornou-se um veículo importante na literatura e crítica ídiches, publicou obras dos melhores autores e conseqüentemente proporcionou a muitos escritores dispostos a praticar o jornalismo um meio de vida e um fórum onde exprimir suas opiniões sobre cultura, política, sociedade, história judaicas e acontecimentos mundiais. A princípio, "vender-se" a um jornal era considerado degradante para um verdadeiro artista, e alguns "agüentavam" mais do que outros. "Se há um profissão no mundo que brune palavras como moedas mudando de

---

2. Já avançado em anos, Leyeles acresceu o seu famoso nome literário ao nome civil e tornou-se conhecido como Glantz-Leyeles. Mas isso não justifica o inverso: chamar o poeta "Aron Glantz-Leyeles", como procedem algumas traduções, é como chamar o autor de *Tom Sawyer* de Samuel Clemens-Twain. Em sua maturidade, o poeta nunca assinava os seus versos como "Aron" ou "Glantz", mas simplesmente A. Leyeles.

3. Na Rússia, um jornal ídiche foi fundado em São Petersburgo em outubro de 1881, mas tratava-se de um semanário. O semanário anterior, *Kol Mevaser*, que praticamente lançou a literatura ídiche moderna, apareceu entre 1862 e 1873.

178 O SIGNIFICADO DO ÍDICHE

mãos, é o do jornalista anônimo que fornece pão com manteiga para a mesa de Glatschteyn" (*Inzikh*, julho de 1934), escreveu o seu amigo e companheiro poético A. Leyeles, que ganhava o seu pão de cada dia como jornalista e redator do diário *Der Tog*. Mas o jornalismo também preenchia uma necessidade real do escritor ídiche, que era constantemente lembrado dos aspectos problemáticos da existência e das escolhas intencionais que deviam ser efetuadas em todo esforço contra a corrente neste século turbulento e politizado. "Todo poeta genuíno, comentou Glatschteyn em outra ocasião, deve ter muitas oportunidades de redigir matéria jornalística, de modo que possa expungi-la de seu sistema, erradicá-la de si mesmo, e que, ao se pôr a escrever um poema falado, já esteja sobrepassado no grito" (*In Tokh Genumen* ["Tomado no Âmago"], p. 131).

Assim, o jornal "anarquista", *Fraye Arbeter Schtime* ("A Voz Livre Operária"), cuja publicação começou em 1890 e foi editado a partir de 1899 por S. Yanofsky, imprimiu alguns dos melhores escritores ídiches, promoveu novos talentos e estampou numerosos ensaios sobre questões teóricas. O diário *Forverts* (*The Daily Forward*), fundado em 1897, embora originalmente socialista e na realidade sensacionalista e populista, fez muito para sustentar grandes escritores e trazê-los da Europa. Todos os jornais publicavam poemas, bem como crítica literária. Ademais, havia dezenas de mensários, periódicos culturais, pequenas revistas e racoltas dedicadas à literatura, a questões sociais ou políticos ou, especificamente, à poesia. O prestigioso mensário, *Di Tsukunft*, que vem sendo editado de 1897 até hoje, apresentava de início um subtítulo: "Revista de Socialismo, Ciência e Política", mas mudou de rumo mais tarde, sob a longa editoria de A. Valt (o poeta, A. Lyesin), convertendo-se em um dos principais órgão mundiais de literatura ídiche. Dúzias de editores ídiches estavam em atividade e centenas de títulos foram impressos. A literatura achava-se no coração dessa cultura anormalmente desequilibrada, onde a língua ídiche não podia servir a qualquer propósito político mais amplo e onde o sistema de vida cotidiana e as redes burocráticas e educacionais eram cada vez mais desenvolvidas em inglês. Os poetas, entretanto, continuaram queixando-se; incitava-os a missão idealizada do poeta-como-profeta (tal como percebido na literatura pós-romântica russa e hebraica) e esqueciam que não era fácil publicar poesia modernista em inglês, tampouco.

A POESIA ÍDICHE NA AMÉRICA 179

A cultura ídiche na América manteve-se ativa durante um século. Deu vida a vários jornais, casas editoras, escolas e instituições; mas apresentou pouca continuidade de recursos humanos e um desenvolvimento interno de novas gerações tão-somente residual. A maioria das pessoas jovens e inteligentes abandonou, num fluxo incessante, o enclave dos falantes do ídiche, drenando assim os seus recursos intelectuais. Foram antes as sucessivas ondas de novos imigrantes que sustentaram a continuidade dessa cultura. Grande parte dos escritores ídiches na América, não importa quando tivessem cruzado o oceano, provinham de lares religiosos da Europa Oriental. Haviam deixado lá o velho mundo da existência judaica e, com ela, a sufocante estrutura religiosa tradicional. Sua revolta foi uma revolta radical – parte de uma tendência avassaladora entre a juventude da "velha terra" – contra aquelas duas molduras sociais antigas e convencionais. Acompanharam-na o desconcerto emocional que decorria do fato de haverem deixado lá os pais e muitas vezes bem cedo na vida. Por exemplo, o escultor Haim Gross e o poeta Moysche-Leyb o fizeram com doze anos de idade e rumaram para o grande mundo (Viena e Budapeste), a fim de integrá-lo antes mesmo de se transferirem para a América. Halpern chegou à América quando tinha vinte e dois anos e já havia publicado alguns poemas em alemão, em Viena. Jacob Glatschteyn chegou a Nova York com dezoito anos. A. Leyeles veio com vinte anos, mas havia saído da casa paterna, em Lodz, indo para Londres, quando tinha dezesseis anos de idade. Leyvik veio da Sibéria aos vinte e cinco anos, mas fora preso e arrancado de casa como revolucionário aos dezoito anos. Muitos de seus leitores haviam partilhado de sua experiência. Quando chegaram à América e reconstruíram suas vidas com a motivação profunda de se tornarem "americanos", alguns ingressaram nas instituições já existentes de cultura ídiche secular.

A maioria dos poetas ídiches americanos aportou nos Estados Unidos entre o fim da adolescência e o início da juventude. Não haviam formado ainda a personalidade poética, nem estavam já, na velha terra, integrados à literatura ídiche local, e por isso podiam entregar-se à euforia de criar uma nova literatura em um novo país e, com ela, suas próprias vidas. Eram bastante velhos para se terem impregnado, na Europa, da atmosfera de uma língua e cultura ídiches de corpo inteiro, e já eram velhos demais para adotarem o inglês como língua de criação na nova terra.

180 O SIGNIFICADO DO ÍDICHE

Numa análise da idade em que se deu a imigração dos poetas incluídos nas duas abrangentes antologias de poesia ídiche-americana publicadas em ídiche, vê-se que as amostragens são representativas. Dos trinta e um nomes inseridos na imensa racolta de M. Basin, *Amerikaner Yidische Poezie* ("Poesia Ídiche Americana", 1940), cerca de dois terços tinham entre vinte e vinte e três anos, ao chegar à América. A média era de 20,5. (Contudo, alguns haviam se detido por vários anos em Londres ou em outros lugares, isto é, tinham saído de casa com menos idade ainda.) A coletânea de M. Schtarkman, *Hemschekh* ("Continuação", 1946), compreende cinqüenta poetas e os da geração mais jovem constituem a maior proporção. Aqui, a média etária foi de dezesseis. Dois terços vieram com a idade de catorze a dezenove anos[4]. O crescimento dos mais moços desses imigrantes processou-se no início da década de 1920, em um clima de grandes esperanças para a literatura ídiche no mundo todo, quando escrever nesse idioma continuava sendo interessante e possível.

Um caso excepcional é o de J. L. Teller, que chegou à América com oito anos de idade. Era um *iluy* ("gênio") nos estudos do hebraico e das matérias talmúdicas, tendo recebido inclusive excelente formação em inglês (que culminou com um Ph.D. em psicologia na Columbia University). Enquanto moço, viu-se obviamente sob a influência da poesia americana contemporânea, nomeadamente do verso "objetivista"; ele também escreveu livros de história e fez jornalismo em inglês, mas, no tocante à poesia, não optou nem pelo inglês nem pelo hebraico, porém por sua língua materna, o ídiche – que ainda era uma opção em 1930. Seu amigo, Gabriel Preil, que começou como introspectivista ídiche, passou para o hebraico e converteu-se, em Nova York, num dos mais interessantes poetas hebreus.

Em compensação, poucos imigrantes dentre os mais velhos somaram-se às fileiras dos poetas ídiches americanos. Embora escrita em ídiche, tratava-se de uma nova poesia de um novo país. Para estar em condições de entender a situação e fazer alguma contribuição, era preciso construir uma nova vida nessa terra. Além do mais, aqueles jovens escritores que se fixaram na literatura ídiche da Europa, então ainda plena

4. Três outros nasceram na América, quatro vieram ainda crianças e somente seis chegaram aos Estados Unidos com mais de vinte anos.

A POESIA ÍDICHE NA AMÉRICA 181

de vitalidade, tornaram-se parte do *establishment* literário de lá. Só alguns poucos poetas reconhecidos chegaram às margens americanas, e foi na qualidade de refugiados: Kadye Molodovsky em 1935, Aron Zeitlin em 1940, Haim Grade e outros após o Holocausto.

Uma análise comparativa da biografia dos artistas plásticos, de origem judaica, procedentes do mesmo *background* do leste europeu, mostra que a maioria aportou aqui em tenra idade: Ben Schahn tinha oito anos; Max Weber, dez; Louis Lozowick, catorze; Raphael Soyer, treze; Mark Rothko, dez. Eram bastante moços para ingressar na cultura americana propriamente dita, receber uma educação americana e criar arte, mas não estavam suficientemente enraizados na língua para escrever poesia. Os poucos imigrantes que o fizeram em inglês, como Anzia Yezierska, Abraham Cahan ou Judd L. Teller, utilizaram a prosa de preferência à poesia. Sua escritura ainda reflete uma sociedade falante do ídiche. Levou mais uma geração para que judeus com talento criativo, como Saul Bellow ou Philip Roth – filhos de imigrantes – exercessem um impacto na literatura inglesa.

A poesia ídiche na América é, não obstante, uma genuína literatura americana. Os *Rondós* ou *Fabius Lind* de Leyeles, os *Versos Livres* ou *Credos* de Glatschteyn, as *Miniaturas* de J. L. Teller, as *Peças Partidas* de Boris Vainschteyn, o *Grand Canyon* de Zische Vaynper ou os dois volumes póstumos de *Poemas* de M. L. Halpern, publicados em 1934, são tão americanos quanto qualquer outra coisa escrita em inglês nesse período. Era a consciência de ser americano que dava aos poetas um senso de liberdade de pensamentos e idéias. Sua percepção da literatura formou-se aí e aí se cristalizou sua linguagem poética. A América foi o espaço real e imaginário de onde hauriram o material de sua poesia, onde efetuaram as agudas observações com novos olhos de participantes envolvidos e críticos e onde o poder sobrepujante da metrópole-cadinho os encontrou desprotegidos e os remeteu ao protesto político ou ao "escapismo" de ficções líricas individualistas. Mesmo suas lembranças da "Velha Pátria" – negativas e zombeteiras a princípio e saudosas mais tarde – foram elaboradas a partir de uma irreversível posição em solo americano. Chamar M. L. Halpern poeta da Galícia não tem mais sentido do que chamar T. S. Eliot "poeta do Missouri" ou Ben Gurion "político polonês". Mas enquanto seus pares, os artistas plásticos, se tornaram parte da história aceita da arte

182 O SIGNIFICADO DO ÍDICHE

americana e seus contemporâneos que escreveram em inglês (como Charles Reznikoff) são parte da poesia americana, os poetas ídiches – que certamente podiam se lhes igualar em forma e tema – remanesceram de quarentena dentro de sua língua alienígena.

AS PRINCIPAIS TENDÊNCIAS

As tendências da poesia ídiche criada na América nunca foram meras extensões da literatura ídiche na velha pátria; elas se desenvolveram com base na dinâmica concreta do centro literário ídiche-americano independente. Muito embora seus poetas se sentissem amiúde como renovos de uma árvore luxuriosa, como refugiados que foram arrastados a uma praia estrangeira, a poesia ídiche na realidade desenvolveu-se concomitantemente com a renascença literária ídiche na Europa e até a precedeu em suas principais realizações.

Muitos poetas ídiches americanos também liam línguas européias e com freqüência se abeberavam em várias fontes da cultura européia judaica e não-judaica à qual se haviam apegado na juventude. Tais influências, bem como o desenvolvimento autônomo de uma poesia e poética ídiche-americana, combinados com as pressões de suas leituras separadas, tornaram os seus escritos diferentes dos da poesia inglesa vizinha. Mas a geração de poetas ídiches americanos era parte também de toda e qualquer corrente de poética ídiche em plano mundial. A vida nos Estados Unidos, que incluía não apenas duras condições de trabalho como ainda uma atmosfera mais pacífica do que no Velho Mundo – e um senso de liberdade – contribuíram para tais diferenças, do mesmo modo que o impacto da poesia americana e das idéias sociais. Os aterradores acontecimentos do século XX abalaram os poetas ídiches – americanos até o âmago, mas os fatos não ocorreram nas ruas das cidades em que eles próprios viviam e, ao invés, foi em termos de seu sentido histórico mais geral de humanidade e de destino judaico que tais acontecimentos lhes falaram.

Cabe distinguir cinco grupos importantes de poetas ídiches que surgiram nos Estados Unidos:

1. Os poetas "proletários" ou do *sweatshop* do fim do século XIX – Morris Rosenfeld, Dovid Edelschtat, Yoyssef Bovschover, Morris Vinchevsky e outros – foram inspirados primordialmente

A POESIA ÍDICHE NA AMÉRICA   183

pelo socialismo e anarquismo, mas expressaram desespero pan-histórico acerca do destino judaico na Diáspora e sonharam com Sion. Mesmo o extremamente popular poeta radical revolucionário, Dovid Edelschtat (1866-1892), escreveu: "Irmãos, nós carregamos um triplo grilhão – /Como judeus, como escravos, como pensadores" (de *O Proletário Judeu*, uma canção muito difundida). Eles eram conhecidos pelo envolvimento pessoal na vida do proletariado dos *sweatshops*, pela preocupação com questões sociais e políticas e pela retórica diretamente revolucionária, e eram extremamente populares entre os trabalhadores judeus. Entretanto, eles também se consideravam "poetas" inspirados e compunham poesia sobre assuntos "elevados" como o amor, a natureza ou a arte da poesia, vacilando entre o seu interesse nos temas "judaicos" e nos "cosmopolitas". Eram mestres na arte da versificação e foram os primeiros a estabelecer a regra dos metros de acentuação silábica na poesia ídiche. Além do mais, proclamavam o predomínio da poesia na literatura ídiche que, em seu centro europeu, naquele tempo, focalizava a prosa representacional. Distantes do *schtetl* judeu e da ficção européia do *schtetl*, promoveram o aqui e agora, o *pathos* da dicção poética, rimaram versos do tipo canção e efetiva retórica política.

Um relato sobre tais poetas na América, publicado em um jornal ídiche na Rússia, em 1905, mostra a difícil situação em que viviam:

[Muitos viram-se expostos] à mais amarga pobreza que algemou a imaginação poética e destruiu as belas e ricas aspirações, uma após outra. Referimo-nos, por certo, aos escritores que não concordaram em aceitar compromissos quanto a seus conceitos de arte, que não quiseram pôr à venda a sua inspiração por um prato de sopa, que não se prestaram a servir com sua pena propósitos que nada têm a ver com a literatura. No fim, foram forçados a ir para os *sweatshops*, as fábricas, as ruas e mercados a fim de mascatear jornais, maçãs e suspensórios. Vejam o que aconteceu aos nossos melhores poetas: um, morreu de tuberculose na flor da mocidade [Edelschtat], outro está confinado num hospício [Bovschover], um terceiro, enfermo de tísica, tem uma oficina de alfaiate no Colorado [Yehoasch], dois ou três escrevem textos e artigos na imprensa diária e outros não dispõem de tempo nem de coragem para criar poemas na prosaica e opressiva atmosfera do lufa-lufa americano[5].

---

5. M. Alexandrov, citado por Sch. Niger na *Enciclopédia Geral* [em ídiche], vol. *Yidn G'*, Nova York, 1942, p. 123.

184 O SIGNIFICADO DO ÍDICHE

2. A Jovem Geração (também conhecida por seu nome ídiche, *Di Yung(u)e*), veio à tona com sua primeira revista em 1907[6]. Incluía poetas como Mani Leyb, Y. Rolnik, Zischo Landoy. M. Dillon, Anna Margolin, bem como M. L. Halpern e H. Leyvik. Estavam interessados em larga medida na arte pela arte, na requintada poesia impressionista de estado de ânimo e atmosfera, no verso melífluo, magistralmente plasmado, escrito em suave dicção "poética". Não queriam atrelar suas estrofes a quaisquer propósitos políticos, nem converter-se no "departamento de rimas do movimento trabalhista", como Zischo Landoy o expressou. Ao contrário, centravam-se nas experiências do indivíduo. Traduziram da poesia internacional para o ídiche e, em geral, introduziram um espírito cosmopolita na literatura ídiche americana. Em alguns aspectos, sua poesia se aparentava com o verso inglês da época de Eduardo VII e, em geral, com a corrente neo-romântica européia, mas também sofrera o impacto de Heine e da ironia de sua lírica. A Jovem Geração foi um produto puramente americano. Conquanto influenciados pelo estado de espírito europeu, no conjunto, seus poetas tinham pouca coisa em comum com os autores ídiches da mesma época no Velho Mundo, onda a prosa continuava a triunfar. O interessante é que esses seus contemporâneos europeus (Bergelson, Gnessin, Der Nister) estavam escrevendo, em ídiche e hebraico, prosa individualista, impressionista. A contrapartida dos Jovens eram uns poucos poetas hebreus na Europa e em Eretz Israel que vinham recebendo influências similares, por mediação russa e alemã, embora os dois grupos mal conhecessem um ao outro, na época. A Jovem Geração estabeleceu na poesia ídiche a mestria das formas de verso, uma tradição cultural de traduções poéticas e uma poesia para crianças de alto calibre literário.

3. Os escritores individuais que podem ser reunidos num conjunto de "poetas culturais" nunca constituíram um grupo social ou uma corrente literária reconhecida, mas representavam, ainda assim, uma força importante, contrabalançando a retórica política dos poetas do *sweatshop* e a lírica curta de humores transitórios cultivada pela Jovem Geração. A bem dizer, eles conviviam e publicavam com os poetas dos primeiros dois gru-

---

6. A vida do poeta mais relevante desse conjunto, Mani Leyb, foi descrita em um livro bem documentado: Ruth R. Wisse, *A Little Love in Big Manhattan*, Harvard University Press, 1988.

A POESIA ÍDICHE NA AMÉRICA 185

pos. Cabe incluir aqui grandes mestres do verso ídiche, como Yehoasch, A. Lyesin, Menakhem Boreyscho, I. I. Schvartz e H. Leyvik, em parte. Eles recriaram na poesia ídiche temas e personagens da Bíblia, de todos os períodos da história judaica, da poesia hebraica da Espanha e da Cabala, bem como tópicos da literatura e filosofia orientais e européias e, em especial, imagens da história judaica recente, dos movimentos ideológicos e das migrações. Eles desenvolveram os gêneros da poesia épica, do drama poético, da balada narrativa, da fábula e do poema declamatório. A maioria estava embebida da literatura e da tradição textual hebraicas. Eles tentaram captar em versos formais ídiches a densidade e as qualidades mitopoéticas e dramáticas de um "mundo" ficcional, mas historicamente representativo, interpretado em termos tão pluralistas quanto possível, em uma época que favorecia a lírica breve e emotiva e a resposta figurada. Os poetas culturais são quase desconhecidos ao leitor de língua inglesa, pois é tarefa muito difícil traduzir seus largos corpos de textos narrativos, escritos em versos metrificados e rimados e numa dicção épica de poesia que não mais está em moda em inglês hoje em dia. O *mundo* de seus poemas, no entanto, carrega pedaços substanciais da experiência judaica e tem muito a oferecer ao leitor contemporâneo (por exemplo, *Der G(u)eyer* ["O Caminhante"] de Boreyscho, uma obra épica, de natureza filosófica, sobre as correntes ideológicas e a crise do pensamento judaico na virada do século XX).

4. Os introspectivistas, uma corrente literária lançada em 1919, iniciou uma revolta teórica e prática contra o domínio e o "poetismo" da Jovem Geração. Afora os fundadores, Jacob Glatschteyn, N. B. Minkov e A. Leyeles, incluía Y. A. Vaysman, Ruven Ludwig, B. Alquit, Celia Dropkin e outros. Para os introspectivistas, todo poema apresentava um caleidoscópio de fragmentos do mundo social, tal como percebido na psique de um sofisticado indivíduo urbano e expresso em uma única "fuga" rítmica. Sua poética era pós-simbolista, com acento no verso livre, na temática livre, na língua e no fim da torre de marfim poética. Mas eles também eram radicalmente diferentes de seus contemporâneos em Varsóvia, Berlim, Kiev, Moscou ou Tel Aviv, que bradavam a toda voz os lemas do expressionismo, da revolução e do sionismo. Os introspectivistas desenvolveram, ao invés, uma poética anglo-saxônica de ironia, situações poéticas dramatizadas e objetivadas e subentendidos intelectuais; tinham

186 O SIGNIFICADO DO ÍDICHE

uma visão muito mais madura, anti-sentimental e honestamente áspera do mundo real. Eles formavam o ponto focal da melhor poesia escrita em ídiche.

5. Os poetas esquerdistas das décadas de 1920 e 1930 agrupavam-se em volta do *Proletpen* e jornais mais ou menos abertamente comunistas como a *Frayhayt* ou o mensário *Hamer*. Entre eles estavam, Moysche Nadir, Zische Vaynper, M. L. Halpern e H. Leyvik. Eram na maioria vagos simpatizantes, mais do que membros do partido, e muitos romperam com a "linha" tão logo se erguia uma questão moral ou nacional. Era chique na época ter o coração à esquerda. Os ideais comunistas exerceram grande fascínio sobre muitos autores e leitores judeus que buscavam justiça em face dos duros aspectos do capitalismo americano. O comunismo também era um modo dignificado de desfazer-se do fardo do particularismo judaico – ou assim pensavam. Ademais, nutria-o a nostalgia pela Rússia dos livros, por sua literatura, "alma aberta", canções melancólicas e espírito revolucionário. A lembrança da libertação dos judeus da insuportável opressão czarista e dos pogroms (que muitos recordavam com horror por experiência própria, na infância) ainda permanecia bem fresca, assim como a impressão dos direitos verdadeiramente iguais outorgados pelo regime soviético em seu começo e do papel visível que um numeroso contingente de judeus esteve em condições de desempenhar no novo governo, ciência e cultura soviéticos. Além do mais, os comunistas judeus nos Estados Unidos dispunham de um efetivo auditório e público leitor devotados à causa, à cultura internacional ídiche e a um espírito coletivo que engodou mais de um poeta solitário.

Os poetas da esquerda criaram alguma poesia interessante de descrição naturalista de realidades urbanas e de protesto social, indo do tópico obrigatório do caso Sacco-Vanzetti ao poema do tamanho de um livro sobre *Little Rock*. Mas as pressões das políticas de inspiração soviética, com suas exigências de aplanar a linguagem da poesia e convertê-la em instrumento de propaganda ou em *jingle* retórico do realismo socialista passível de ser "entendido pelas massas", acopladas a suas atitudes anti-sionistas (particularmente sua postura pró-árabe durante a revolta árabe e os distúrbios antijudaicos de 1929, na Palestina) apartaram desse redil a maioria dos poetas importantes.

Muitos poetas criativos não pertenciam a nenhum desses grupos. Ademais, certas tendências básicas e certos eventos his-

A POESIA ÍDICHE NA AMÉRICA

tóricos tiveram impacto sobre escritores de várias inclinações e houve não pouca influência mútua entre eles. Em muitos sentidos, a literatura que descreve tais agrupamentos reflete antes conglomerados de alternativas tipicamente literárias do que compartimentos herméticos e diferenças absolutas entre poetas. Por exemplo, Moysche-Leyb Halpern e H. Leyvik iniciaram o seu desenvolvimento na poesia com a Jovem Geração. Mas o jovem introspectivista Jacob Glatschteyn, ao mesmo tempo que rejeitava completamente o grupo da Jovem Geração, se apercebeu, já em 1920, do valor poético específico desses dois poetas (ver "Uma Rápida Corrida através da Poesia Ídiche", *In zikh*, 1920). De fato, Halpern exibia fortes traços expressionistas na década de 1920; Leyvik – que começou na Jovem Geração – e Leyeles, o introspectivista, compartilhavam então de uma certa propensão para envolver seus versos numa aura de misticismo, além de uma amizade que durou a vida toda. A partir de meados da década de 1920, as conquistas de todas essas correntes e o impacto geral da poesia modernista inglesa tornaram-se propriedade comum. Poetas de várias extrações usaram-nas conforme o seu desenvolvimento pessoal, como foi o caso do modernismo em outras literaturas. No próximo capítulo, analisaremos em pormenor o conjunto de problemas que um dos mencionados grupo, o dos introspectivistas, enfrentou.

Após a Segunda Guerra Mundial, um afluxo de refugiados trouxe da Europa para a América um número ponderável de poetas e, por um breve espaço de tempo, aumentou o total de leitores ídiches. O Holocausto na Europa, o desencanto com o stalinismo, o reconhecimento da grande luz emanada do Estado de Israel e a dissolução de todo o corpo firmemente constituído de um leitorado ídiche, tudo isso fez com que os escritores, como um todo, participassem de um destino comum.

Entretanto, após 1950, vieram somar-se alguns novos autores de língua ídiche. Com o falecimento dos poetas da geração que emergira nas décadas de 1920 e 1930, a literatura ídiche na América minguou. O famoso *Daily Forward*, que sumariou a vida do emigrante judeu na América e as lutas do mundo judeu durante oitenta e cinco anos e que baixara muitas vezes a cultura ídiche ao nível da rua, mas que também publicara alguns dos melhores escritores, inclusive o ganhador do Prêmio Nobel, I. Baschevis Singer, interrompeu sua edição diária em 1983, embora continue aparecendo como semanário.

8. Introspectivismo: Uma Poética Modernista

O movimento introspectivista pode servir de exemplo representativo da ambiência crítica na literatura ídiche-americana e das tensões básicas que a permeavam[1]. Os problemas que preocupavam os teóricos introspectivistas – as relações entre arte e vida, linguagem e forma, realidade social e individual, entre o "judaico" e o "universal" – eram centrais também para outras correntes e gerações na poesia ídiche americana, a começar pelos poetas *sweatshop* como Dovid Edelschtat e Morris Rosenfeld. Mas os introspectivistas formularam uma poética modernista e consciente, sustentada por seu próprio trabalho criativo e relacionado com a poética modernista no contexto internacional.

Após setenta anos de crítica e teoria literária internacional, a teorização feita pelos poetas ídiches ao redor de 1920 pode parecer algo ingênua, mas a sua concepção da arte poética era mais madura e complexa do que os manifestos anteriores dos imagistas anglo-americanos. O modo de poetas teorizarem, em declarações de princípios, artigos programáticos ou ensaios crí-

---

1. Ver a tradução inglesa do manifesto introspectivista e excertos de sua teoria literária coletados em "Chronicle of a Movement" ("Crônica de um Movimento") em *AYP*. As citações que aparecem a seguir são daí extraídas. A *AYP* contém igualmente uma ampla seleção de poesia de A. Leyeles, Jacob Glatschteyn e J. L. Teller, três nomes do introspectivismo.

190 O SIGNIFICADO DO ÍDICHE

ticos, utiliza uma linguagem muito diferente e serve a funções bem diversa da crítica ou teoria acadêmica, e não se deve julgar aquele pelos padrões destas, mas antes como expressão direta da ideologia e polêmica artísticas em um contexto cultural específico. Os escritos dos teóricos ídiches são amiúde enganosamente didáticos e informais, tentando explicar difíceis questões de teoria literária para um auditório de autodidatas e leitores de jornais. Mas quando destilamos suas idéias, descobrimos uma concepção madura e complexa da arte.

Os introspectivistas ídiches absorveram as idéias sobre arte desenvolvida nos então recentes movimentos modernistas. Em seus argumentos é possível descobrir traços do futurismo italiano e russo, do expressionismo alemão e ídiche, do vorticismo e imagismo ingleses, bem como pensamentos suscitados por Nietzsche, Croce, Freud e T. S. Eliot. Às vezes é difícil dizer em que medida tais ecos derivam diretamente de textos primários e em que medida formam parte da aura cultural à disposição de leitores intelectuais após a Primeira Guerra Mundial. O importante no caso é a tentativa de integrar tais elementos a um modernismo único, coerente e "clássico", mais do que a de enunciar as palavras de ordem de uma posição extremada.

Em 1918, A. Leyeles publicou seu primeiro livro de 7 poesia, *Labirint*, cada página do qual era devidamente adornada com uma armação de suásticas, o antigo símbolo indiano. Embora ainda empapado de estados de ânimo e formas neo-românticos, esposava um individualismo radical e uma postura sofisticada e intelectual. Isso, como tal, dificilmente era aceitável quer para os seus contemporâneos, quer para os poetas da Jovem Geração, ou para o meio ambiente politizado [isto é, esquerdista] da vida cultural ídiche em Nova York após a Primeira Guerra Mundial. Um dia, em 1918, dois jovens estudantes, Jacob Glatschteyn e N. B. Minkov, procuraram A. Leyeles a fim de lhe mostrar os poemas ídiches que haviam escrito e "levantaram vivamente a idéia de uma nova corrente [poética]". Todos os três eram intelectuais, muito versados tanto na cultura judaica quanto na geral; tiveram sucessivos encontros e contínuas conversas em que desenvolveram a poética e a ideologia de uma nova corrente, modernista, na poesia ídiche (ver A. Leyeles, "Vinte Anos de 'Inzikh' ", *Inzikh*, abril de 1940). Na época, estampavam seus versos na revista de H. Gudelman, *Poezye* ("Poesia", título homônimo à sua contrapartida em inglês e à *Poesia* de Marinetti), junto com integrantes da Jovem Geração e vários poetas ídiches europeus.

INTROSPECTIVISMO: UMA POÉTICA MODERNISTA 191

Em 1919, os três poetas formularam os princípios de sua nova corrente e deram-nos a público sob a forma de uma introdução a uma antologia, *In zikh* ("Em Si"), que incluía poemas deles mesmos e de vários poetas jovens com a mesma predisposição de espírito. Essa introdução, intitulada *Introspectivismo*, tornou-se o assim chamado manifesto do movimento. Está escrita em termos de uma declaração de princípios, embora em tom discursivo e didático, sendo endereçado ao leitor ídiche em geral. A coletânea apareceu em janeiro de 1920 e o número inaugural da revista *In zikh*, pouco tempo depois. Na época, o título da revista sofreu uma contração em uma palavra, *Inzikh*, e tornou-se o nome ídiche da tendência, *inzikhism*, e de seus poetas, *inzikhists*.

In zikh era uma pequena revista típica, devotada primordialmente à poesia e também à publicação de textos de teoria poética, crítica e polêmicas, bem como de ensaios políticos e culturais escritos pelos poetas. Foi impressa, com várias interrupções, de janeiro de 1920 a dezembro de 1940. No todo, cem poetas e escritores colaboraram em suas páginas, entre eles alguns dos jovens modernistas europeus como a poetisa ídiche Dvora Fogel (a amiga de Bruno Schulz) e Abraão Sutskever[2]. Embora tenha se ressentido da escassez de um público intelectual e dos ataques rancorosos de críticos de imprensa, moralizadores, e de escrevinhadores esquerdistas do partido, *Inzikh* tornou-se o porta-estandarte do modernismo ídiche na América.

No fim da década de 1930, a angustiosa situação dos judeus na Europa desviou o foco crítico, da teoria da linguagem poética para o problema da arte numa era de destruição. Os poetas, todavia, nunca abandonaram a preocupação com a arte e a linguagem, como deixam claro os ensaios de Glatschteyn, de 1945-1947, reunidos em *Sum and Substance*[3]. A mudança de ênfase foi também acompanhada pela mudança do predomínio de Leyeles nos primeiros anos como teórico da poesia e do verso livre

2. J. Birnboym, "The Journal *In zikh*", em *Pinkes far der forschung fun der yidischer literatur un prese*, "Anais da Pesquisa de Literatura e Prosa Ídiche", Nova York, 1972, pp. 28-49.
3. Tal é a tradução inglesa que o próprio Glatschteyn fez do título de seu livro. O original ídiche, *In tokh genumen*, era como se intitulava a sua coluna no semanário cultural trabalhista sionista, *Yidischer Kemfer* ("O Lutador Judeu"); uma tradução mais literal seria "Tomado no Âmago" significando no "cerne da questão".

192 O SIGNIFICADO DO ÍDICHE

para a proeminência de Jacob Glatschteyn como o maior poeta e crítico literário ídiche após o Holocausto.

In zikh, a primeira revista ídiche dessa espécie, foi logo seguida por outras, publicadas em Varsóvia, Lodz, Berlim, Moscou e Paris e consagradas primordialmente à poesia, à teoria poética e às artes plásticas. Tais revistas, como *Schtrom* ("A Torrente"), *Khalyastre* ("O Bando") e *Albatross*, promoveram uma nova poesia, modernista, em ídiche, uma poesia influenciada sobretudo pelo expressionismo e futurismo e pelo impacto da Revolução Russa com seus estados de espírito messiânicos, suas utopias futuristas e suas atrocidades. Os *inzikhists* americanos não partilhavam nem do horror experimentado pelos poetas ídiches europeus na Primeira Guerra Mundial nem dos pogroms de 1919. Tampouco partilhavam da poética expressionista do "Grito" sobre o "Horror" e o "Crepúsculo da Humanidade" ou das concepções politizadas da literatura de inspiração comunista ou sionista. Estavam, porém, cônscios dessas ondas européias.

A denominação *introspectivismo* parece um desafio direto à divisa do *expressionismo* que varria a Europa. A oposição expressionismo *versus* impressionismo era utilizada para descrever a mudança radical de uma arte de registros externos de estados de ânimo e atmosfera, das sutilezas do ar, luz e da nuança psicológica, para a rude e patética expressão do ritmo e do espírito da civilização urbana moderna, com suas tecnologias, guerras, massas, corrupção, políticas radicais e destruição da moralidade burguesa. O impressionismo parecia ser a última arte de mimese, não essencial à verdadeira expressão. Em seu manifesto, "Sobre o Expressionismo na Literatura", o escritor alemão Kasimir Edschmid declarou: "O mundo existe. Não tem sentido repeti-lo. Explorar nele o seu menor tremor, no seu cerne mais íntimo e criá-lo de novo – eis a grande missão da arte"[4].

O manifesto introspectivista ecoa o pressuposto inicial dessa declaração, opondo-se à mimese como o princípio da arte, mas procura o seu objeto algures: "O mundo existe e nós somos parte dele. Mas, para nós, o mundo existe tal como espelhado em nós, tal como *nos* toca. Ele se torna uma atualidade somente em nós e *através* de nós". A poesia "introspectivista" foi promovida como uma percepção intelectual do *self* do poeta, como

---

4. Kasimir Edschmid, *Über den Expressionismus in der Literatur und die neue Dichtung*, Berlim, Erich Reiss, 1919, p. 56.

INTROSPECTIVISMO: UMA POÉTICA MODERNISTA 193

uma reflexão pessoal de um mundo social internalizado, mais do que como um mero veículo para a expressão de um *Zeitgeist*, um estado de ânimo político, a "essência" do mundo ou do "Homem" em geral. A principal preocupação do poeta era exprimir o relacionamento orgânico entre os fenômenos externos e ele próprio e de assim fazê-lo de uma maneira introspectiva e individual. "*De maneira introspectiva* significa que o poeta deve realmente ouvir sua voz interior, observar seu panorama interno – por caleidoscópico, contraditório, obscuro e confuso que possa ser."

Essa não era uma poesia escapista, de torre de marfim. Uma antinomia de maior relevo na teoria introspectivista é entre a ênfase na experiência individual e o âmbito do mundo que ela reflete. Uma passagem fundamental do "manifesto" reza:

> Para nós, tudo é "pessoal". Guerras e revoluções, pogroms contra judeus e movimento operário, protestantismo e Buda, a escola ídiche e a Cruz, as eleições para prefeito [em Nova York] e uma interdição de nossa língua, tudo isso pode nos dizer respeito ou não, como uma mulher loira e a nossa própria inquietação podem ou não nos dizer respeito. Se nos dizem respeito, escrevemos poemas; se não, ficamos quietos. Em ambos os casos, escrevemos acerca de nós mesmos porque todas essas coisas existem, na medida em que estão em nós, na medida em que são percebidas *introspectivamente*.

A lista dos domínios temáticos nessa declaração representa uma captação expressionista de realidades políticas e culturais, embora observadas enquanto se tornam parte do mundo pessoal de um homem ou mulher modernos. Ela mistura atitudes religiosas e políticas do dia-a-dia, acontecimentos mundiais e emoções pessoais, história universal e notícias judaicas em um redemoinho caleidoscópico. Que ninguém se deixe enganar pelo individualismo do rótulo introspectivismo. Tratava-se de uma poesia agudamente afinada com o mundo histórico e político, por mais que se apresentasse em cada poeta pessoalmente interiorizada.

A maior influência exercida pela poesia anglo-americana sobre os poetas ídiches de Nova York residiu no tom de subentendido e ironia, típico de Glatschteyn, do Leyeles de *Fabius Lind* e de Halpern nos primeiros tempos, em oposição aos barulhentos gritos dos poetas ídiches "da grande cidade" na Europa. Sob o ângulo temático, guardavam amiúde a autonomia do indivíduo e de seu idiossincrático mundo privado contra a uniformidade das ideologias esquerdistas – mas isso também é

194   O SIGNIFICADO DO ÍDICHE

uma postura política. Os introspectivistas eram essencialmente poetas políticos, muito embora, no sentido estrito de uma "linha de partido", fossem os poetas mais apolíticos de toda a Nova York judaica.

Assim, os introspectivistas enfrentaram o desafio do expressionismo a fim de encontrar resposta para as realidades políticas e sociais que, nessa época, passaram a entrar na vida de cada pessoa como jamais anteriormente e, por certo, a determinar, no mesmo lance, a vida pessoal dos judeus, cujos canais mesmos de existência dependiam do clima político. Essa concepção também aboliu a oposição simplista entre tópicos "judaicos" e "universais" e pôs fim ao empenho dos poetas da Jovem Geração em escapar aos temas nacionais por causa da poesia pura. Também preparou os introspectivistas – Teller, Minkov, Glatschteyn e Leyeles – a reagirem com certa contenção natural, enquanto poetas e indivíduos, ao Holocausto e a tomá-lo, na linguagem poética individual, como parte de sua experiência pessoal.

Os introspectivistas pelejaram uma contínua batalha contra a acusação de que eram poetas "versados" mas cerebrais. (Leyeles "sabe" como fazer poemas, logo, ele não é poeta...) A distinção entre "poesia do sentimento" e "poesia do pensamento" não tinha sentido para eles ("não há fronteira entre sentimento e pensamento no homem contemporâneo"), como não tinhaa para T. S. Eliot. Os que aderiam a um outro modo eram "dualistas" (o que se compara à "dissociação de sensibilidades" de Eliot) que criavam ritmos monótonos. Assim como no caso das correntes expressionista ou pós-simbolista, para os introspectivistas, "tudo é objeto de poesia": "Não há belo ou feio, nem bom ou mau, nem alto ou baixo". Essa abertura de todas as fronteiras temáticas não implica, entretanto, a atmosfera de *laissez-faire*; eles propuseram uma teoria específica que permitia a inclusão de todos os elementos no poema, sob os *slogans* do "caótico" e do "caleidoscópico".

A idéia de que a poesia devia apresentar "o caótico" de preferência a poemas arrumados, bem feitos, estava no ar. O expressionista ídiche, Uri Zvi Grinberg, soldado e desertor na Primeira Guerra Mundial, escreveu no manifesto de sua revista, *Albatross* (Varsóvia, 1922):

> *É assim que as coisas são.* Queiramos ou não. Aqui estamos como somos: com feridas a fio de talho, veias amontoadas, ossos desatarraxados, após os bombardeios de artilharia e os brados de "hurra", após os ataques a gás; após as vasilhas cheias de bílis e ópio: nojo. E a baba e a sânie cobrem nossos lábios.

INTROSPECTIVISMO: UMA POÉTICA MODERNISTA   195

Daí o atroz no poema.
Daí o caótico na imagem.
Daí o clamor no sangue.
[...] *É imperativo escrever tais poemas.*
Atroz. Caótico. Sangrando.

A tradução dessa ideologia em linguagem efetiva de poesia significava promover uma composição caótica, evitar qualquer continuidade de tempo e espaço no poema ("morra o tempo e o espaço", proclamava um manifesto futurista italiano), apresentando um desafio à coerência e ao fechamento declarados e construindo uma colagem aleatória de elementos discordantes num texto. Moysche-Leyb Halpern é exemplo extremo de um poeta assim: após o primeiro livro, abandonou a poética impressionista e o poema bem arredondado da Jovem Geração e tornou-se cada vez mais ostensivo e caprichoso em suas composições desordenadas, caóticas, em especial nos seus divagantes monólogos dramáticos.

Os introspectivistas encontraram o "caos" dentro de sua própria psique: "Se o mundo interno é um caos, deixemos que o caos seja manifestado [na poesia]". Esse caos não é meramente – nem primordialmente – o caos do desgarramento do mundo moderno de toda a racionalidade, mas o caos de nosso fluxo de consciência pessoal. "A psique humana é um terrível labirinto." O "eu" de uma pessoa é sujeito e objeto ao mesmo tempo, presente e passado, a parte e o todo; sua vida presente e a metamorfose de vidas prévias, tudo existe nele de forma simultânea. "Ele está simultaneamente no Ganges e no Hudson, no ano de 1922 e no ano em que Tiglatpilesser conquistou e aterrorizou um mundo. Por isso, o introspectivista é caótico e caleidoscópico" (A. Leyeles, "Chronicle of a Movement: Excerpts from Introspectivist Criticism", n. 11, *AYP*, pp. 785-804). Daí a sua oposição ao ideal imagista da "concentração". A concentração e o bom torneamento criam um poema e um estado de ânimo isolados e cortados de todo contexto, e isso é simplesmente uma "mentira", a artificialidade da arte em relação à "vida" real, porque o impacto de qualquer fenômeno sobre a psique humana estimula toda uma galáxia de ânimos, sentimentos e percepções.

A idéia básica é similar aos conceitos de "simultaneidade" e "planos intersectantes" nas artes plásticas do futurismo italiano, como evidencia a seguinte passagem do manifesto introspectivista:

196   O SIGNIFICADO DO ÍDICHE

Quando o poeta, ou qualquer pessoa, olha um pôr-do-sol, ele pode ver coisas das mais estranhas que, ostensivamente, não têm talvez nenhuma relação com o pôr-do-sol. A imagem refletida em sua psique é antes uma série de associações de longo alcance, em movimento que se afasta daquilo que seu olho vê, uma cadeia de sugestões evocadas pelo ocaso. *Isso*, a série de associações e a cadeia de sugestões, constitui a *verdade*, é a vida, tanto quanto uma ilusão é com freqüência mais real do que o conglomerado de aparências externas a que chamamos vida.

Em composições, como "Outono", "Simetria" e outros poemas de Leyeles, aparecem motivos oriundos dessa percepção, que muitas vezes contém elementos da psicanálise freudiana, de misticismo oriental e da "quarta dimensão" de Uspenski.

O equivalente poético dessa concepção psicológica reside na teoria da arte caleidoscópica. Mais do que mero "caos", tal como abraçado pelos expressionistas e, de modo instintivo, por M. L. Halpern, a visão caleidoscópica é uma apresentação organizada a evocar elementos de várias situações discordantes. Em vez da simples imagem dos imagistas, o poema tem muitas faces; em vez de símiles, tem estilhaços coloridos de imagens diretas. Como assinalou N. B. Minkov em um ensaio sobre a poesia de A. Leyeles, resultava daí uma contradição inerente: enquanto a introspecção em si mesma é analítica, o método caleidoscópico é sintético. No entanto, o excelente poeta estava ele próprio vendo as coisas com um certo viés, tendendo sempre para a primeira opção, imerso em um introspectivismo mistificador; mas a analogia feita entre o princípio caleidoscópico e o cubismo sintético (como colocação oposta ao anterior cubismo analítico) era pertinente: tratava-se de apresentar, como Picasso, um construto consciente de fragmentos representando vários aspectos ou pontos de vista discordantes. Enquanto o expressionista encontrava uma força unificadora em sua alta voz whitmanesca, Leyeles estava procurando-a em uma espécie de ritmo onipresente que constituía a "alma" ou a "essência" do poema. Tal como o caleidoscópio se opõe à imagem singular, do mesmo modo – na teoria de Leyeles – a "fuga" de um ritmo livre se opõe à "ária" operística monótona configurada por um único metro.

O conceito do método caleidoscópico conjugou assim vários princípios modernos: a psicologia do fluxo de consciência, a natureza multidimensional da vida moderna, a simultaneidade da experiência, a representação por meio de elementos estilhaçados de preferência à plena descrição e a organização consciente de um poema como uma "fuga" ou uma "sinfonia" de elementos heterogêneos tocando juntos em um único conjunto integrado.

INTROSPECTIVISMO: UMA POÉTICA MODERNISTA   197

O conceito descreve a arte de T. S. Eliot em "The Waste Land" e "Ash Wednesday", ou dos "Cantos" de Pound melhor do que fazem as teorias imagistas a sublinhar a "coisa", a "imagem" individual ou a "concentração".

Em sua práxis real, nem todos os poetas introspectivistas efetivaram com pleno vigor o princípio caleidoscópico. Glatschteyn o empregou em poemas como "1919" (ver capítulo 9), mas na maior parte das vezes preferia basear a composição de uma poesia em uma situação particular, não realista. Leyeles, depois de usá-lo em textos como "Janeiro de 28" e alguns de seus poemas citadinos, descobriu uma nova solução no ciclo poético, como "O Diário de Fabius Lind" ou "Para Ti – Para Mim". Embora cada poema individual de cada ciclo estivesse centrado em um estado de ânimo, cena ou situação (a bem dizer, com associações a outros estados de ânimo), o ciclo como um todo continha um caleidoscópio consciente de tópicos heterogêneos – eróticos, políticos, urbanos e assim por diante – apresentado em um arco-íris de formas rítmicas. Desse modo, o ciclo "Para Ti – Para Mim" apresenta um enquadramento escrito em uma estrofe especial de oito versos em métrica e rima precisas; ele é, todavia, interrompido a meia estrofe e a meio verso – onde são inseridos um certo número de poemas em versos livres e metros que variam muito – apenas para ser retomado trinta páginas adiante no meio de um verso interrompido e completado em uma clausura formal. Em nível mais elevado, o livro inteiro, *Fabius Lind*, é apenas um semelhante diário caleidoscópico de um contemporâneo, em que o pessoal e o social, o trivial e o metafísico se alternam – pareados por alternação ostensivamente aleatória de um amplo espectro de versos formais e livres – para apresentar um caleidoscópio "de metamorfoses, dor, transformações, exaltação e realização num intervalo de um pedaço vivido de vida", como Glatschteyn o descreveu. "Neste livro, dez anos na vida de um judeu altamente cultivado, inquieto, perscrutador e refinado foram fixados para sempre: daí, *ipso facto*, para mim, também dez anos de Leyeles – e primordialmente – dez anos judaicos" (Ver "Chronicle", n. 25.)

O segundo princípio que acompanhava a introspecção era a *individualidade* de expressão. De acordo com o manifesto introspectivista, "porque nós percebemos o mundo egocentricamente e porque pensamos ser este o mais natural e portanto *o mais verdadeiro e o mais humano* modo de percepção, julgamos que o poema de todo poeta deve ser primeiro de tudo *o*

198 O SIGNIFICADO DO ÍDICHE

seu próprio poema". Esse princípio é aplicado tanto ao conteúdo quanto à forma: "Insistimos em que o poeta apresenta a imagem autêntica que ele vê em si mesmo e que ele a apresenta de tal forma como só ele e ninguém mais pode vê-la". Cada poeta deve desenvolver sua própria linguagem poética e sua própria poética, que pode posteriormente subverter qualquer princípio do grupo.

Aqui, mais uma vez, há um paradoxo: por individualidade os introspectivistas não queriam dizer relativismo nos juízos de valor. Insistiam em que o poeta devia ser não somente uma "pessoa" por direito próprio, como uma pessoa "interessante", "contemporânea", "inteligente e cônscia, capaz de expressar o visto, o sentido e o entendido em seu próprio modo interiormente verdadeiro, introspectivamente sincero". Por meio de associações e sugestões – isto é, através da deliberada composição descontínua e de dispositivos alógicos da linguagem poética –, o poeta precisa "exprimir os complexos sentimentos e percepções de uma pessoa contemporânea". O "versolibrismo", como Leyeles o formulou, não é apenas uma inovação na forma, mas uma expressão de um novo conteúdo. "O novo conteúdo é a vida moderna de um homem moderno, que está escapando do velho mundo idílico, do velho provincianismo e da atmosfera da pequena cidade" ("Chronicle", n. 10). Quando os introspectivistas salientavam, ao modo de Eliot e Pound, que a poesia deve usar a língua falada, era a linguagem usada pela "parte mais inteligente, mais consciente do povo judeu", que eles tinham em mente ("Chronicle", n. 7).

Assim, a teoria poética dos introspectivistas baseia-se em várias antinomias: introspecção – mas reflexão do mundo social e político; linguagem poética e individual – mas expressão do "homem moderno". Pode-se acrescentar um terceiro par: arte pela arte – mas arte como "autêntica" expressão da "vida". Respondendo ao crítico Niger e a suas exigências de uma "arte judaica", Leyeles proclamava: "Literatura é *arte*. E a arte tem as suas próprias leis, a mais alta das quais é – a própria arte". Mas prosseguia imediatamente: "A arte é *apenas* uma expressão da vida" ("Chronicle", n. 5). Em outro contexto, Leyeles explicou a fórmula "arte pela arte": "Armado com sua intuição, o artista moderno não quer conhecer quaisquer outras tarefas ou metas do que a arte"; mas aqui também acrescenta: "Porque ele sabe que, para ele, a arte é apenas uma estrada para chegar à verdade, para ver o mundo em sua luz real e para entender a sua própria relação com o mundo" ("Chronicle", n. 15).

INTROSPECTIVISMO: UMA POÉTICA MODERNISTA   199

Tais antinomias apreendem algumas das contradições e polêmicas centrais da poesia modernista desde o simbolismo. Elas não oferecem um casamento incômodo dos opostos, porém uma conjunção de dois pólos contraditórios, tornando mais forte um quando expresso através do outro. Os juízos de valor introspectivistas parecem exigir que ambos os pólos sejam expressos em cada um dos dilemas.

Dessa concepção, é possível derivar várias antinomias adicionais. Os introspectivistas não impuseram à poesia qualquer missão "judaica" ou qualquer outra de natureza social, mas, "por ela ser arte, ela é judaica de todo modo" ("Chronicle", n. 5). Em sua poesia mais experimental, os introspectivistas investiram elementos "judaicos"; a experiência judaica sempre foi parte da experiência pessoal, "universal" desses poetas. Para eles, a judaicidade era mais uma linguagem do que uma missão: "Um judeu escreverá sobre um templo indiano da fertilidade e sobre xintoístas japoneses como judeu" (o manifesto introspectivista). Não apenas como seres humanos, porém *como poetas, como um aspecto essencial de sua poética,* desenvolveram antenas sensíveis para o clima político circundante e escreveram a seu respeito mais do que a respeito de tópicos poéticos convencionais. Isso vale tanto para a sua intensa americanidade quanto para a sua judaicidade profundamente sentida. Os introspectivistas foram os primeiros poetas ídiches que aceitaram de maneira entusiática a magnificência da grande cidade americana, "a relação para com a grande cidade, a [Torre] Woolworths, o Empire State, o ritmo total gigantesco da metrópole Nova York ou da metrópole Chicago" (A. Leyeles, *In zikh,* outubro de 1935). No entanto, mesmo antes do Holocausto, deslocaram sua ênfase para tópicos judaicos e consideraram o fato como sendo central para a sua experiência pessoal: "Os mesmos escritores que perceberam a América e a exprimiram em poemas, romances e dramaturgia, voltaram-se para a história judaica e procuraram aí personagens e situações para suas idéias contemporâneas e até 'americanas' ", escreveu Leyeles em 1935 ("Chronicle", n. 22). Daí por que estavam preparados para encarar o Holocausto iminente e responder a ele em poesia.

Antinomias similares imperam na percepção da forma poética. Os introspectivistas prestaram atenção aos detalhes de forma e linguagem. A imagem individual, a palavra devida no devido lugar, nem símiles nem adjetivos supérfluos e a liberação da palavra, enquanto material de arte, do lastro convencional de

200 O SIGNIFICADO DO ÍDICHE

séculos – tudo isso parece ter sido influenciado pelo futurismo italiano e russo. Ao mesmo tempo, encarecer a arte da linguagem significava, para eles, encarecer a verdadeira expressão. Leyeles, por exemplo, enfatizou repetidamente que "o ritmo é o que efetivamente faz o poema", que "as palavras, idéias, conteúdos, imagens por si próprios não possuem significado independente no poema. Existem unicamente para servir. Ajudam a criar o ritmo". Para Leyeles, entretanto, o "ritmo" não tem valor quando é somente o ritmo mais do que a "alma" do poema, sua "essência" metafísica, algo que transcende o "conteúdo" trivial e acidental.

O verso livre surgiu como tendência consciente no simbolismo francês no último terço do século XIX e suas origens podem ser remontadas a Goethe, Novalis e Coleridge. No começo do século XX, deslocou-se da periferia para o centro da teoria poética. Em 1905, F. T. Marinetti promoveu um referendo internacional acerca do verso livre, em que participaram muitos poetas europeus importantes. Publicado em forma de livro em 1909 (com o *Manifesto Futurista*, italiano), a *Enquête internationale sur le vers libre* pode ser considerada um marco que transformou uma técnica do simbolismo francês tardio em signo distintivo do modernismo. O verso livre tornou-se um princípio central da maioria das correntes modernistas na poesia: imagismo, futurismo, expressionismo e acmeísmo, a todos eles pareceu ser uma questão crucial para a natureza da nova arte na linguagem. Contudo, as racionalizações da teoria, assim como as formas efetivas assumidas pelo verso livre, vieram a diferir amplamente.

Mal se pode dizer que tenham aparecido em ídiche poemas em verso livre antes da Primeira Guerra Mundial. Os introspectivistas foram os primeiros a converter essa questão cardeal em fator divisório entre a velha e a nova poesia. Era uma genuína revolução, porquanto não era fácil a um poeta educado no verso métrico livrar-se do hábito automatizado de incidir em escansão. Para o lance, os introspectivistas talvez tenham recebido luz verde, do imagismo anglo-americano, mas concebiam o problema de forma diferente. Não enfatizavam tanto a questão da liberdade em face da tradição, como a da expressão individual e da orquestração deliberada de um ritmo antes mais rico do que mais prosaico. A seu ver, o verso livre exigia "um esforço intenso" para coordenar e subordinar todos os aspectos da padronização do som na textura poética. O verso livre devia ser uma expressão da individualidade em todos os níveis: do poeta, do

INTROSPECTIVISMO: UMA POÉTICA MODERNISTA   201

poema e do verso isolado. Cumpria-lhe exprimir tanto "o natural ascenso e queda de um estado de ânimo" quanto "a nova música que agita o mundo", o tempo irregular da grande cidade e a "desarmonia" da "experiência psíquica contemporânea". Daí a ênfase não na uniformidade ou no tom prosaico, mas na interação de muitos dispositivos rítmicos mutantes e na natureza sinfônica de um poema rítmico livre. Uma vez que a questão era a individualidade do ritmo mais do que a liberdade do verso, também era possível realizá-la em metros regulares, contanto que a variedade de formas selecionadas garantisse a singularidade de cada poema. Em suma, o verso livre na poesia ídiche constituía um abandono da forma convencional dominante de uma estrofe simétrica, de quatro versos, ritmada, e ele atuou em duas direções opostas: a dos textos mais estruturados e a dos menos estruturados.

A monotonia representava a morte da poesia. Glatschteyn entendeu tal fato à sua própria maneira quando negava a musicalidade de "O Corvo" de Edgar Allan Poe (argumentando contra Leyeles, que traduziu duas vezes o poema, em 1918 e 1945!). Voltou a empregar o termo, ao apontar para o perigo de toda uma literatura tornar-se "monotônica e monotemática" na "lamentação conjunta" após o Holocausto. Glatschteyn ele mesmo tentou salvar a individualidade do poema, até mesmo naquela época de "gagueira coletiva". Como ele o disse: "Nossa palavra é nossa arma e não podemos nos deixar transformar em primitivos [no pranto pela destruição]". O poeta cita o exemplo do profeta Jeremias que, estando o povo inteiro escravizado, "jogou" com a arte da linguagem e procurou a perfeição em suas "Jeremiadas" (em "Pode-se Desfrutar Elegias?", *Sum and Substance*, pp. 428-434).

Os próprios poetas introspectivistas estavam cônscios de qua sua poética era parte de uma corrente internacional: "Certamente, há uma relação mais direta entre um introspectivista e um expressionista alemão ou um vorticista inglês do que entre nós e a maioria dos poetas ídiches dos períodos anteriores" ("Chronicle", n. 14). Lá fora, porém, para o mundo externo, eles se encontravam isolados em um gueto selado. Um exemplo revelador foi a carta dos editores de *Poetry*, uma revista em inglês, perguntando se a língua de *In zikh* era "chinês" (ver a réplica do órgão introspectivista em "Chronicle", n. 18 e também n. 24 e 26). Inclusive no âmbito judaico, reinava uma escassez crônica de leitores (cf. "Chronicle", n. 8, 19, 23). Sem dúvida, os poetas de língua inglesa também contavam então com círculos relativamente pequenos de leitores, antes que a poesia modernista fosse introduzida no currículo universitário, todavia os poetas ídiches jamais desfrutaram tal canonização. Somente a tragédia nacional comum os trouxe de volta ao seio da sociedade judaica e os transformou em bardos sociais, algumas vezes a expensas de sua qualidade poética. Então se tornou claro quão imenso foi o trabalho feito por eles para o desenvolvimento de uma nova linguagem poética em ídiche, entre 1919 e 1950, em Nova York.

9. O Fim de uma Língua

nakht. in di tunkleste erter finklen verter.
s'geyen op gantse Schifn mit baGRIfn.
un du, bapantsert mit schvaygn un klugzayn,
viklst op vort fun meyn.

Noite. Nos sítios mais sombrios lampejam palavras
Zarpam navios inteiros de conceitos.
E você, couraçado de silêncio e sabedoria,
Desembala a palavra do sentido.

J. GLATSCHTEYN, "We the Wordproletariat", *AYP*, p. 274

O jovem introspectivista Jacob Glatschteyn (1896-1971) sentiu que não se poderia entender o *velt-plonter* ("emaranhado do mundo"), quando navios carregados de idéias se faziam ao mar de maneira incompreensível. O poeta introspectivista veste a couraça da sabedoria pessoal e do silêncio ante a clamante sociedade politizada, observa ironicamente a sua própria consciência, e tenta libertar palavras dos fardos de sentidos. Na poesia do jovem Glatschteyn, não há negação de sua judaicidade, mas essa é de fato irrelevante para a condição humana que ele representa. Os traços judaicos são simples partes de seus "impulsos de memória", repentes cintilantes no seu campo de consciência, como a esquisita palavra *tirtle-toyben* de sua infância, no poema "Turtledoves" (*AYP*, p. 214).

204 O SIGNIFICADO DO ÍDICHE

No poema "1919", uma data histórica inundada de manchetes rubras da Revolução Vermelha e pelos rios de sangue dos pogroms na Ucrânia, o protagonista corre por Nova York, um tardio Jacó, filho de Isaac, comicamante reduzido ao familiar e infantil "Yankl, filho de Yitskhok", um minúsculo pinguinho redondinho que rola loucamente pelas ruas com destrambelhadas pernas enganchadas.

1919

di letste tsayt iz keyn schpur nit mer geBLIbn
fun yankl bereb yitskhok,
nor a kleyntschik pintele a kaylekhdiks,
vos kayklt zikh tseDULterheyt iber gasn
mit aROYFg(u)etschepete, umg(u)eLUMperte glider.
der oyberhar hot mit dem himlbloy
di gantse erd aRUMg(u)eringlt
un nito kain retung.
umeTUM faln "ekstras" fun oybn
un tsePLEtschn mayn vaserdikn kop.
un eyner mit a lang(u)er tsung
hot mit a schtik royt mayne briln oyf eybik bafLEKT
un royt, royt, royt,
ir hert:
ot di teg vet epes aZOYNS in mayn kop platsn
un mit a tempn krakh zikh ontsindn dort
un iberlozn a kupke schmutsiklekhn asch.
un ikh,
dos kaylekhdike pintele,
vel zikh dreyen in eter oyf eybikeytn
mit royte vualn aRUMg(u)ehilt.

Ultimamente não ficou nenhum traço
De Yankl, filho de Yitskhok,
Exceto um pinguinho pequenino, redondinho,
Que rola avoado pelas ruas
Com pernas destrambelhadas, enganchadas.
O supra-senhor cercou
O mundo todo de azul-céu
E não há salvação.
Por toda parte caem "Extras" lá de cima
E esborracham minha aguada cabeça.
E alguém com uma língua comprida
Manchou meus óculos para sempre de vermelho.
E vermelho, vermelho, vermelho.
Vocês vêem:
Um desses dias vai explodir alguma coisa na minha cabeça
E com um surdo estouro vai pegar fogo lá
E deixar um montinho de sujas cinzas.

O FIM DE UMA LÍNGUA   205

E eu,
O pinguinho redondinho,
Vou rodopiar no éter para as eternidades,
Envolvido em rubros véus. (*AYP*, p. 209)

A expressão ídiche *dos pintele yid* ("o pinguinho judeu") refere-se ao ponto mais elementar, irredutível de identidade de
um judeu. Deriva do minúsculo mas obrigatório pingo no alto
da menor letra hebraica (*yid = i*) e alude ao nome "judeu", às
letras iniciais do nome de Deus e aos nomes dos pais da nação,
Isaac e Jacó, que também são os nomes do poeta e de seu próprio pai. Mas, no poema, o epíteto "judaico" não é mencionado.
Só o pingo permanece, um núcleo duro, a mais ínfima existência
possível, rolando pelas ruas. Tanto o pingo quanto os seculari-
zados nomes bíblicos constituem antialusões, quer dizer, alusões
evocadas para cancelar a validade da alusão. As pernas de Yankl
não lhe pertencem, mas estão de algum modo enganchadas, for-
tuitamente presas ao seu corpo, canhestramente irrelevantes,
como informam as longas palavras estilisticamente destacadas:
a-royf-g(u)e-TSCHE-pete e *um-g(u)e-LUM-per-te* ("enganchadas", "desajeitadas"). *Extras!* (edições especiais dos jornais)
caem de cima em qualquer parte, presumivelmente do El (Deus)
que corre acima das ruas de Nova York; mas Yankl não consegue compreender uma só coisa e elas esborracham sua estúpida
"cabeça aguada".

Não há, no poema, qualquer referência específica a qualquer
acontecimento político, embora na época eles pululassem; assim
como os óculos míopes da personagem ficam manchados de vermelho e ele condenado a rodopiar, perdido no éter para as eternidades, com o vermelho diante dos olhos. Decerto isso é Nova
York. Os contemporâneos de Glatschteyn na Europa enchiam
os seus poemas expressionistas com descrições diretas dos horrores da Primeira Guerra Mundial e dos pogroms de 1919. A
experiência dele é apenas um reflexo do mundo europeu, das
notícias recebidas a seu respeito, que se abatiam absurdamente
em rápida sucessão sobre a sua cabeça atordoada. Mas o caos do
mundo moderno e da trepidante metrópole é expresso de maneira
não menos forte por meios indiretos e de subentendidos.

"1919" de Glatschteyn é um poema auto-irônico, caleidoscópico e, ao mesmo tempo, uma declaração às avessas sobre a
política mundial e a confusão em que ela se encontra. A linguagem direta, áspera, suculenta e rica, com seus diminutivos, alu-

206 O SIGNIFICADO DO ÍDICHE

sões, choques estilísticos e torções irônicas, é poesia tão judaica quanto a poesia lírica o era antes, ainda que do ponto de vista temático seja um poema cosmopolita, cheirando à confusão de Nova York. Seus indicadores conversacionais e sua sensibilidade precisa para efeito das entonações faladas e das relações sonoras em verso livre evidenciam o que a Jovem Geração deixou de acertar com seus metros exatos e sua poeticidade simbolista. Há também zombaria direta contra a poética neo-romântica na proclamação de que não existe escapatória – da política, de seus *Extras!* e das cores rubras – mas tampouco do "azul-céu", um clichê poético e simbolista exteriorizado em natureza: "O supra-senhor cercou/o mundo todo de azul-céu/e não há salvação".

Dois poemas da coletânea *Credos* (1929), "Autobiografia" e "Reinos Judeus" (*AYP*, pp. 246-247), tornam a exibir a rica linguagem judaica de situações, de Glatschteyn, acoplada a um distanciamento irônico do velho mundo judeu. Como o romancista austríaco judeu, Joseph Roth, na "Autobiografia" Glatschteyn suspeita ser um gentio caduco e desmistifica grotescamente toda a questão da história e raízes. A "Autobiografia" pode não ser tão grossa e interiormente "anti-semita" como alguns dos poemas de Halpern acerca da velha pátria, mas não é menos antinostálgico. Nos "Reinos Judeus", estranhos nomes de cidades polonesas flutuam na memória de Glatschteyn como folhas secas numa lagoa, mas ele é incapaz de almejar por elas.

De modo gradual mas persistente, a rima *erter – verter* ("lugares" – "palavras"), emerge na poesia de Glatschteyn, como na epígrafe deste capítulo (de *Exegyddish*, 1937, um livro imerso na escuta dos segredos da língua ídiche). Como a rima mesma sugere, palavras (*vERTER*) contêm lugares (*erter*). Os nomes de cidades polonesas são meros nomes, mas lembram também uma cálida e primi-erótica experiência de infância. Na poética da fase inicial de Glatschteyn, os lugares ocupam uma posição central. Embora seja um mestre da técnica caleidoscópica, sente-se apreensivo a esse respeito. Falante, narrador, prefere localizar seus locutores em situações ficcionais dramatizadas. Em suas primeiras produções de poesia, as situações são na maior parte anti-realistas, históricas ou lendárias: Gagie, o adestrador de ursos, com suas cinco mulheres; o duocentésimo aniversário do poeta; o Altivo Rei ou Abischag. O Barão, incorrigível mentiroso, inventa lugares com suas palavras. Somente em *Credos* (1929) entra na obra do poeta um realismo mais político e, ainda assim, a técnica básica não é nem de caleidoscópio nem de me-

O FIM DE UMA LÍNGUA 207

táfora, porém de situações ficcionais recriadas. Os poemas são ancorados nos lugares onde são situados as personagens a fim de representar seus papéis dessentimentalizados.

Pelo menos desde os poemas de Glatschteyn sobre Nakhman de Bratslav, a conexão é tematizada: a caminho do céu, Nakhman torna-se "descoisificado de tudo no mundo" e perde todos os seus lugares e todas as suas palavras, porque não há palavras (*verter*) sem lugares (*erter*). O poeta fica repetindo este persistente par; em si, é uma rima banal, óbvia, mas ela se faz o foco de um tema central, sublinhado pelo uso frugal e esporádico de rimas em sua poesia. O tema é central mesmo quando a própria rima está ausente. "Carroças" ou "Sobre a Talha do Magarefe" são lugares ficcionais em que são localizadas personagens individuais, expressando o horror do impendente Holocausto (de preferência a falar sobre ele em geral ou tentar descrições diretas, realistas).

No deprimente poema de 1939, "Uma Fome Caiu sobre Nós" (*AYP*, p. 308), o locutor pode estar na mesma casa e jardim suburbanos que no poema anterior, de 1926 ("No Meu Aniversário de Duzentos Anos", *AYP*, p. 220), mas há também indicações de um espaço pan-histórico: "Você toca na sua figueira,/roçou os tijolos de sua casa". A segurança de tijolos bem assentados e a alusão bíblica ("cada qual debaixo de sua figueira") encontram-se ambas minadas por belos subentendidos: "Talvez ninguém venha ainda,/mas os meus ossos já doem/ com a umidade do clima judeu". Em conseqüência, quando chegam as primeiras notícias do Holocausto, ele situa a experiência no espaço: "Aqui eu nunca estive" (acoplada a um anti-*déjà vu*, "Isso eu nunca vi"). A metáfora do espaço, incorporando um "mundo" de experiência e significação, é algo central para as temáticas, a linguagem poética e os construtos ficcionais de Glatschteyn.

Mas após o Holocausto, a relação também é invertida: na poética inicial de Glatschteyn, os lugares carregam as palavras; agora as palavras são os carregadores de um mundo perdido. Quando elas perdem seu significado, nós perdemos o nosso mundo:

Todos os mundos existentes,
Os expressos,
Os entendidos,
Residem em sua pasmada clareza.
Seus significados, secos de tão sugados, cochilam.
É o nosso mundo.

208   O SIGNIFICADO DO ÍDICHE

Logo ele vai baixar a cortina.

"Nós das Espadas Cantantes", *AYP*, p. 336

Quando Glatschteyn tenta entender o Holocausto, invoca um lugar, um minúsculo ponto, do qual recria um mundo perdido:

> Eu vou me obstinar,
> Vou me plantar
> Numa noite particular, íntima,
> Que eu inventei totalmente
> E excogitei em todos os lados.
> Eu vou encontrar um ponto no espaço
> Tão grande quanto uma mosca,
> E lá eu vou impor,
> Por todo o tempo,
> Um berço, uma criança,
> Eu vou encantar-lhe uma voz
> De um pai cochilante,
> Com uma face na voz,
> Com amor na voz [...]
> E ao redor do berço
> Eu vou construir uma cidade judaica.

"Eu Vou Me Transportar", *AYP*, p. 340

Essas eram palavras que carregavam em si próprias a memória dos lugares; a partir delas poder-se-ia invocar todos os mundos judaicos. (Teriam eles jamais existido? Estará ele inventando-os agora?) Mas quando a dor imediata do Holocausto se amenizou um pouco, uma nova dor surgiu, a de perder a posse das próprias palavras. A rima, *erter* – *verter* ("palavras" – "lugares"), está de volta:

> vi tsu troyerike schuln,
> tsu schveln fun gloybn,
> azoy schver iz tsuRIKtsukumen
> tsu aMOlike *verter*
> baKant zenen dir zeyere *erter*.
> herst zeyer brumen, vey mir.
> umst amol noent, kukst farBENKT
> durkh di schoybn.

> Como para tristes sinagogas,
> Para degraus da fé,
> É assim difícil retornar
> Para antigas *palavras*.
> Te são familiares seus *lugares*.
> Ouves o seu trautear, ai de mim.

O FIM DE UMA LÍNGUA

Às vezes chegas perto, olhas saudoso
Pelas vidraças.

"Sem Oferendas", *AYP*, p. 361

É possível imaginar a tragédia de escritores – H. Leyvik, Jacob Glatschteyn, A. Leyeles e outros – que, no decurso de suas vidas, sentiram-se incumbidos dessa missão de começar e que se viram postados diante do abismo do fim, perdendo primeiro seu leitorado, depois sua fonte, seu povo na Europa (juntamente com os seus pais) e, por fim, a própria língua que haviam convertido em um instrumento tão belo?

Aqui está o Glatschteyn já entrado em anos, com um punhado de água na palma da mão:

Alguns poucos versos trêmulos na palma de minha mão.
Eu os segurei longamente
E deixei que escorressem por entre meus dedos,
Palavra por palavra.

"Alguns Versos", *AYP*, p. 363

E novamente:

Logo teremos perdido todas as palavras.
As bocas gaguejantes estão silenciando.
O saco da herança está vazio. Onde poderemos obter
O sagrado tagarelar da prometida
Alegria? As caretas de uma criança
São uma estrangeira língua do contra.
No escuro nós compomos
Palavras-relâmpago, quase extintas.
    E cinzas se tornam os seus sentidos.
    E cinzas se tornam os seus sentidos.

"Logo", *AYP*, p. 363

Esse é um Holocausto muito particular, demasiado terminal, para alguém que não esteve lá, que o viveu aqui, na América.

Índice Onomástico

Abertura do ídiche, 53, 65, 77, 80; funções da, 75; internacionalismos e, 71; Scholem Aleikhem sobre, 72

Abraão Ibn Ezra, 20

Absorção de componentes de linguagens no ídiche, 30, 33; tipos de integração, 51-54

Acentuação das sílabas, 58, 63-64, 71

Acmeísmo, 155, 200

Agnon, J. S., 135, 147, 163

Agricultura, 137

Agudá, 89

Albatross (revista), 192, 194

Alegorias, 19

Aleikhem, Scholem, 13, 30, 36, 50, 67; personagens de, 167; sobre as palavras estrangeiras no ídiche, 72; sobre a grafia moderna, 89; quanto ao narrador, 113, 165; Obras: "É mentira: Um Diálogo na Galícia", 119; *Tevie, o Leiteiro*, 99, 110-114

Alemanha, 5, 6; expulsão dos judeus da, 7; ídiche na, 32

Alexandre II, Czar, 130

Alfabeto latino, ídiche no, 55

Alfabeto, ídiche, 86-89

Aliança Educacional, 141

Alienação, 136; nos Estados Unidos, 174

Allen, Woody, 144

Alquit, B., 185

América. *Ver* Estados Unidos

Americanismos, 69, 70. *Ver também* o Componente inglês do ídiche

212 O SIGNIFICADO DO ÍDICHE

Americanização do ídiche, 32-33
Amsterdã, 6
Anarquistas, 133
Anedotas, 109
Anti-semitismo, 90, 141; desintegração do império polonês medieval, 129;
   e judaico, 138, 139, 140-142
Aramaico, 10, 11, 14, 21, 22, 23, 46, 55
Argentina, 32
Argumentação, 106, 122; talmúdica, 97, 120
Arte, quanto literatura, 198
Artesãos, *status* dos, 99
Artistas, plásticos, 181
Aschkenazi hebraico, 55-65, 141; ideal, 56-59, 61-65; fundido no ídiche,
   59-60; prático, 60-61; pronúncia, 56-65, 60n; tônicas e sílabas, 58, 62-
   65
Assembléia dos Quatro Países, 7
Assimilação dos judeus, 93, 128, 135-136
Atitudes, ídiches, 95, 96, 98; argumentativas ou questionadoras, 97, 121-
   124; evasivas, 109, 121; no folclore, 102-103
Austrália, 32
Autocriticismo judeu, 90-91, 138, 140-141
Autodefesa, 137
Autorealização, definição, 130-131

Bakhur, Eliahu. *Ver* Levita, Elia
Basin, M., *Amerikaner Yidische Poezye*, 180
Bellow, Saul, 95, 96, 97, 105, 107, 133, 181; Obras: *Herzog*, 96, 98; *Ele
   com o Seu Pé na Boca*, 98
Ben-Avi, Itamar, 55
Ben-Yehuda, Eliezer, 55
Ben-Zion, 135
Bergelson, David, 135, 184
Bialik, Ch. N., 26, 58, 135, 136, 147, 155, 156, 162, 168
Bíblia, 10-12; Livro de Ester, 40; canonização da, 11, 16-17; comentário
   direto sobre, 19; hebraico da, 56; interpretação da, 19; forma mono-
   lógica da, 16; estrutura narrativa da, 16, 19; ensino da, 15; tradução
   literal do ídiche, 15
Bilingüismo, *Ver* Poliligüismo
Blank, Haim, 64
Bloomgarden, Sol. [pseud. Yehoasch], 33, 183, 185; *Fables*, 75-76; *The
   Yiddish Dictionary Containing all Hebrew and Chaldaic Elements of
   the Yiddish Language*, 55
Bogatyrev, Peter, 100
Bokher, Elye. *Ver* Levita, Elias
Boreyscho, Menakhem, 185; "O Caminhante", 185
Borokhov, Ber, 89, 137
Bovschover, Yoyssef, 182

ÍNDICE ONOMÁSTICO 213

Brenner, Y. Ch., 104, 135
Buber, Martin, 107
Bund/Bundistas, 133, 139

Cabala, 17, 88
Cahan, Abraham, 33, 70, 181
Caldaico. *Ver* Aramaico
Camada de extensão do ídiche, 51, 52, 54
Canadá, 32
Canções populares, 169; hassídicas, 54
Caos: expressionista, 196; introspectivista, 195-196
Cervantes, Saavedra, 165
Chagall, Marc, 14n, 101, 143, 149; poema, 151
Citações, 120
Classe social: dos leitores do ídiche, 91; dos poetas ídiche, 102-103, 174, 193
Cohen, Hermann, 11
Coleridge, Samuel Taylor, 200
Comércio, 13, 104
Componente alemão do ídiche, 32, 40-41, 44, 46, 47-48, 65-66, 71-72, 75, 76; domínio do, 46; Holocausto e, 91-92; termos "intelectuais", 72; porcentagem, 35; verbo e , 50
Componente aramaico do ídiche, 55, 87
Componente eslavo do ídiche, 29, 31-32, 33, 44, 46, 47, 48, 50, 80, 84; diminutivos encarecedores e, 48-50.; extensões, 52; integração dentro da língua básica, 51; espécie de elementos, 51-52; fundidas, 51; porcentagem, 35; influências penetrantes, 54; papel do, 50-51; elementos estilísticos adicionados pelo, 47; tensão estilística e, 54
Componente francês do ídiche, 43-44, 71
Componente grego do ídiche, 64-65, 71, 73
Componente hebraico do ídiche, 22, 40-41, 45, 46, 52, 55-65, 75-77; adaptações à língua de fusão, 58; mudanças de significados, 64; contraposições de palavras e expressões, 63; diferenças características do, 61-63; função emotiva do, 47, 81; Katz sobre, 81; Levi sobre, 81-83; fundido no ídiche, 59-60; como ingrediente essencial, 55; separação parentética do, 87-88; porcentagem, 35; sistema de grafia e, 90, 87-88; acento, sobre as sílabas, 62-63; elementos estilísticos adicionados pelo, 47; sufixos, 60
Componente inglês do ídiche, 70, 71
Componente romance do ídiche, 29, 43-44
Componente russo do ídiche, 33, 66, 71
Componentes linguísticos do ídiche, 29-33, 34, 43-65; absorção dentro ídiche, 30, 33, 51-54; choque entre, nos provérbios, 37-38; o papel no ídiche, 42-43. *Ver também* os específicos componentes linguísticos, isto é, Componente hebraico do ídiche.
Comunicação oral, 21-22, 23, 42, 43, 84, 97, 104-106; discurso religioso, 18-20, 24

214 O SIGNIFICADO DO ÍDICHE

Comunicação, ídiche, semiótica da, 97-124
Comunismo, e poetas de esquerda, 186
Conferência de Czernowitz, 92
Conotações, 39, 42; "suínas", 95, 98-99
Conversação casual, 21. *Ver também* Comunicação oral
Criança: educação da, 14; questionamento da, 120-121, 122
Crítica da existência judaica, internalizada, 136-138
Croce, Benedetto, 190
Cultura eslava, e ídiche, 6, 31
Cultura, ídiche, 121; na América, 179-180; destruição da; na Europa, 93; destino da, 89-93, 187

Daily Forward, The. Ver Forverts.
Debbs, Eugene, V., 20
Deíticos de linguagem, 139-140
Densidade semântica, 54
Di Goldene Keyt (revista), 89
Di tsukunft (revista), 178
Di Yung(u)e. Ver Jovem Geração
Dialetos geográficos, 59-60
Dialetos ídiches, 59, 60, 84-86; facilidade em entender, 85; geográficos, 59-60; principais grupos dos, 84; no século XIX na Europa, 79.
Diálogo, 16-17; envolvimento dos estudantes em, 20-22; horizontal, 17; estrutura tripla do, 16-17; vertical, 17, 19; estudo na *yeschiva*, 21; na literatura ídiche, 165
Diáspora, 92; padrões comunicativos da, 97; influência sobre os poetas ídiches, 183
Dicionários, ídiches, 55, 70
Dillon, M., 184
Diminutivos, encarecedores, 48-50
Discurso, estrutura do, 16-26, 105-124
Discurso moral, estrutura do, 106
Discurso religioso, 9-21; estrutura do, 16-21, 24, 107
Downtown, judeus, 141
Dropkin, Celia, 185
Dualistas, 194
Dubnov, Simon, 30; *Cartas sobre o Novo e Velho Judaísmo*, 134

Edelschtat, Dovid, 153, 154, 155, 168, 212, 213; *O Proletário Judeu*, 213
Educação, 12; escola primária, 14; maneiras de, 15-16; preservação da Torá e, 12; religiosa, 24; da mulher, 13, 90; *yeschiva*, 14, 21; tradução em ídiche, 15
Elementos estilísticos do ídiche, e componentes lingüísticos, 46-52, 54, 75
Elimelekh de Lizensk, *Noam Elimelekh*, 18
Eliot, T. S., 143, 190, 194, 197, 198; Obras: "Ash Wednesday", 197; "The Waste Land", 197

ÍNDICE ONOMÁSTICO 215

Eliyahu Bakhur, *Ver* Levita, Elias
Elye Bokler, *Ver* Levita, Elias.
Enciclopédia Judaica, 132
Epstein, Jacob, 141
Erik, Max, 159
Erudição: princípios da Hascalá e, 130; tradição da, no judaismo, 9-28
Eruditos, 13
"Escola de Nova York", 147
"Escola de Paris", 147
Escritores, ídiches: alienados, 136; americanos, 173-187; trio clássico de, 162; imigração dos, 135, 179; *personas* assumidas pelos, 165; relacionamento com a imprensa popular, 146; *Ver também* Poetas, ídiches.
Espanha: expulsão dos judeus da, 7, 131; poesia hebraica da, 20
Estados Unidos, 32; imigração do escritores ídiches para o, 179; periódicos e jornais ídiches nos, 177-178; poesia ídiche nos, 173-187
Estereótipos de mentalidade e comportamento, 85, 138
Estetização, definição, 130
Estilo associativo, 19, 107, 108-109, 110, 113-114, 118, 165, 166
Estrutura dos componentes do discurso ídiche, 104-105, 114
Estrutura social, 137
Estudantes. *Ver* Educação
Ética dos Pais, 38
Etinger, Schloyme, 169
Etnocentrismo, e a literatura ídiche, 104-105
Europa, Oriental: o movimento da Ilustração na, 128, 129; comunidades judaicas medievais na, 26; pogroms na, 131, 135; como assentamento da literatura ídiche, 167; língua ídiche na, 33
Even-Shoschan, A., 120
Even-Zohar, I., 23
Eventos da família, ídiche como língua dos, 24, 25, 96
Existência judaica, crítica interna da, 136-138
Expressionismo, 150, 155, 156, 157, 158, 174, 187, 190, 192, 194, 201, 205; caos do, 196; *versus* impressionismo, 192; introspectivistas e, 192, 194
Expulsão dos judeus, 7, 129, 131. *Ver também* Pogroms

Feierberg, M. Z., *Aonde?*, 21
"Fenômeno camaleônico", 144
Fichman, Jacob, 135
Fishmann, Joshua, 91
Fogel, Dvora, 191
Folclore, ídiche, 26, 41; formas breves do discurso no, 106; rimas terminais no, 140; pogroms no, 131; sentimentalização do, 142; unidades curtas do, 107; classes sociais e, 102; estruturas do, 107; temas do, 104; comércio no, 104; Poetas ídiches e, 160
Folkistas (populistas), 89, 133, 139
"Forças de Defesa de Israel", 137

216   O SIGNIFICADO DO ÍDICHE

Forças positivas, 144-146
Forverts (The Daily Forward), 33, 178, 187; circulação do, 134
França, expulsão dos judeus da, 7
Fraye Arbeter Schtime ("A Voz Livre Operária"), 76, 173, 178
Frayhayt (jornal), 186
Freud, Sigmund, 109, 196
Frug, S., 154, 155, 168, 169
Fusão de elementos no ídiche, 25, 27, 29-43, 109; elementos de diferentes
    fontes de linguagem em uma palavra, 35; estabelicimento dos princí-
    pios e padrões da, 36; fusão dos elementos culturais e expressões,
    100; reconstrução da, 80
Futurismo, 143, 150, 155, 156, 190, 192

G(u)eniza de Cairo, 15
Gay, Peter, *A Godless Jew*, 124
Germinal: Organ of the World Anarchist Organization, (jornal), 104
Glantz, Aron [pseud. A. Leyeles], 66, 153, 176, 177, 179, 185, 193, 194,
    196, 197, 198, 199, 200, 201, 209; *background*, 176-177; sobre ritmo,
    200; Obras: "Anoitecer", 74; "O Diário de Fabius Lind", 181, 193,
    197; "Janeiro de 28", 197; *Labirint*, 190; "O Outono", 196; "Para Ti
    – Para Mim", 197; *Rondós*, 181; "Simetria", 72-74, 196; "Tao", 170;
    "Um Sonho sob Arranha-Céus", 151-153; "Vinte Anos de 'Inzikh' "
    190
Glatschteyn, Jacob, 171, 173, 178, 179, 185, 187, 190, 191, 192, 193, 201;
    monólogo do rabi Nakhman de Bratslav, 108; Obras: "Alguns Ver-
    sos", 209; "Autobiografia", 206; "Carroças", 207; *Credos*, 181, 206;
    "Eu vou me Transportar", 238; "Logo", 209; "1919", 197, 204-205;
    "No Meu Aniversário de Duzentos Anos", 174, 207; "Nós das Espa-
    das Cantantes", 207-208; "Ouve e Fique Atônito", 109; "Pode-se
    Desfrutar Elegias?", 201; "Reinos Judeus", 206; "Sem Oferendas",
    208; "Sobre a Talha do Magaref", 207; "Turtledoves", 203; "Uma
    Fome Caiu sobre Nós", 207; *Versos Livres*, 181; "We the Wordpro-
    letariat", 203.
Gnessin, Uri Nissan, 166, 184
Goethe, Johann Wolfgang von, 157
Gógol, Nikolai V., 165
Goldberg, Leah, 166
Goldene Keyt, (revista), 89
Goldfaden, Abraham, 169
Grade, Haim, 181
Grinberg, Uri Zvi, 135, 155, 194
Gross, Haim, 101, 141, 179
Gudelman, H., *Poezye*, 190
Gueto alemão, 8
Gueto aschkenazi, 10; definição, 15; formação do, 16; história do ídiche
    e, 5-6; crescimento populacional, 8; deslocamento populacional, 6-7,
    131, 135; separação, 8, 9

ÍNDICE ONOMÁSTICO 217

Gueto europeu. *Ver* Gueto aschkenazi
Gueto galiciano, 8
Gueto húngaro, 8
Gueto lituano, 7, 8, 129
Gueto polonês, 7, 129
Gueto romeno, 8
Gueto russo, 8
Gueto sefardita, 6, 8
Guetos, 26

Ha-Am, Achad, 134
Hagadá, 12, 24
Halkin, Schimon, 161
Halpern, Moysche-Leyb, 103, 108, 153, 156, 171, 179, 181, 184, 186, 187, 193, 195, 196, 206; verso-fala de, 114-119; Obras: "Aquele que Chama a Si Mesmo de Líder", 114-116; "O Fim do Livro", 48-50; "Isto Eu Digo ao Meu Filho Único Brincando – e a Ninguém Mais", 108, 116-119; "Meu Gritar Muito Alto", 115; *Poemas*, 181; "O que Sabemos Nós, Caros Irmãos", 101-102; "Zlochov, Minha Terra Natal", 105
Hameiri, 135
Ha-Meorer (jornal), 104
Hamer (jornal), 186
Harkavy, Alexander, 70
Hascalá, movimento. *Ver* Ilustração, judaica.
Hassidismo, 17; aparecimento do, 5, 6; canções populares do, 54; cultura eslava e, 31; teoria da mente cindida, 103; cisão com os Misnagdim, 85; textos do, 18
Hebraico, 10, 14, 15, 29, 30, 46; alfabeto, 10, 81; *aschkenazi*, 56, 65, 141; como Língua Sagrada, 14, 15, 23-24; israelense, 56, 57, 58, 61, 63, 69, 141; moderno, 69; poesia ídiche moderna e, 154; primazia do, 24; relação com a Língua Sagrada, 23; revivificação do, 24; Sefárdico, 56n, 63, 64, 82, 141; grafia do, 56; como língua oficial de Israel, 28; "sintético", 67; como língua não falada, 24; vogais, 86; *versus* ídiche, 93; *Ver também* Componente hebraico do ídiche; Língua Sagrada; a Literatura hebraica; Poesia, hebraica; Poetas, hebraicos.
Heifets-Tussman, Malka, 153
Heine, Heinrich, 157
Herzl, Theodor, morte de, 169
História do ídiche: lingüística, 3-33; literária, moderna, 127-209
História, 107, 109
Hitler, Adolf, 93
Holanda, 33
Holocausto, 84, 91-92, 93, 132, 187; poesia ídiche americana sobre, 174; introspectivistas e, 194, 199; autoafirmação judaica e, 142
Homens, e a Língua Sagrada, 24
Homônimos, trocadilhos, sobre, 43

218   O SIGNIFICADO DO ÍDICHE

Howe, Irving, *Treasury of Yiddish Poetry*, 161
Hrushovski, Benjamin, 27n

Iconografia, do *schtetl*, 101
Idade Média, 26-28, 80, 83-84
Identidade judaica, ídiche como parte da, 25
Ideologia, 133-134; orientadas para o futuro, 139-140
Ídiche antigo, 159
Ídiche básico, 51, 52, 53
Ídiche fundido, 51, 52, 53-54; Componentes do hebraico Aschkenazi, 59-60;
Ídiche literário, 85
Ídiche literatura. *Ver* Literatura, ídiche; Poesia, ídiche; Escritores, ídiches.
Ídiche oriental, 31, 32, 33, 42
Ídiche, moderno, 42, 46
Idiomatismo, 36, 39, 40, 41, 107, 109
Ilustração, judaica, 127-131, 162, 169; crenças da, 128; fim da, como
    tendência literária, 130; estereótipos negativos e, 138; poesia da, 167;
    pogroms e, 130; princípio da, 130-131
Imageria do ídiche, 38, 39, 40, 100-105
Imagismo, 189, 197, 200
Imber, S. J., 135
Impressionismo, 157, 184, 192
In zikh (revista). *Ver Inzikh* (revista)
Independência do ídiche, 32
Individualidade de expressão, 197
Industrialização, 127, 129
Inglaterra, expulsão dos judeus da, 7
Internacionalismos, 54, 65, 71, 73, 74, 100; na poesia ídiche, 72-75; In-
    trospectivismo / Introspectivista, 88, 114, 158, 175, 180, 185, 187, 189-
    202, 203-204; sobre o caos, 195-196; *individualidade* de expressão e,
    197-198; princípio caleidoscópico do, 196-197; manifesto do, 72, 192-
    193, 197, 199; revolta contra a Jovem Geração, 185; sobre o sistema
    de grafia, 88; temas do, 195; tópicos urbanos e, 197, 199
Inzikh (revista), 88, 178, 191-192
Ironia, 38, 39, 109, 111, 114, 144, 150, 165; dos introspectivistas, 185
Israel, 144; hebraico como língua oficial de, 28, 69, 93;
Itália: Poesia hebraica da, 20; ídiche na, 32

Jabotinski, Vladimir E., 55, 134
Jakobson, Roman, 100
Jerusalém, 6
Jornais, ídiche, 90, 103-104, 177-178; escritores e, 146; *Ver também jor-
nais específicos*, isto é, *Forverts*

ÍNDICE ONOMÁSTICO 219

Jovem Geração (*Di yung(u)e*), 150, 156, 158, 169, 187, 192; contribuições da, 184-185; contrapartida européia, 184; fundação da, 184; revolta introspectivista contra, 185
Joyce, James, 107, 121, 167
Judaísmo: cristalização do, 11; literatura teológico-legal do, 16-19; moldagem da consciência do, 11, 15; tradição do estudo no, 9-28; código trans-histórico do, 11, 12

Kafka, Franz, 166; *Carta ao Pai*, 123
Katz, David, 81
Khalyastre, 192
Kharik, Izi, 142
Kurantn (primeiro jornal ídiche), 90
Kvitko, Leib, 135

Landoy, Zisho, 103, 184
Lanzmann, Claude, 92
Lasker-Schüller, Else, 133
Latin, 5, 71
Lermontov, Mikhail Yurievich, 157
Levi, Primo, *A Tabela Periódica*, 81-84
Levita, Elias [Elie Bokher; Eliahu Bakhur], 27, 32, 169
Leyb, Mani, 103, 170, 184
Leyeles, A. *Ver* Glantz, Aron
Leyvik, H., 103, 153, 179, 184, 187, 209
Liberalismo Europeu, 132
Língua alemã, 27, 29, 30; ídiche comparado com, 33-34
Língua ídiche: americana, 69, 70; básica, 51, 52, 53; fronteiras dos vocabulários, 51-54, 66; central, 84; dialetos, 59, 60, 79, 85; denominação inicial, 79-80; oriental, 47, 84-85; emergência da, 5; ampliação do vocabulário da, 67-68, 71-76; destino da, 89-90; fusão de elementos na, 9, 27, 28, 29-43, 80, 109; história da, 3-33; Lituânia, 84-85; natureza da, 29-77; norte-oriental, 84; sufixo plural, 44-45; polonês, 84; semiótica da comunicação, 95-124; sul-oriental, 84; sistema de grafia, 69-70, 81, 86, 87-88; padrão literário, 85, 89; acentuação sobre a sílabas, 58, 65, 71; verbos, 50; vogais, 86, 87; ocidental, 84. *Ver também* Componentes lingüísticos do ídiche; Abertura do ídiche
Língua inglesa, 29, 65; comparação do ídiche com, 34; palavras ídiche usadas, 47
Língua mãe, ídiche como, 3-4, 51, 93
"Língua-Mamãe", ídiche como, 3, 4, 24-25, 93
Língua russa, 27, 31
Língua Sagrada, 10, 11, 24, 29, 55, 87; componentes lingüísticos da, 46; definição, 11; diferenças no conhecimento da, 28; como língua do mundo masculino, 24; *Ver também* Aramaico; Hebraico.
Linguagem situacional, 39
Línguas européias, 27; ídiche como, 28

220 O SIGNIFICADO DO ÍDICHE

Línguas-tronco do ídiche. *Ver* Componentes lingüísticos do ídiche, e especifico componente lingüístico.

Lissitzky, El, 100, 149

Literatura, americana: em ídiche, 173-175; poesia ídiche como, 172, 187

Literatura, européia e literatura ídiche, 4, 163

Literatura, *halakhica*, 17

Literatura, hebraica: hebraico aschkenazi utilizado, 56; da ilustração judaica, 128-131, 132-133; religiosa, 10-26; literatura ídiche e, 161-171

Literatura ídiche, 81, 127-209; melhores anos, 149-151; tipos de personagens na, 163-164; Conferência de Czernowitz e, 92; evolução da, 26; diálogo na, 164-165; surgimento da, 85; aspectos emotivos do ídiche e, 4, 96, 97, 98, 105; vocabulário ampliado e, 71-75; distinções étnicas na, 104; literatura européia e, 163-164; universo ficcional da, 163-165, 166-168; movimento hascalá e, 132-133; Literatura hebraica e, 161, 171; influência sobre, 150, 176-177; reconhecimento internacional da, 89, 90; antisemitismo judaico e, 141-142; linguagem da, 85; medieval, 83, 158-159; moderna, perspectiva histórica da, 133, 149-171; narradores na, 165; o papel da, 146; *schtetl* na, 100-101, 104-105, 142, 164-165; Espaço social, 163, 164-165; reformas na grafia e, 88-89; componentes estruturais da, 105-114; imagens simbólicas da situação judaica na, 167; tendências após a Primeira Guerra Mundial, 149-151; *Ver também* Poetas, ídiche; Escritores, ídiche, 149-151

Literatura "judaica", em linguagens não judaicas, 132-133

Literatura legal-teológica, estrutura da, 15, 16, 17, 18, 19, 20

Literatura religiosa, 10-26

Lituânia, 7-8, 84, 85, 129

Livros: Hebraicos, 14; tipos ídiches, 86-87

Lozowick, Louis, 181

Lubavich, Grão Rebe de, 20, 22, 29

Ludwig, Ruven, 185

Lutero, Martin, 34

Lyesin, A., 178, 185

Maimônides, escritores monológicos de, 20

Manuscrito de Cambridge, 15

Margolin, Anna, 184

Marinetti, F. T., 143; Poesia, 143

Markisch, Peretz, 135

Marxismo e a estrutura social judaica, 137

Medieval, judeus, 26-28

Mediterrânea, área, 6

Mêndele Moykher Sforim. *Ver* Sforim, Mêndele Moykher

Mendelssohn, Moisés, 55, 90, 128

Metadiscurso, 106, 113, 120

Metáfora, 38, 39, 106

Metalinguagem, 106, 120, 144

Midrasch, 11, 25, 46

ÍNDICE ONOMÁSTICO   221

Migrações, 135-136, 139, 179-180
Minkov, N. B., 159, 185, 190, 194; obras: *Eliyohu Bokher*, 159; *Glikl Hamel*, 159; *Pioneers of Yiddish in America*, 159
Mischná, 11, 16, 18, 120
Modernismo, 143, 146-147, 159, 160-161, 187; currículo universitário, 202; contradições do, 199-200; verso livre do, 200-201; revistas do, 149; ídiche, 190-191; *Ver também* Introspectivismo / Introspectivistas
Modernização, 135, 174; Ídiche e, 67-68
Molodovsky, Kadye, 181
Monólogo(s), 20, 116; bíblico, 16; poético, 168; em *Tevi, o Leiteiro*, 110
Movimento idichista, 30, 92
Mulheres, 13, 24, 25, 25n, 27; educação das, 14-15, 90; *status* das, 99; textos ídiches para, 39
Mundo conceitual dos judeus, 15

Nacionalismo e linguagem, 79
Nakhman de Bratslav, rabi, 24; *Ver também em* Glatschteyn, Jacob
Natureza, termos, 47, 96
Negação: dos aspectos "judaicos" da pessoa, 140-142; da vida comunitária da pequena cidade, 139-142
Negociação, ídiche como linguagem da, 23
Neologismo, 68
Neo-Romantismo, 150, 170
Nietzsche, Friedrich Wilhelm, 190
Niger, S., 25
Noam Elimelekh, 18
Nova York, 6, 93
Novalis, 200

Opatoschu, Yossef, 33
Orações, 12; língua das, 11; *Ver também* Língua Sagrada
Organização Sionista Mundial, 134
Organizações sociais, 134
Oriental Europa, *Ver* Europa, Oriental

Parábolas, 19
Partido Social Democrático, 69
Partidos políticos, judaicos, 133-134
Peretz, I. L., 30, 89, 149, 162, 167, 168
"Perguntas-e-Respostas", 24
Perguntas, forma de discurso, 24, 119-124, 144; ensino na infância, 120-121; propósito das, 119-120; argumento talmúdico e, 97, 120
Periódicos, ídiche, primeiro, 90; na América, 162, 177-179
Piadas, 106, 107
Picasso, Pablo, 143, 196
Pirkey, Avot, 37
Piyutim, 56

222   O SIGNIFICADO DO ÍDICHE

Poesia alemã, 156-157, 158, 167

Poesia européia, 157

Poesia inglesa, 168

Poesia lírica, 168, 169, 170

Poesia russa, 157, 167-168

Poesia, alemã, 156-157, 168; poesia ídiche e, 157-158

Poesia, européia, 157

Poesia, hebraica, 128, 137, 147, 154, 155; do período Hascalá, 167; da Itália, 20; romantismo e, 168; transformações na, 154

Poesia, ídiche, 31, 48-50; acentuação-silábica em versificação na, 167-168; americana, 173-209; palavras emprestadas na, 75-76; expressionismo e, 157-158; mundo ficcional da, 170-171; popular, 160; verso livre, 200-201; do período Hascalá, 167; *background* histórico, 153-171; desenvolvimento histórico da, 153-158; impresssionista, 157, 158, 214; internacionalismos, 71-75; introspectivista, 158, 175, 180, 185-186, 187, 189-202; falta de tradição na, 153, 154; Poesia lírica e, 168, 169; monólogos, 169; motivos da 101-102; problemas na criação, 169; prosaico na 171; papel da, 146; poesia russa e, 157, 168; símbolos na, 101; verso-fala, 108, 114-119; temas da, 102, 157; tendências do século vinte na, 169; versificação, 183; *Ver também* Poetas, ídiches

Poesia, russa, 157, 167-168

Poeta, hebreus: Poesia européia e, 155-158; modernistas, 155-156; polilingual, 154-155; poesia russa e, 156

"Poetas culturais", 104-185

Poetas, ídiche, 103, 145-146; americanos, 173-209; "cultural", 184; poesia européia e, 155-157; imigração dos, 179-180; influência da história literária nos, 158-160; *Inzikhist*, 191-192; isolação dos, 201-202; esquerdistas, 186; perda da língua ídiche e, 187, 203-209; modernistas, 146, 147, 148, 161; "poeta nacional", 162; da década de 1920, 153, 154-155, 158-159; polilingüismo dos, 154, 155; "proletários" (*sweatshop*), 168, 182, 183, 184, 189; poesia russa e, 157; classe trabalhadora, 103, 174, 183; folclore ídiche e, 160; Jovem Geração, 150, 156, 158, 170, 184-185, 190, 206. *Ver também* Poesia, ídiche; Escritores, ídiches

Poetas *inzikhists*. *Ver* Introspectivismo / Introspectivistas

Poética: da poesia hebraica, 154-155; da introspecção, 189, 201

Pogrom de Kischinev (1903), 131

Pogroms, 130-131, 137; Kischinev (1903) de 1919, 151; poesia sobre, 205; respostas políticas aos, 133-134

Polilingüismo, 9-10, 71, 75; externo, 9, 26-28; dos poetas hebraicos, 154; interno, 9-26; na sociedade moderna, 9; ídiche e, 30; dos poetas ídiches, 154-155

Polonês língua, 31

Polônia, 6, 7, 8, 84, 85, 129

Portugal, expulsão dos judeus de, 7

Pound, Ezra, "Cantos", 197

Prefixos, acentuação nos, 62

Preil, Grabriel, 180

ÍNDICE ONOMÁSTICO 223

Preservação do ídiche, e a separação dos guetos europeus 8
Prilutski, Noah, 70
Princípio caleidoscópico, 114, 193, 194, 195, 196, 206; Scholem Aleikhem
  e o uso do, 114
Princípio da analogia universal, 109
Proletpen, 186
Pronúncia: do hebraico *aschkenazi*, 56-65, 60n; dialetos diferentes na,
  59-60; do alemão *versus* ídiche, 33-34
Provérbios, 36-39, 41, 106, 109, 118, 145; fusão de, 36; interação das
  línguas-fonte nos, 36-39; estrutura dos, 41; subtextos talmúdicos nos,
  41
Psicologia social, e língua, 97-98
Púchkin, Aleksander, 157, 168; "O Profeta", 168
Pureza do ídiche, 67

Qualidades emotivas do ídiche, 4, 39, 40, 42, 96, 98, 105; hebraico e, 47,
  81

Rabi, Isador, 122
Rabi: papel dirigente do, 13; língua do, 24
Radicais, 35-36
Rakhel, 155
Raschi, 6, 20
Rathenau, Walter, 142
Realismo socialista, 186
Reno, 5
"Resistência Permitida", 32; definida, 7; aprisionamento na, 129; emigra-
  ção da, 135, 139
Revolução russa (1905), 131, 169
Reznikoff, Charles, 182
Rima, 38
Ritmo, 200-201
Rolnik, Y., 170, 184
Romantismo, 168, 169
Rosenfeld, Morris, 33, 168, 182, 189
Roth, Henry *Call It Sleep*, 121
Roth, Joseph, 133, 140, 206
Roth, Philip, 133, 181
Rothko, Mark, 181
Rússia, 88; expulsão dos judeus da, 129, 131; industrialização na, 129;
  poetas esquerdistas na América e, 186; pogroms, 130-131

São Petersburgo, 8
Sábios, 16
Sadger, Isidor, 124
Schahn, Ben, 181
Schelling, Friedrich, 169

224 O SIGNIFICADO DO ÍDICHE

Schimonovitch, David [pseud. David Schim'oni], 59, 135
Schlonski, A., 155
Schmeruk, Khone, 52
Scholem Aleikhem. *Ver* Aleikhem, Scholem
Schomer, 66
Schtarkman, M., *Hemschekh*, 180
Schtetl: etnocentrismo do, 105; imagens do, 104, 139, 163-167; mundo imaginário do, 100; movimento de saída do, 110; sentimentalização do, 142
Schulz, Bruno, 191
Schvartz, I. I., 185
Schtrom (revista), 150
Secularização, 39, 89, 93, 130, 131, 138
Seimistas, 133
Semiótica do ídiche, 9, 95-124; definição, 97
Sforim, Mêndele Moykher, 67, 85, 89, 101, 108, 135, 147, 149, 159, 162, 163, 167, 168; como narrador, 122-123, 165; Obras: *Fischke, o Manco*, 163, 166; *Dos Kleyne Mentschele*, 122-123
Shapiro, Aba Konstantin, 129
Shoá (filme), 92
Simbolismo, 157, 158, 169, 170, 200, 206
Símbolo: na literatura, 100-101; na pintura e escultura, 101
Símiles, 117
Singer, Isaac Baschevis, 89, 103, 147, 137
Sinônimos, das várias línguas-tronco, 42-43
Sintaxe do ídiche, 46
Sionismo/Sionistas, 89, 133, 134, 139, 169
Sionistas religiosos, 133-134
Sistema grafia, ídiche, 68, 81, 88; representação das vogais, 86; semifonológico, 87; regras do YIVO, em 1935, 89
Situações análogas, 106, 114-115, 116
Situações hipotéticas, 106, 107; em *Tevie, o Leiteiro*, 110
Socialistas, 89, 133
Sofer, Hatam, 26
Soyer, Raphael, 141, 181
Spinoza, Brukh, 104-128
Spivak, Charles and Sol Bloomgarden, *Yiddish Dictionary Containing all Hebvrew and Chaldaic Elements of the Yiddish Language*, 55
Stálin, Joseph, 93
Stalinismo, 187
Stein, Gertrude, 143
Steinberg, Jacob, 135
Substantivo masculino, 43-44
Substantivos femininos, 44-45
Sufixos plural, 44
Sufixos, 35-36, 44-45, 48-50, 62
Sutskever, Abrahão, 26, 89, 191

ÍNDICE ONOMÁSTICO

Syrkin, Nakhman, 137
Szule, Bruno, 133

Talmud, 11-12, 14, 15, 16, 17, 18; argumentação e questionamento dialéticos e, 97, 120; narrativas do, 17-18; como registro da fala, 24; estrutura do, 15-16, 17-18, 149; ensinamento do, 15-16; organização temática, 16-17, 19
Targum, 10
Táticas de evasão, 109, 122
Tcheco, língua, 27, 31
Tchernikhovski, Saul, 135, 157, 168
Teller, J. L., 171, 180, 194; *Miniaturas*, 181
Temas: do folclore ídiche, 104; da poesia ídiche, 102, 157
Tendência, centrífuga, 139-142
Teoria literária, dos introspectivistas, 189, 201
Teóricos, ídiches, 189-192
Territorialistas, 133
Tipos, 87
Tópicos urbanos, dos introspectivistas, 197, 199
Torá, 11, 12, 15, 24, 99
Traços, "judaicos", supressão de, 140-141
Tradição da Prédica, 18, 19, 106
Transmissão do ídiche, 32
Trocadilho, 106
Tsaytlin, Aaron, 88
Tsunzer, 135

Ucrânia, 6, 129; pogroms, 131
Ucraniana, língua, 31
União Soviética. *Ver* Rússia.
Uptown, judeus, 141
Urbanização, 135, 138, 142
Uspenski, Peter, 196

Vainschteyn, Boris, Peças Partidas, 181
Valor, ídiche, 96
Valt, A. [A. Lyesin], 178, 185
Vaynper, Zische, 186; *Grand Canyon*, 181
Vaysman, Y. A., 185
Veneza, 103
Verbos, ídiche, 50
Verso-fala, 108, 114-119
Verso livre, 158, 200, 206
"Versos macarrônicos", 54
Viena, 8
Vinchevsky, Morris, 168
Violinista no Telhado, O. (filme), 111

226   O SIGNIFICADO DO ÍDICHE

Visão de mundo, ídiche, 95-96
Vocabulário, ídiche, ampliação do, 67-68, 71-75
Vogais, 87; no hebraico *aschenazi*, 58; hebraico *aschkenazi*, 59, 60; hebraico, 86; representação ídiche, das, 87, 88
Vorticismo, 190, 201
Voz Livre Operária", "A. *Ver Fraye Arbeter Schtime*

Wagenseil, Johannes, 41
Weber, Max, 101, 181
Weiner, Leo, 35; *History of Yiddish Literature in the Ninettenth Century*, 159
Weininger, Otto, 140
Weinreich, Max, 4, 5, 6, 22, 24, 30, 50, 55, 65, 105; teoria da fusão de, 30, 31
Weinreich, Uriel, 22n, 59n, 85n
Wheelwright, Philip, *The Burning Fountain*, 106
Wiener, Leo, 90

Yehoasch. *Ver* Bloomgarden, Sol
Yeschiva, 14, 21
Yezierska, Anzia, 181
YIVO (Instituto Científico Ídiche), 72, 85, 89, 92

Zeitlin, Aron, 181
Zelig (filme), 144
Zohar, 10, 88

COLEÇÃO ESTUDOS

1. *Introdução à Cibernética*, W. Ross Ashby.
2. *Mimesis*, Erich Auerbach.
3. *A Criação Científica*, Abraham Moles.
4. *Homo Ludens*, Johan Huizinga.
5. *A Lingüística Estrutural*, Giulio C. Lepschy.
6. *A Estrutura Ausente*, Umberto Eco.
7. *Comportamento*, Donald Broadbent.
8. *Nordeste 1817*, Carlos Guilherme Mota.
9. *Cristãos-Novos na Bahia*, Anita Novinsky.
10. *A Inteligência Humana*, H. J. Butcher.
11. *João Caetano*, Décio de Almeida Prado.
12. *As Grandes Correntes da Mística Judaica*, Gershom G. Scholem.
13. *Vida e Valores do Povo Judeu*, Cecil Roth e outros.
14. *A Lógica da Criação Literária*, Käte Hamburger.
15. *Sociodinâmica da Cultura*, Abraham Moles.
16. *Gramatologia*, Jacques Derrida.
17. *Estampagem e Aprendizagem Inicial*, W. Sluckin.
18. *Estudos Afro-Brasileiros*, Roger Bastide.
19. *Morfologia do Macunaíma*, Haroldo de Campos.
20. *A Economia das Trocas Simbólicas*, Pierre Bordieu.
21. *A Realidade Figurativa*, Pierre Francastel.
22. *Humberto Mauro, Cataguases, Cinearte*, Paulo Emílio Salles Gomes.
23. *História e Historiografia do Povo Judeu*, Salo W. Baron.
24. *Fernando Pessoa ou o Poetodrama*, José Augusto Seabra.
25. *As Formas do Conteúdo*, Umberto Eco.
26. *Filosofia da Nova Música*, Theodor Adorno.
27. *Por uma Arquitetura*, Le Corbusier.
28. *Percepção e Experiência*, M. D. Vernon.
29. *Filosofia do Estilo*, G. G. Granger.

30. *A Tradição do Novo*, Harold Rosenberg.
31. *Introdução à Gramática Gerativa*, Nicolas Ruwet.
32. *Sociologia da Cultura*, Karl Mannheim.
33. *Tarsila - sua Obra e seu Tempo (2 vols.)*, Aracy Amaral.
34. *O Mito Ariano*, León Poliakov.
35. *Lógica do Sentido*, Giles Delleuze.
36. *Mestres do Teatro I*, John Gassner.
37. *O Regionalismo Gaúcho*, Joseph L. Love.
38. *Sociedade, Mudança e Política*, Hélio Jaguaribe.
39. *Desenvolvimento Político*, Hélio Jaguaribe.
40. *Crises e Alternativas da América Latina*, Hélio Jaguaribe.
41. *De Geração a Geração*, S. N. Eisenstadt.
42. *Política Econômica e Desenvolvimento do Brasil*, Nathanael H. Leff.
43. *Prolegômenos a uma Teoria da Linguagem*, Louis Hjelmslev.
44. *Sentimento e Forma*, Susanne K. Langer.
45. *A Política e o Conhecimento Sociológico*, F. G. Castles.
46. *Semiótica*, Charles S. Peirce.
47. *Ensaios de Sociologia*, Marcel Mauss.
48. *Mestres do Teatro II*, John Gassner.
49. *Uma Poética para Antonio Machado*, Ricardo Gullón.
50. *Burocracia e Sociedade no Brasil Colonial*, Stuart B. Schwartz.
51. *A Visão Existenciadora*, Evaldo Coutinho.
52. *América Latina em sua Literatura*, Unesco.
53. *Os Nuer*, E. E. Evans-Pritchard.
54. *Introdução à Textologia*, Roger Laufer.
55. *O Lugar de Todos os Lugares*, Evaldo Coutinho.
56. *Sociedade Israelense*, S. N. Eisenstadt.
57. *Das Arcadas do Bacharelismo*, Alberto Venancio Filho.
58. *Artaud e o Teatro*, Alain Virmaux.
59. *O Espaço da Arquitetura*, Evaldo Coutinho.
60. *Antropologia Aplicada*, Roger Bastide.
61. *História da Loucura*, Michel Foucault.
62. *Improvisação para o Teatro*, Viola Spolin.
63. *De Cristo aos Judeus da Corte*, León Poliakov.
64. *De Maomé aos Marranos*, León Poliakov.
65. *De Voltaire a Wagner*, León Poliakov.
66. *A Europa Suicida*, León Poliakov.
67. *O Urbanismo*, Françoise Choay.
68. *Pedagogia Institucional*, A. Vasquez e F. Oury.
69. *Pessoa e Personagem*, Michel Zeraffa.
70. *O Convívio Alegórico*, Evaldo Coutinho.
71. *O Convênio do Café*, Celso Lafer.
72. *A Linguagem*, Edward Sapir.
73. *Tratado Geral de Semiótica*, Umberto Eco.
74. *Ser e Estar em Nós*, Evaldo Coutinho.
75. *Estrutura da Teoria Psicanalítica*, David Rapaport.
76. *Jogo, Teatro & Pensamento*, Richard Courtney.
77. *Teoria Crítica I*, Max Horkheimer.
78. *A Subordinação ao Nosso Existir*, Evaldo Coutinho.
79. *A Estratégia dos Signos*, Lucrécia D'Aléssio Ferrara.
80. *Teatro: Leste & Oeste*, Leonard C. Pronko.

81. *Freud: a Trama dos Conceitos*, Renato Mezan.
82. *Vanguarda e Cosmopolitismo*, Jorge Schwartz.
83. *O Livro dIsso*, Georg Groddeck.
84. *A Testemunha Participante*, Evaldo Coutinho.
85. *Como se faz uma Tese*, Umberto Eco.
86. *Uma Atriz: Cacilda Becker*, Nanci Fernandes e Maria Thereza Vargas (org.)
87. *Jesus e Israel*, Jules Isaac.
88. *A Regra e o Modelo*, Françoise Choay.
89. *Lector in Fabula*, Umberto Eco.
90. *TBC: Crônica de um Sonho*, Alberto Guzik.
91. *Os Processos Criativos de Robert Wilson*, Luiz Roberto Galizia.
92. *Poética em Ação*, Roman Jakobson.
93. *Tradução Intersemiótica*, Julio Plaza.
94. *Futurismo: uma Poética da Modernidade*, Annateresda Fabris.
95. *Melanie Klein I*, Jean-Michel Petot.
96. *Melanie Klein II*, Jean-Michel Petot.
97. *A Artisticidade do Ser*, Evaldo Coutinho.
98. *Nelson Rodrigues: Dramaturgia e Encenações*, Sábato Magaldi.
99. *O Homem e seu Isso*, Georg Groddeck.
100. *José de Alencar e o Teatro*, João Roberto Faria.
101. *Fernando de Azevedo: Educação e Transformação*, Maria Luiza Penna.
102. *Dilthey: um Conceito de Vida e uma Pedagogia*, Mª Nazaré de Camargo Pacheco Amaral.
103. *Sobre o Trabalho do Ator*, Mauro Meiches e Silvia Fernandes.
104. *Zumbi, Tiradentes*, Cláudia de Arruda Campos.
105. *Um Outro Mundo: a Infância*, Marie-José Chombart de Lauwe.
106. *Tempo e Religião*, Walter I. Rehfeld.
107. *Arthur Azevedo: a Palavra e o Riso*, Antonio Martins.
108. *Arte, Privilégio e Distinção*, José Carlos Durand.
109. *A Imagem Inconsciente do Corpo*, Françoise Dolto.
110. *Acoplagem no Espaço*, Oswaldino Marques.
111. *O Texto no Teatro*, Sábato Magaldi.
112. *Portinari, Pintor Social*, Annateresa Fabris.
113. *Teatro da Militância*, Silvana Garcia.
114. *A Religião de Israel*, Yehezkel Kaufmann.
115. *Que é Literatura Comparada?*, Brunel, Pichois, Rousseau.
116. *A Revolução Psicanalítica*, Marthe Robert.
117. *Brecht: um Jogo de Aprendizagem*, Ingrid Dormien Koudela.
118. *Arquitetura Pós-Industrial*, Raffaele Raja.
119. *O Ator no Século XX*, Odete Aslan.
120. *Estudos Psicanalíticos sobre Psicossamática*, Georg Groddeck.
121. *O Signo de Três*, Umberto Eco e Thomas A. Sebeok.
122. *Zeami: Cena e Pensamento Nô*, Sakae M. Giroux.
123. *Cidades do Amanhã*, Peter Hall.
124. *A Causalidade Diabólica I*, León Poliakov.
125. *A Causalidade Diabólica II*, León Poliakov.
126. *A Imagem no Ensino da Arte*, Ana Mae Barbosa.
127. *Um Teatro da Mulher*, Elza Cunha de Vicenzo.
128. *Fala Gestual*, Ana Claudia de Oliveira.

129. *O Livro de São Cipriano: uma Legenda de Massas,* Jerusa Pires Ferreira.
130. *Kósmos Noetós,* Ivo Assad Ibri.
131. *Concerto Barroco às Óperas do Judeu,* Francisco Maciel Silveira.
132. *Sérgio Milliet, Crítico de Arte,* Lisbeth Rebollo Gonçalves.
133. *Os Teatros Bunraku e Kabuki: Uma Visada Barroca,* Darci Kusano.
134. *O Significado do Ídiche,* Benjamin Harshav.
135. *O Limite da Interpretação,* Umberto Eco.
136. *O Teatro Realista no Brasil: 1855-1865,* João Roberto Faria.
137. *A Republica de Hemingway,* Giselle Beiguelman-Messina.
138. *O Futurismo Paulista,* Annateresa Fabris.
139. *Em Espelho Crítico,* Roberto Alter.
140. *Antunes Filho e a Dimensão Utópica,* Sebastião Milaré.
141. *Sabatai Tzvi,* Gershom Scholem.
142. *História e Narração em Walter Benjamin,* Jeanne Marie Gagnebin.
143. *Bakhtin,* Katerina Clark e Michael Holquist.